Le tétin du cinéma et le mollet de la peinture

映画の乳首、絵画の腓

AC2017

滝本誠

Takimoto Makoto

幻戯書房

映画の乳首、絵画の腓——AC2017

Le tétin du cinéma et le mollet de la peinture

一九九〇年に『映画の乳首、絵画の腓』（ダゲレオ出版）は刊行され、口には出せない恥ずかしいタイトルであったが、望外の読者を得た。今回の増補新版にあたって、見ての通りに完全に装いを一新させていただいた。前回使用の写真群はコンセプト変更で、再録はあきらめたが、当時も、今もお気に入りの絵となると、エドワード・ジョン・ポインターの「嵐の精」となろう。外は嵐で船が転覆しているのがみえるが、彼女たちは洞窟で裸でくつろいでいる。セイレーン、海の魔女たちである。あいかわらず、ロキシー・ミュージック『セイレーン』に耳を傾けているし、二十七年の加齢がなにかを深めたということもない。あられもない夢を見たいという執筆上の性格も変わらない。

そういうこともあって、オリジナルと本書を繋ぐものとして、セイレーンがもっともふさわしい。で、本書の増補原稿（序章&終章）も、海の魔女からなのである。

目次

序章 セイレーン、老女、少女――魔女三態

セイレーン、男不要の性的自足へ――ルシール・アザリロヴィック『EVOLUTION』――008

魔女の第一条件は老いなのか？――マッテオ・ガローネ『Tale of Tales』――012

少女はこうしてサバトに向かった。――ロバート・エガース『THE VVITCH』――016

第一章 倒錯夢遊

白のピケット・フェンス、黒い染み――デイヴィッド・リンチ『Blue Velvet』――028

第二章 ツィンズ、ファナティック！

エロティックな暴虐――ブラザーズ・クエイのパペット・アニメ――074

シンメトリーと死の遊戯――ピーター・グリーナウェイ『A Zed & Two Noughts』――090

アイデンティティ（ーズ）の道行き――デイヴィッド・クローネンバーグ『Dead Ringers』――100

第三章 ウィーン世紀末・愛の行方

愛の分析と反分析、その臨床例――ニコラス・ローグ『Bad Timing』――112

ゲルティ・シーレのヌード――エゴン・シーレの少女／妹姦願望――128

人工陰毛のアルマ・マーラー――オスカー・ココシュカのスキャンダル――134

第四章 リリスの末裔

イヴ＝イヴィル――ナスターシャ・キンスキーと蛇――148

淫蕩と断首――ケン・ラッセル『Salome's Last Dance』――155

妻という名の底知れぬ異物——デイヴィッド・クローネンバーグ『The Brood』——166

第五章 ロンドン世紀末とヴァンピリズム

D・G・ロセッティからB・フェリーへ——〈新しい女《ヴァンプ》〉異文①——174
ミセス・パットからセダ・バラへ——〈新しい女《ヴァンプ》〉異文②——193

第六章 ハードボイルドの夜の夜

謎《ミステリー》は細部に宿る——リドリー・スコット『Someone to Watch Over Me』——210
ディックとの和解、オバノンの脅迫——リドリー・スコット『Blade Runner』——219
レイン・シティ、孤独な夢の街——アラン・ルドルフ『Trouble in Mind』——234
時の腐りゆくままに——ラース・フォン・トリアー『The Element of Crime』——239
記憶と反復と——ジョン・ブアマン『Point Blank』——245

第七章 アート・イントゥ・フィルムズ

終末のスーツ・ノワール——ロバート・ロンゴ「メン・イン・ザ・シティーズ」——254
すり替え《フェイク》、模写《フェイク》、贋物《フェイク》——アラン・ルドルフ『The Moderns』——266
テレサ・ラッセル切断——デイヴィッド・ホックニー「Nude 17th June 1984」——271
ボルヘスに会ったらボルヘスを殺せ!——ニコラス・ローグ／ドナルド・キャメル『Performance』——282
〈カスパー・ダヴィッド・フリードリヒ〉の転生——アンドレイ・タルコフスキー『Nostalghia』——292

終章 さらに魔女は多様に湧きいでし……

女は一度は愛し、愛された男に殺されなくてはならない。
——ジャン＝リュック・ゴダール『Pierrot le Fou』&ライオネル・ホワイト『Obsession』——306

あなたの胸に、あたしという骨を戻してあげる　ただし、ナイフとして――アレックス・ガーランド『EX_MACHINA』――314

『眼球譚』〈新稿〉ロサンゼルス異聞――ニコラス・ウィンディング・レフン『THE NEON DEMON』――326

Tipping the Velvet!――ヒッチコック・コレクションから、パク・チャヌク『THE HANDMAIDEN』へ。――344

Image Collection 1――ロバート・ヘンライ、エドワード・ホッパーがリンチを創った。　026

Image Collection 2――ツインズ＋トリプルWomb　072

Image Collection 3――シーレの少女愛、ココシュカの人形愛。　110

Image Collection 4――女と蛇と性、イヴィルな共生。　146

Image Collection 5――イヴィル、イヴリン・ネスビット。そして、フィリップ・バーン＝ジョーンズからセダ・バラへ。　172

Image Collection 6――ブラザーズ・クレイが犯罪者をポップにし、犯罪映画をリアルにした。　208

Image Collection 7――……そして、『セルロイドの画集』に至る。　252

旧版あとがき――363

新版〈A〈rt〉C〈inema〉2017〉あとがき――366

索引――391

装丁＝小沼宏之

編集＝岸川真＋中村健太郎

序章

セイレーン、老女、少女──魔女三態

Le tétin du cinéma et le mollet de la peinture

セイレーン、男不要の性的自足へ
──ルシール・アザリロヴィック『EVOLUTION』

魔女の第一条件は老いなのか？
──マッテオ・ガローネ『Tale of Tales』

少女はこうしてサバトに向かった。
──ロバート・エガース『THE WITCH』

セイレーン、男不要の性的自足へ
――ルシール・アザリロヴィック『EVOLUTION』

ギリシャ神話世界を描いた代表作にふさわしい、それ自体が宮殿のような壮麗な建築的な額に収まったE・J・ポインター「The cave of the storm nymphs（嵐の精）」を表紙に、クリストファー・ウッドの『OLYMPIAN DREAMERS』（Constable & company Ltd）が刊行されたのが1983年だった。ウッドは競売のクリスティーズで、1969年にヴィクトリアン絵画部門の責任者に就いている。中央のセイレーンは難破させた船で手に入れた金貨を無造作に放り投げている。外は嵐の海だが、画面手前の水たまりは羊水のように凪いでいる。

末裔が暮らす、現代版セイレーンの魔の島というべき映画が、ルシール・アザリロヴィック『EVOLUTION（エヴォリューション）』である。この島に外の世界から誘われ、というか誘拐されてくるのは、成人男子ではなく、年端もいかない少年たちなのだ。島では、女たちの手でなにやら実験が行われていて、少年たちはその実験に必要なのである。実験棟で、ナースのステラ（ロクサーヌ・デュラン）が、小さく、不定形な、ぷよぷよしたものを瓶に入れている場面がある。この不気味なものはなに？　彼女の後ろのベッドには術後らしき少年が横たわっている。死んでいるのか、眠っているのかもわからない。ステラはその瓶を保管室にしまうが、そこにはおびただしい瓶が並んでいるのだ。ヒトの形をわずかにうかがわせるものがあり、とすれば、失敗して取り出された胎児であろうか？　しかし、多くは毬藻めいた形状、あるいはその変異体のように見え、これらはもしかしたら、完全な水棲人として生きるための実験のプロセスなのか？

すべては曖昧であるが、標本はすべて妖しく美しい。

わかり始めるのは、少年たちは実験材料ですらないこと。何かをしばらく養育するために腹部を提供する有機体にすぎない。女たちが求めているものは単性生殖なのか？　少年たちが使用可となるまで監視するのが〈母〉と呼ばれる存在である。

多くの幻想系が、自分たちに必要な何かを見出す絵画が、ヒエロニムス・ボスの「快楽の園」だが、そこに、水面から突き出た奇怪な構造物があり、周辺に裸体の女性、人魚が戯れている。そして、標本棚の瓶のなかにあってもおかしくないような黒い生命体が洞窟のなかからのぞいている。

ある日、海に潜ったニコラ（マックス・ブラバン）は、海底に少年の死体があることを発見する。死体には赤いヒトデが付着していた。ニコラは見たものを絵にすることで、女たちに警戒心を抱かせる。単なる培養器以上のものに少年の意識が成長する危険な兆候なのだ。彼だけが、赤いTシャツ、赤い水着を着用。この赤が画面を支配する暗緑色世界に、異議を表明するヴィジュアルとなるわけだ。お絵かきで遊ぶとき、ステラは赤いサンゴめいた抽象的な線を紙の上に走らせるが、これこそ、ステラの記憶のすべては海のなか、ながく海中生活に親しんできたなにかであることを、サラッと観客に知らせる瞬間だった。また、ニコラが目撃する、もっともおぞましい場面は、蛸のぬめりくねりのような女たちの集団エクスタシーの現場だ。女たちの背中には吸盤がある。H・P・ラヴクラフトの怪奇小説『インスマウスを覆う影』の暗礁でのおぞましい性行為がこれに近い。用済みとなった少年の死体は水槽に放置され、厳かな儀式のあと、海の底へと女たちによって水葬される。島に連れてこられた少年たちは生きて島を出ることはない。しかし、ナースのステラは、ニコラを逃がしてやるのである。憐みの情が湧くことは、セイレーンの掟破りだ。いずれステラも罰せられるだろう。その罰の内容まで創造して欲しかった。

ヒトデと書いたが、フランス語で、エトワル・ド・メール（海の星）、英語でスターフィッシュ（星魚）といずれも星が絡んでいる。日本語はヒトデ、どうあがいても人手を連想し、じっと見なくても、労働者階級的な命名に感じられる。あの生き物を星とするのも、ロマンティックが過ぎるように思われるが、とやかくはいえない。

エヴォリューションというタイトルは、二〇一三年十一月から二〇一四年一月にかけて、カナダでひらかれたデイヴィッド・クローネンバーグの個展タイトルを思い起こさせる。図録では、やはり『Dead Ringers（戦慄の絆）』で使用された手術の鉗子の冷たい光沢がこちらの神経を抉って、痛い。造型の衝撃力はまったく衰えていない。『EVOLUTION』で、アザリロヴィックは、鉗子で少年の腹部を抉り、セイレーンの種を埋め込んだ。描いてみせた。少年はまだしも成人男性はもはや無意味、人手としても用なしの存在である。いや、存在すら意識されていない。

魔女の第一条件は老いなのか？
――マッテオ・ガローネ『Tale of Tales』

女性であれば、誰もが魔女になるらしい。
作家L－F・セリーヌを支えたリュセット・デトゥーシュ、ヴェロニック・ロベールの回想録『セリーヌ――私の愛した男　踊り子リュセットの告白』（高坂和彦訳、河出書房新社）に次のようにある。

老いると、うんと若い子たちに恐怖を与える。若い子たちははっきりと老衰を見るわ。わたしたちのことを魔女だと思う。

老いを老醜ととらえるかどうかではない、美しく老いても、その美しさにおいて、悪魔との取引がいにしえより囁かれてきた。すべては言いがかりに近い。

その歌声と、夜伽までに唯一触れることを許された指の張りによって、相手を若い美女と思い誤った王が、さて暗い寝室での悦楽の一夜が明けて、隣で眠っているのが、皮膚が崩れそうな老婆と知って、恐怖に襲われ叫ぶ、魔女（ウィッチ）だ！　この魔女（ウィッチ）をつまみ出せ！　老婆は妹の協力で皮膚をなめし、たくし上げ、ピン止めして張りを出していた、とはいえ、暗闇と王の過剰な性欲が、馬鹿げた錯誤の原因であることはあきらか。としても、魔女呼ばわりが、女の老いに対しての罵詈であることもまたあきらかなのだ。同種の闇の錯誤として、われわれが持つのが、江戸川乱歩の『防空壕』である。こちらの女のほうが、オホホホホという笑いとともに、はるかに魔女とはいえまいか、オホホホホ。

バジーレ著のおとぎ話集成『ペンタメローネ［五日物語］』（杉山洋子・三宅忠明訳、大修館書店）の三つのエピソードを『Tale of Tales（五日物語　3つの王国と3人の女）』として映画化したのは、イタリアの鬼才マッテオ・ガローネだ。換骨奪胎はいうまでもなく、より残酷に脚色されている。犯罪組織の非情を暴いた『ゴモラ』の監督だけあって幻想譚とはいえリアリズム重視、キャメラは辛辣だ。ガローネは、乙女（「ノミ」）、壮年（「魔法の牝鹿」）、老女（「生皮をはがれた老婆」）と世代で女を分かつ。

「生皮をはがれた老婆」において、ひたすら女好きのどうしようもない王に扮したのが、ヴァンサン・カッセルである。奇妙で突飛な話が連続するなかでも、女性の〈皮膚〉の老残話がとりわけ残酷かもしれない。この映画に登場する王の城すべてが実在するということが、イタリアの凄みである。

タッデオ大公が催した五日間にわたる饗宴の記録というスタイルで記述されているのが、『ペンタメローネ』だ。それぞれいわくの者たちが大公の前でとっておきの面白噂話を次々と繰りだす。

内容さまざまながら、それぞれが言葉の風呂敷を目いっぱいに広げての残酷、ユーモア、エロス話。「生皮をはがれた老婆」から引用してみよう。品よくみえた婆の指に触れたときの王の告白である。

おお、美の目録よ、おお、歓楽の証明書よ、おお、愛の記録簿よ、お前ゆえにこのわたしは苦しみの貯蔵庫、苦悩の倉庫、拷問の税関になってしまったのだぞ。

なんという名調子、いや迷調子か！　一事が万事こうなのである。残酷な中身でも響きは饒舌で耳に心地いい。王宮から放り出され、木にひっかかった姉婆は、鬱な七人の妖精にも大笑いされ、鬱を治したお礼に、絶世の十五歳の美女に変身させられる。放り出した王の求婚で再び宮廷へ。結婚披露宴に呼ばれた妹婆は、姉の美しさがうらやましくてしようがない。どうしたら若返る？　あまりにうるさいので、「一皮むいてもらったのよ」。そのとおりにした妹は死ぬ。後が控えているために、話者は最後に申し訳程度にオチをつけて話の風呂敷を急いでたたむ。この場合は「ねたみ心は自滅のもと」、そして、おあとがよろしいようで。

「生皮をはがれた老婆」の老姉妹のイメージをガローネはどこに求めたか？　フランシスコ・デ・ゴヤの魔女像であろう。ゴヤは、魔女たちが集うサバト（魔宴）の情景も多く描いたが、世に流布してきた、魔女＝老醜女のイメージからはやはり逃れていない。事実、火刑台に送られた多くが、年齢的にはそうだったから仕方ないとしても。

さてゴヤの絵と見まがう森の中のサバトの光景を、キリスト教以前の、いうならばディオニューソスの末裔として、若やいで新しい息吹で満たしたのが『THE VVITCH』だった。

少女はこうしてサバトに向かった。
――ロバート・エガース『THE VVITCH』

アニヤ・テイラー゠ジョイは、せいぜい十二、三歳としかみえない。角度によっては幼女という不思議な表情だ。いずれにしても、うつろいやすい時期、一瞬で尽きる光芒の表情を『THE VVITCH（ウィッチ）』に捕獲《とら》えたこと、そのことに対して、神に、失礼、悪魔に多大の感謝を捧げるしかない。というのは、彼女の初々しい肉体が、監督が想定した以上のパワーをもって映画を弾けさせたからだ。

彼女が演じた長女トマシンを捉えていたのは、サバトに参加、裸で踊る、踊りたいという、禁断ながらもあどけなくもある夢だった。ヨーロッパにおける十五世紀以降の魔女の噂話、サバト伝説はそのような性夢として、少女を誘ったのである。トマシンは初潮を迎えたばかりだ。サバトへの憧れを年下の子供たちには隠さない。弟ジョナスと妹マーシーは二卵性双生児であり、彼らはブラック・フィリップと名づけたみごとな黒山羊といつも遊んでいる。つまり、子供たちの日々のファンタシーはすでに黒山羊゠悪魔

試写会へ行くのを忘れたら、アニヤのいい表情をとらえた試写状が都合よく手元に残った。

と共生関係にあるといっていいのだ。彼らに現実と幻想の境はなく、姉を魔女と信じている。信じたいといっていいかもしれない。双生児は姉トマシンをからかい、煽る。マーシー役の子役は、小憎らしいくらいに巧い。彼女こそ、一番の魔女ではないか。マーシーが発する〈トマシン〉という呼びかけのイントネーションが幼くして悪魔的である。トマシンの名前のシン（罪）にダイレクトにけしかけるように。

すぐ下の弟ケイレブは生真面目タイプだが、トマシンに性的に惹かれ始めている。服からのぞくトマシンのふくよかながら谷を作るには至らない肉肌がケイレブを狂おしくさせるのだ。その期待は別のかたちで、森のなかで彼が会った魔女が果たしてくれるのだが、それは死に至る病を彼にもたらすのである。森から全裸で帰還というショッキングさだ。

背景は、一六三〇年のニュー・イングランドの辺境地域、父ウィリアムは祈りによって神との直接的なコミュニケートを試みる教会不要の信仰者のようで、教会中心主義のコミュニティからは当然受け入れられず、排斥されざるをえない。英国からやってきたばかりの家族は、さらに危険な辺境へ、未開の地へと向かうしかなかった。

この父親ウィリアムは結局のところ、猟も下手、穀物栽培もうまくいかない。さまざまな不幸すべては神の思し召しとして、逃げる。結果、困窮が家族を追いつめていく。コミュニティ復帰も教会問題があって不可能。困窮の結果、人減らしとして、トマシンをコミュニティのなかの富裕家庭に奉公させるプランをウィリアムは妻キャサリンに口にする。家族からの追放である。自分に消えてほしいのだ。この残酷な言葉をトマシンは耳にする。狭い家、聞こえないわけがない。

いない、いない、ばあで、消えたのは自分ではなく新しい家族となった赤ん坊である。森の妖婆にさらわれたか？　なにしろ、野生の森が、すぐそばに広がっている。開拓／森は、意識／無意識、昼／夜に図式化されるだろうが、そうした明快は後智恵にすぎない。森は人間に憑依する、解き放つ。夢に舞台を与える。続いて主演したルーク・スコット『MORGAN（モーガン　プロトタイプL－9）』においても、遺伝子操作で、殺戮者に育ったテイラー＝ジョイが、獣性を最初にむき出しにしたのは森の中であった。

ルーク監督の父、リドリー・スコットは、『1492：Conquest of Paradise（1492　コロンブス）』の撮影にあたって、未開の森に陽の光を降らせ、神が降臨する聖堂のように見せたものである。すばらしき新世界のイメージとして。しかし、スコットが所属するハリウッド（聖林）の命名の皮肉同様に、森（林）に似合うのは神々しい聖堂ではなく、魑魅魍魎うごめく伏魔殿、というのが正解であろう。

赤ん坊の行方不明をきっかけにして、移民一家が崩壊していく。次々と襲う不幸は長女トマシンのせいではないのか？　双生児はトマシンをママに告発する。家族内での魔女狩りだ。最後に父親が、トマシンを問いつめる、お前はウィッチか？　本当のことを言え！　この口論のなかで、さまざまな自分の行為を偽善とののしられたウィリアムの口から、トマシンに投げかけられた言葉が、ウィッチならぬ、ビッチだった。原題がVを二つ連ねてWにした、「THE VVITCH」の理由がこの台詞である。WitchからVを一つ抜いてVitch、つまり音的関連で、Bitch。魔女か悪女、娘としてはどちらがダメージが大きいかはわからないが、男にとって、意味するところはほとんど同じ、女というものへの怨嗟の言葉として同根である。死にゆく、ケイレブの喉からりんごが出てくるが、これも災厄をもたらしたイヴ＝ウィッチとするキリスト教の女性観に基づくものであろう。

若返りの妖術として、赤ん坊の血で調合した膏薬の全身塗布、あるいは、黒山羊の姿をした悪魔とともにサバト参加、こうしたことは、裁判や伝承から生じた魔女イメージの典型だが、監督はロバート・エガースはこうしたこともリアルに再現した。魔女が森の中で箒の柄に膏薬を塗り、またがってサバトに向かうシーンまでも。柄を膣に擦りつけ、そのエクスタシーが飛翔力となる。

六十二年後に、マサチューセッツ州セイラムで起こった魔女裁判における、さまざまな証言、告白が、トマシンの台詞や行動に生かされている。しかし、エガースはトマシンを魔女として狩らない。魔女狩りの犠牲者は多かったが、少女たちには狩られること、指弾されることに恍惚がなかったとはいえない。いや、確実に恍惚が存在した。キリスト、あるいは神との性愛幻想が、〈法悦〉として聖女に許されるなら、悪魔が対象となるだけで、瀆神性に変わりがないではないか、と少女たちが思っていたかはともかく。

さて、魔女の誕生について、ジョン・アップダイク『イーストウィックの魔女たち』（大浦暁生訳、新潮文庫）の、ポップ・アート大好きの悪魔、ヴァン・ホーンの高説がある。

「そもそも魔女の妖術に対する恐怖は、十四世紀に始まる男性支配の新興医学が分娩の仕事を助産婦の手から奪おうとしてあおりたてたものだ。その陰謀は成功した。魔女として火あぶりにされた女性たちの多くが、実は助産婦だった」

薬草知識にすぐれ、治療行為に秀でて評判となれば、魔女とされたわけだ。

要するにすべては、教会の判断ひとつなのだ。聖女と魔女を隔てる壁はきわめて薄い。その教会から、冒頭、家族もろとも放逐された存在がトマシンなのだ。さあ、魔女にでもなりなさい、というようなものではないか。

少女に的を絞っての、セイラムの魔女裁判に材を求めたアーサー・ミラーの戯曲『THE CRUCIBLE（るつぼ）』（倉橋健訳、ハヤカワ演劇文庫）は、何度も上演されているが、第一幕（序曲）の但し書きにはこうある。

　セイラムの人々は、原生林を悪魔の最後の領分であり、悪魔の基地であり、最後の抵抗の拠点であると信じていた。彼らの知るかぎりでは、アメリカの森林は、神に敬意を払わぬ地上最後の場所であった。

その森で、少女たちが踊ったことから、不浄の噂が広まっていく。

『THE VVITCH』は、セイラム事件から六十年以上前の出来事で、セイラムのような集落を舞台としていない。近隣に誰もいない、家族だけの濃密な空間のなかで起こった不幸である。防御としての母親殺しだけがリアルで、残りの家族の死の原因は彼女が手を下したものではない。本当にトマシンが魔女なのかも実は曖昧である。

しかし、そうした曖昧を突き抜けて、少女にとってサバトが一種の救済、この世のすべての軛からの解放の場であることを爆発的に示すラストの感情のリアルがあればいいのだ。そう、思わずトマシンを後押ししたくなるほどの。

エリカ・ジョングのかつてのベストセラー小説をもじれば、飛ぶのが怖い、ではなく、飛ぶのが嬉しい！　である。I CAN FLY!!!! という絶対の歓喜。

サバトにおける全裸女性たちの激しい歓喜のシャウト、掛け合いがまさに声楽のアヴァンギャルド。家族が呆然と佇んだ森にこだまする、女性コーラスのトーン・クラスターの神秘唱法と相まって、『THE VVITCH』では、女性の〈歌〉の持つ聖性、そして悪魔性に想いを馳せざるをえない。

ヒルデガルト・フォン・ビンゲン&デイヴィッド・リンチ

聖女？　魔女？　こうしたキリスト教からの判断がまったく無効であるかのような強烈な女性幻視家が中世にいて、それが、十二世紀ドイツのヒルデガルト・フォン・ビンゲンである。彼女の幻視の壮大な宇宙性は、最後の審判、ハルマゲドンの切迫が産み落

Mammoth recordsがリリース。ただただすばらしい。モンゴメリーは歌、ヴァイオリン、アコーディオン、パイプ・オルガンと手広い才能。

としたものである。

このヒルデガルトにあきらかな感応をみせる二十一世紀アーティストにデイヴィッド・リンチがいて、幻視の共有はまず、ヒルデガルト歌曲集『Lux Vivens (Living Light) The Music of Hildegard von Bingen』（一九九八）リリースとして世に問われた。リンチはいつものシンセサイザーのほか、小鳥のさえずりなどの自然音も組み込んで、清らかな、のびやかなジョセリン・モンゴメリーの歌声に不穏を仕込んでいく。歌曲集から時を経て、ついに、ヒルデガルトのハルマゲドンのヴィジョンとエクスタシーまでも共有しようとした実験が、「ツイン・ピークス」シーズン3（ザ・リターン）の〈エピソード8〉と言えまいか？　ヒルデガルト宇宙図を時に支える奇怪な生きものの脚の類似も含めて。

池上俊一氏の『魔女と聖女――ヨーロッパ中・近世の女たち』（講談社現代新書）からヒルデガルトのひとつの幻視を引用させていただく。

わたしは丸く、影をもった巨大な機械を見た。それは卵のようで、頂上はせまく、真ん中がひろく端がしまっていた。この機械全体は、火でおおわれていた。そして、その彼方には、黒い皮のようなものがあった。さて、この火のなかには、輝かしい火の球体があって、それはあまりにも大きいので機械が全面的に包囲されていた。この球体は、その上部に三つの火花を持っていたが、その火花の浮力が球体の落下をふせいでいた。この球体は、しばらく大気中にのぼってゆき、たくさんの火がそれに加わりにやってきた。

第一章

倒錯夢遊

Le tétin du cinéma et le mollet de la peinture

白のピケット・フェンス、黒い染み

――デイヴィッド・リンチ『Blue Velvet』

Image Collection 1

ロバート・ヘンライ、エドワード・ホッパーがリンチを創った。

ホッパーの（そして妻の）師は、アシュカン（ゴミ入れ）派のリーダー、ロバート・ヘンライであり、リンチがフィラデルフィアのアート・スクールを目指したのは、ヘンライの美術指南書『アート・スピリット』（邦訳、国書刊行会）が少年リンチの人生を変え、当然のごとくヘンライの出身校に憧れたためである。そして、『Blue Velvet』、TVドラマ「Twin Peaks」のすべてはホッパー「GAS」で始まった。

Fig.1

Fig.1

ホッパー「GAS」（1940）。リンチは「New Musical Express」（1982年8月21日号）でこの絵への没入について次のように述べた。森に関するすべてが語られた最重要のコメント。

... Old gas station is a beautiful thing ... I see an old gas station and my mind goes out behind it and sees little scenes happening. Then I go into the woods beyond the station and my mind sees things that couldn't happen now. It's mysterious and it's another world and there are romances back in there that wouldn't be like now.

Fig.2

ヘンライに教わっているころのホッパーの自画像（1903〜1906)。タッチがやはり師匠似になるのはやむをえないのか。

Fig.3

ヘンライ自画像（1903)。ヘンライはアナーキスト・サークルで、マン・レイも教えた。

Fig.4

「Office at Night」（1940)。「Nighthawks」ほか傑作連打の1940年代初頭のホッパーであるが、これには大戦の不安が影響したからともいえる。リンチは「GAS」で始まったホッパー絵画の旅を、「ツイン・ピークス」シーズン3、エピソード8で暴力的に終了させることになる。1945年のニューメキシコ州ホワイト・サンズでの核実験を完璧再現し、あきらかに原爆の黒い波動が産み落とした〈存在＝Woodsman〉をホッパーの絵「Office at Night」に押し入らせる。そして、絵と似た女性を惨殺する。いわゆる活人画アクションだが、これまで見たことのないやりかただ。実に生々しい。1940年代はじめにホッパーが感じていた不安、絵の女性も感じていたかもしれない時代の恐怖をリンチは奇怪なリアリズムとして映像化した。

Fig.3

Fig.2

Fig.4

白のピケット・フェンス、黒い染み
――デイヴィッド・リンチ『Blue Velvet』

一九八六年九月二十九日（月）、アンディ・ウォーホルはデイヴィッド・リンチ『Blue Velvet（ブルー・ヴェルベット）』を見た興奮を次のように秘書に告げている。★1

What a good movie, so weird and creepy.
（すばらしい映画、素敵におぞましい）

自ら加担した価値転換の教則を厳守して昂ぶるウォーホルの、彼としては最高級の讃辞と受けとってよい。

閉ざされた猟奇世界の不浄と戦慄しか意味しなかったWeird, Creepy。異変が起こったのは六〇年代のトータルな価値革命のときである。フランク・ザッパが、自分の音楽レーベル名を類似のBizarreとしたことからも理解できるように、これらの形容詞は逸脱した美意識《テイスト》を指し示す上層語に変換されたのである。

GoodがWeird, Creepyとイコールで結びつく。

とはいえ、どんな価値の消臭剤をふりかけようとこれらの言葉に染みついていた死の臭気が消え失せたわけではない。

逆にこれらの形容詞で讃えられた『Blue Velvet』にその臭気が付着するのだ——

口唇《オーラル》的快楽

Blue Velvet……
映画以前にまず魅せられるのがタイトルである。その口唇《オーラル》的快楽。舌による口腔の愛撫。ハンバート・ハンバートが少女を分節化し喘いだロ・リー・タのように。★2
今や、ノスタルジーの彼方の性器のたわむれといっていい古風で秘密めいた呼称ブ

★1 『The Andy Warhol Diaries』（Warner Books, Inc.刊）。ウォーホルが秘書的なパット・ハケットにその前日の出来事を毎朝電話し書き留めさせたものの集成。「（『Blue Velvet』を見ていた）多くのカップルが中座した」とも記されている。そうだろうね。
日記は一九七六年十一月二十四日に始まり、一九八七年十一月十七日で終っている。ウォーホルの死は八七年二月二十二日。

★2 新潮文庫にナボコフ『ロリータ』の邦訳はあるが、富士川義之氏あたりにもう少しハイブローに改訳していただきたい。

ルー・ムーヴィのブルー。

アンディ・ウォーホルのペットバンド「ヴェルヴェット・アンダーグラウンド」[★3]のヴェルヴェット。「ヴェルヴェット・アンダーグラウンド」とは好事家の間に当時流布した安っぽいＳＭ教則本のタイトルである。ウォーホルがこのバンドを見そめたのは彼らが演奏していたCafe-Bizarreにおいてであった。ここでもビザール！　——時代性が見えてくる。

　リチャード・マーキンが、下着と裸体のトワイライトにノスタルジーを見出した写真コレクション『ヴェルヴェット・エデン』のヴェルヴェット。

　ブルー・ヴェルヴェットはすでにして倒錯そのものだ。

　そして何よりも、ヴィクトリアン・ポルノの名品『みだらな膣《ブルー・ヴェルヴェット》』（作者不詳）。令嬢クラリッサ[★4]に加えられる性調教譚とリンチの映画とは何の関係もない、といいたいところだが、奇妙な因果律によってこのふたつの作品は結ばれていて、『みだらな膣《ブルー・ヴェルヴェット》』にはリンチなる馬丁の少年が登場し、女どもにいたぶられてしまうのである。女の一人が語るにはリンチという姓は馬丁にふさわしい（！）ということである。ポルノグラフィーの膣はことのほか深い。

　ボビー・ヴィントンの「ブルー・ヴェルヴェット」をリンチ以前にいちはやく使用したのはケネス・アンガーである。[★5]アンガーは六三年の代表作『Scorpio Rising（スコピオ・

ライジング)』でバイカーが裸体に黒皮ジャンパーまでを完全装着していくシーンで当時ヒットしていたこの曲を流した。

She wore blue velvet——

〝彼女《シー》〟はアンガーにとって男というわけである。以降、「ブルー・ヴェルヴェット」はゲイ・ソサエティの符丁となる。(ところでデニス・ホッパーが『Blue Velvet』で身につけるのは黒皮ジャンパーだ。)

★3　学生時代、輸入盤しかなかったが、石神井の寮で、彼らとマザーズ・オブ・インヴェンション、それにアート・アンサンブル・オブ・シカゴばかり聴いていた。もっともチック・コリアのコンサートでサインしてもらったりもする馬鹿でもあった。キース・ジャレットは未だに当時のままに『フェイシング・ユー』だ。

★4　クラリッサというヒロイン名から連想するのは、十八世紀の『Clarissa, or The History of a Young Lady』だ。「踏みにじられた女」小説の古典だが、長大すぎて未だ邦訳なし。吉田健一氏に長生きしてもらって訳していただきたかった。サミュエル・リチャードソンのこの書簡体小説ではクラリッサの監禁、強姦の箇所を探すにもえらく骨が折れるが、こちらのクラリッサのそれはたやすい。あたりまえか。

★5　『Blue Velvet』タイトル・バックの揺れるヴェルヴェットの布地の魅惑に結びつくのはアンガーの『Puce Moment(プース・モーメント)』だ。キャメラの前に女優の衣裳が次々と現われる。匂いたつドレスの肌目。

類型化をきわめたヒット・ポップスの裏面の隠れた奇形。

リンチも『Blue Velvet』で、後述するようにロイ・オービソンの「夢の中《イン・ドリームズ》」の歌詞をアンガー流に読みかえている。

郊外版エデンの園

タマ・ジャノウィッツの短篇集『ニューヨークの奴隷たち』[★6]の中に「具体的な話」がある。売れない新進画家の主人公が絵画コレクター、チャックの家を訪ねたとき、一枚の絵が目を魅く。

> 壁はヴァン・ダイクの絵を思わせる茶色のマホガニー張りで、暖炉の上にはエリック・フィッシュルの大きな絵がかかっていた。浅いプールでマスターベーションをしている裸の少年が描かれている。俺はよく見ようと近くまで行った。「お袋さんにショックを与えるために買ったんだよ」とチャックは笑いながら言った。

この作品がエゴン・シーレ以来、久しぶりに自慰を主題に登場させ、フィッシュルを一躍有名にした「Sleepwalker（夢遊病者）」[★7]である。置かれたふたつの椅子に少年に対する両親の見えない抑圧を読む批評家もいれば、このちいさな円形のプールを子宮と見て近親相姦の匂いをかぐ評者もいる。

フィッシュルはこうしたアメリカの市民生活、郊外生活者の心理学（フロイト系の）として自己の絵画を確立、八〇年代アーティストとしては図抜けた人気を獲得した画家である。

> 作品の視点は大人の世界を見る少年の目だ。作品を描けば描くほど、思春期の過渡的な性格を厳密に示す瞬間を作品はとらえるようになった。無邪気さから知識への変わり目が思春期なんだ。性の目覚め、自己発見の起こる郊外版エデンの園をぼくは描いているのだろう。（傍点筆者）
>
> ——『フィッシュル——描かれる裸のアメリカ』★8

★6 ジェームズ・アイヴォリーが映画化。邦訳は松岡和子訳、河出書房新社刊。寝室にロイ・リキテンスタインだ。

★7 八三年に渋谷・西武百貨店B館で「メアリー・ブーンとその仲間たち」展に出品された。

★8 ドナルド・カスピットによる画家へのインタビュー本（木下哲夫訳、文彩社刊）。
原著はVintage Contemporary Artists Seriesの一冊で、責任編集は写真家リチャード・アヴェドンの娘エリザベス。ということで表紙のアーティスト写真撮影はもちろんリチャード。

フィッシュルの代表作に、ブラインドが縞模様の影を投げる部屋のベッドの上で裸の女が股を広げ、陰部を少年に向けて寝転がっている「バッドボーイ」がある。ちなみに『Blue Velvet』でもイザベラ・ロッセリーニが肉体をからませながらカイル・マクラクランにこう言うのだった。

アー・ユー・バッドボーイ?

白いピケット・フェンス、赤いバラ、青い空——。アンガーがバイクに寄せたと同じフェティシュな視線《キャメラ》。

通りを音もなく消防自動車が走り過ぎる(学生時代のリンチの短編のひとつは消防自動車のサイレンがもたらす偏頭痛がテーマだったが、この夢に似た風景のなかに響くのはサイレンではなくヴィントンの歌声である。甘いセンセーションへの警告《サイレン》、そして誘い、として)。

それに歩道を渡る少女たちのゆるやかな歩行。

この極度に人工的な《ニューカラー》オープニング・シークエンスが伝えるのは、ホルマリン液を洗い落とされ、保存室から引きだされたかのようなアメリカ〈一九五〇年代〉のイコン「郊外生活」、リンチ流「郊外版エデンの園」だ。

フィリップ・K・ディック「展示品」★9の歴史局のなかに展示された二十世紀中期の郊外住宅のようなアメリカン・ドリーム・ハウスの典型《ステロタイプ》。

二、三人の見物客が怪訝《けげん》な顔で目をしばたたいた。奇抜な服装をした小男が、展示されている二十世紀の複製品の間にもぐり込み、内部に消えて行ったからだ。

（中略）

彼の右手に花壇があった。赤バラのポール・スカーレットや下生えのパンジーが咲いている。露をおびた芝生、ドアの半分開いた真っ白いガレージ、一九五四年型ビュイック車の光沢ある後部——そして住宅があった。

『Blue Velvet』は、リンチ自身の青春期〈一九五〇年代〉[★10]を一種のディック的異景《ファンタジー》と

★9 ディックの短篇集『ウォー・ゲーム』（仁賀克雄訳、ソノラマ文庫海外シリーズ⑫）所収。長篇『去年を待ちながら』は創元推理文庫。ちなみに著者が翻訳という暴挙に出た初期の『バルカンのハンマー』は訳載雑誌がつぶれたため中断したままである。少女が主人公でなかなか訳すのは楽しかったのだが、まならぬ。〔二〇一五年、『ヴァルカンの鉄鎚』（佐藤龍雄訳、創元SF文庫）として刊行。〕

★10 「青い空、赤い花々、白のピケット・フェンス、緑の芝生、木々で鳴く鳥……」

『Blue Velvet』クランク・インよりかなり以前にリンチは、自分の少年時代の記憶をこのように拾いだしている。

明るいトラウマ——。このイメージの皮膚の裏側に奇怪な夢想が潜り込む。

夢想癖は、本を読むことがほとんどなかったリンチにとって、ナチュラルな体内リズムといってよい。

して蘇らせた作品とみることもできる。

ノースキャロライナ、ランバートンという映画の舞台もディック『去年を待ちながら』のベビーランドのような、アメリカン・ドリーム〈幸せな小さな町〉の模造品《シミュラクラ》だ。そして、もちろんカイル・マクラクラン[★11]自体がリンチの移し替え、代理存在《シミュラクラ》だとつけ加えなくてはならない。

ノイズ、切り落とされた耳

アラン・スプレット製作のノイズによってフィルムは粒子化されコズミック・レベルに浮遊する。

『Blue Velvet』でオープニング・ソングのムードを不意に転調させて、アンダーワールドの存在を象徴的に表現するのがノイズである。このノイズは、映画全体へ、観客の無意識へランダムに飛散するのだ。ノイズはリンチの映画に、フィルムの、というよりも別次元の艶を与える。

水道の元栓から水がはじけでる、そのノイズの不吉な昂まり。芝生に水を撒いていた男は後頭部を押えて倒れ苦痛に顔を歪める。この不意の転調を観客は予測できない。キャメラはここで倒れた男の足元の芝草のなかへ分け入っていく。うごめく昆虫（ゴキブリ？）のブローアップ。イコライザーで変調されたノイズ、ノイズ、ノイズ！

甘いメロディになじんだあとのこのノイズ・ラッシュはたまらない。ピケット・フェンスに赤いバラからその裏面世界までわずか数分間の映像モンタージュ、絶妙のサウンド・デザインである。

脚本の草稿段階のときリンチが聴き続けていたのが、ショスタコヴィッチの『Symphony NO.15（交響曲15番）』だという。ソビエト共産主義体制下の強制された伝統書法と噴きだすアヴァンギャルドの奇妙なアマルガムが生みだしたシュルレアリスティックでノイジィな交響曲。リンチが魅かれるわけだ。

輸入レーザーディスク版『Blue Velvet』の音声を消して、交響曲のいくつかのパートを流してみた。ヴィントンの歌声——スプレットのノイズ、のような対比の妙はないが、音楽が映像をより激しく撫で上げ、撫で下ろす。

聴いたのは名演の誉れたかいエフゲニー・ムラヴィンスキー指揮レニングラード・フィルハーモニー管弦楽団版だが、ショスタコヴィッチ自身はこのムラヴィンスキーを「耳

★11
リンチが自分の分身《シミュラクラ》として選んだだけあってカイル・マクラクランはその後もジャック・ショルダー監督の快作『The Hidden（ヒドゥン）』で善玉の霊体エイリアンに肉体を提供する変態ぶりだ。少女を見てうっとり涙ぐむ異常性など最高である。

なしも同然」と切って捨てているのである。[★12] ムラヴィンスキーにも耳がなかった！

昏倒した男、つまり父親を病院に見舞った帰路に、ジェフリー（カイル・マクラクラン）は病院裏の野原で〈耳〉を拾う。

父親は〈喉〉を切開され口をきくことができない。そして、この切り落とされた〈耳〉。こうした肉体への偏奇、猟奇の連打がかぐわしい！

この〈欠損〉の連鎖のなかに、切りとられたブルー・ヴェルヴェットの部屋着《ローブ》、ジェフリーの部屋の壁の動物の〈歯〉のオブジェ等がいずれ参入してくることになるのだ。

この〈耳〉を拾うシークエンスが秀逸。

野原のなかにちいさな廃屋となった小屋があり、そのわきにコーラの空きビンが置かれている。ジェフリーはこの空きビンに石を投げ命中させようとする。だれのなかにもある石投げの記憶。二回目の投擲の石を探そうとして彼は〈耳〉[★13]を発見する。

このなにげないシークエンスがかもしだすレイ・ブラッドベリ的な恐怖の手ざわりと詩情がなかなかである。

そして〈耳〉を警察に届けたときのジェフリーと警部とのやりとりもリンチならではのユーモアがきいている。（リンチのユーモアは彼自身のファッションがそうであるようにシャツのボタンを一番上までとめた几帳面なものである。）

It's an ear, all right.

〈耳〉は不思議な器官であり、造型物である。正にリンチ的な。

空気の振動（音）が鼓膜をふるわせ、このふるえを耳小骨がかたつむり管に伝え、かたつむり管が振動を電気信号に変える。〈耳〉の外観の凸凹がつくる影は羊水のなかの胎児のようでもある。六〇年代世代なら、〈耳〉をモチーフに彫刻作品をつくり続けた三木富雄[★14]を憶いだすかもしれない。

〈耳〉の発想はどこから来たのだろうか？　ファン・ゴッホへの関心からか？　ゴッホが切り落とした自らの〈耳〉はゴーギャンとのゲイ・セクシュアリティのシンボルであ

★12 『ショスタコーヴィチの証言』（S・ヴォルコフ編／水野忠夫訳、中公文庫）参照。

★13 このなかには、『Andrei Rublyov（アンドレイ・ルブリョフ）』撮影中のアンドレイ・タルコフスキーへの言及がある。監督自身が牛に火をつけたため農民たちの激怒をかったというエピソードだ。初期『黒いカーニバル』期の、と留保をつけてだが。それはともかく「I Sing the Body Electric!（歌おう、感電するほどの喜びを！）」をリンチが映像化すると面白いだろう。リンチの短編映画『The Grandmother』を未来に置きかえたような話だから。

★14 かつて東京・築地の電通本社ロビーに行けば、いつでも彼の作品を見ることができた。

る。とすればこれはフランク（デニス・ホッパー）の多形倒錯を暗示することになる。最後にでてくる、手をしばられブルー・ヴェルヴェットの布片を口につっ込まれたドロシー（イザベラ・ロッセリーニ）の夫へのフランクのサディズムに〈愛〉を読みとるべきなのか？あるいは切り落とされた〈耳〉のアイデアはヒエロニムス・ボスの「快楽の園」[★15]から来ているのだろうか？　この絵の細部に目を凝らすとナイフの刃を挟んでピアスされた巨大な耳のつがいが目に入る。

「別世界への切符」（リンチ）であるこの切り落とされた〈耳〉を介して、郊外／小さな町という「エデンの園」は悪夢めいた「快楽の園」に変貌していくのである。

リンチが好んだ自作へのキャッチフレーズは「ノーマン・ロックウェル・ミーツ・ヒエロニムス・ボス」というものだった。

ノーマン・ロックウェルのイラストレーション世界こそ、レーガン大統領が八〇年代に復活をめざした「古き良きアメリカ」懐古幻想そのものである。

ドラッグ、黒人暴動、ベトナム戦争、反体制運動の「一九六〇年代」はレーガンにとって黙示録を見るような気がしたにちがいない。

一九六〇年にそれまでの支配的なW.A.S.P.《ホワイト・アングロサクソン・プロテスタント》以外のアイルランド系カソリックの（おまけに乱交趣味の）ジョン・F・ケネディが大統領に選出されたとき、「一九五〇年代」、アイゼンハワー大統領のモラルの擬制下に抑圧されていた欲望に火がついた、といえる。モラリティ・クライシス。ケネディという異物は、「一九五〇年代」の裏面に潜んでいた悪をすべて切開してまわった。そして彼自身が、六三年十一月に謎の凶弾に倒れる。

ボビー・ヴィントン「ブルー・ヴェルヴェット」のヒットはこの六三年である。『Blue Velvet』にはリンカーン・ストリートがでてくるが、いうまでもなくリンカーンも暗殺された大統領だ。暗殺者は俳優ジョン・W・ブース。そしてデニス・ホッパーが演じたのはフランク・ブ、ー、ス、という暗合。

ピート・ハミルは「一九六〇年代」の始まりをケネディの暗殺に置き、終りをウォーターゲート盗聴事件でみそをつけたリチャード・ニクソンの大統領辞任に設定してい

★15

ボッシュかボッスかボスか？

趨勢はボスのようだ。耳が描かれているのは「快楽の園」の右翼パネル、通称「地獄」の上方である。その真下にはテリー・ギリアム・プープー・ピクチャーズのマークの原型である、尻に矢をつき刺したホモ男が酒場への梯子を登っている。

ボスの奇怪な群像をたくみに一般化して（ついでにドラッグのサイケデリズムも）幼児に売りつけたのがディズニー（例えば『Dumbo（ダンボ）』の夢のシーン）あるいはセサミ・ストリートのアニメである。

る。[★16] リンチの『Blue Velvet』を「一九六〇年代」という革命前夜の不安に打ちふるえる「一九五〇年代」として捉える見方もありうる。「ノーマン・ロックウェル（五〇年代）・ミーツ・ヒエロニムス・ボス（六〇年代）」というわけだ。ボスは「一九六〇年代」の幻想絵画ブームのなかで熱狂的に受け入れられた画家である、わが国を含めて。

リンチにレーガニズムへの皮肉の意図などないかもしれない。しかし結果的に「ノーマン・ロックウェル・ミーツ・ヒエロニムス・ボス」といったときに、彼の映画がレーガニズムへのブラック・ジョークとして浮き出てくるのだ。

デイヴィッド・クローネンバーグも『The Dead Zone（デッドゾーン）』[★17] でロックウェルを意識した監督である。ジョニー（クリストファー・ウォーケン）の父親と母親はロックウェルのイラストレーションに似ているかどうかでキャスティングされた。またクローネンバーグは、ウォーケンにロックウェルの画集を贈って役づくりをさせ、いずれは大統領にと、野望に燃える上院議員候補者（マーティン・シーン）の立看板のイメージ絵には、ロックウェルのタッチをそのまま生かしている。

事故で予知力を得たジョニーは、選挙運動の握手戦略中、偶然、この大統領候補の手を握り、彼が大統領に就いたときの暗い世界破壊の意志を察知する。

面白いのは、いや怖いといったほうがいいか、レーガンの一九八四年の発言「われわれは存命中にハルマゲドン（世界最終戦争）を目撃することになるかもしれない」とこの『The Dead Zone』が、これまた一種の暗合関係を成立させたことだ。レーガニズムの裏のこの凶兆。ロックウェルはボス（ハルマゲドン）の仮装なのだ。

前述のディック「展示品」のラスト、ロックウェル的「一九五〇年代」の箱庭世界に逃げ込んだ主人公が、くつろいで手にした新聞が伝えるニュースが、ソ連が開発したコバルト爆弾で世界破壊が近いこと、であったこととこれはつながる。

もうひとつロックウェル関連でいえば、「ノーマン・ロックウェル・ミーツ・H・P・ラヴクラフト」の恐怖世界をひねりだしたのがディーン・R・クーンツ『ファントム』★18である。〈サタデイ・イヴニング・ポスト〉のロックウェルの絵のようだった、とクー

★16 ピート・ハミル『イラショナル・レイビングス』（沢田博訳、青木書店刊）。「暴力に対する、愚かさや人種差別に対する、アイゼンハワーの五〇年代の無知ゆえの調和」という一文がある。

無知か無垢か？

ディーン・R・クーンツ『トワイライト・アイズ』（汀一弘訳、角川文庫刊）の冒頭はこうだ。「大統領がダラスで暗殺された年だった。無垢な時代は幕を閉じ、ひとつの考え方、生き方に終止符が打たれた」

★17 『The Dead Zone』のキング映画としての成功はウォーケンのマゾヒスティックな感情表現のディテールが、キングの小説の泣きのディテールともともときわめて近いことがあげられる。

★18 上・下巻でハヤカワ文庫刊。

ンツは医院の診察室を描写する。

ここでは、小さな町が超自然的な巨大な悪夢へと大転回するのである。「一九八〇年代」のロックウェル・ノスタルジーは表面通りのものとは受けとれないことがこれで理解されよう。

子宮内のSMプレイ

グロテスクなユートピアを肉体の内破、変形に夢見たクライヴ・バーカーの短篇集成『血の本』全六巻は再読、三読に値いする名品揃いである。特に血と詩でぬめった「ジャクリーン・エス」は行くところまで行ったSMファンタシーといっていい。

バーカー自身がメガホンをとった『Hellraiser（ヘル・レイザー）』の原作本、『ヘルバウンド・ハート』[★19]を読んでいて次の一節にぶつかったとき、浮かんだのが、『Blue Velvet』のドロシー・ヴァレンズ（イザベラ・ロッセリーニ）の部屋[★20]は子宮だ、とする明快なリンチのコメントだった。リンチのこの種の自作解説はきわめて稀だからだ。

なぜ入ろうとするのか、自分でもよくわからないし、そこに入ったとき、さまざまな奇妙な感情に襲われる理由も説明できなかったが、その暗い部屋には不思議な慰めがあった。そう、いってみれば子宮に似ている。死んだ女の子宮。

壁のただれた色彩とすえた感触はイザベラのそれか⁉（配色担当はプロダクション・デザイナーの女性パティ・ノリス。）

バーカーは『Blue Velvet』を絶讃したが、その理由の一端は「子宮」への両者の想いが一致したことだろう。また、リンチが、バーカー自身が属する「快楽」と名づけるしかないアート・ジャンルに淫した存在であることへの共感からにちがいない。

★19 この中篇（宮脇孝雄訳、集英社文庫）の快楽主義の悪漢もフランク。

ドロシーといえば『オズの魔法使い』だが、その著者はライマン・フランク・ボーム。ホッパーもドロシーと同じカンサス生まれ。

また、ホッパーのハリウッドでの成功に手を貸した女優はドロシー・マクガイア。

また、フランク役として他に挙がっていたのがボビー・ヴィントン（！）、ジョン・マルコヴィッチ等。

★20 ドロシーが住むアパートの名前は「ディープ・リバー（深い川）」である。意識下のよどみ。エレベーターはout of order（故障中）で、ジェフリーは階段へと導かれる。階段はゴシックの典型的な背景だ。

害虫駆除員を装ったジェフリーにドアから顔を見せるドロシーの顔はゴシック画家フューゼリが描く恐怖にかられた女の表情に酷似している。これらのゴシック的イメージのつらなり。

このときはドロシーはレッドローブで、途中顔をのぞかせる悪徳刑事はイエローブレザー、そしてジェフリーは濃いブルーの作業着である。

切り落とされた〈耳〉のミステリーを追って探偵気分で忍び込み、逃げだす機会を逸して隠れ潜んだクローゼットから、ジェフリーは、この子宮内のドラマを盗み見る。ドロシーの脱衣。浴室へ消えたあと女はブルー・ヴェルヴェットの部屋着《ローブ》を身につける。たてた物音でジェフリーは発見され、女は包丁を手にジェフリーに問いただす。ジェフリーに衣服をとることを命じ、その裸体に手を這わせる。欲情にドロシーの声は次第に上ずりはじめる。

立ちつくすジェフリーの裸、そして膝で立ったドロシーの口を半開きにしての淫楽の表情、エリック・フィッシュルが喜びそうな構図だ。あるいはポルノグラフィー『みだらな膣《ブルー・ヴェルヴェット》』の一節を再現したかのような。しかし、フランクの登場によってこの構図は観客の望むフェラチオには至らない。

> 「忘れられるものですか」と私は言った、「〔中略〕あの頃はいつもシベリア栗鼠の毛皮の縁取りの、すみれ色の天鵞絨《びろうど》の胴着をお召しだった」
> 「そうね、あの衣裳にあなたはすっかりお熱で、〔後略〕」（傍点筆者）
>
> ——ザッヘル＝マゾッホ『毛皮を着たヴィーナス』★21

レザー、ラバー等の衣服、ＳＭ具を称する「Skin Two（第二の皮膚）」にならって言えば天鵞絨《ヴェルヴェット》は「Vagina Two（第二のヴァギナ）」といえる。ヴェルヴェット＝柔らかい恥毛、甘い肉の襞。（ヴェルヴェットの布地は表面であると同時に露出した裏側ともいえるだろう。表層に不可解な深層が潜むという、リンチの世界観に直結した布地なのである。）

幼い日、母とのまどろみのなかでのばした手が探りあてた陰毛の触感。なめらかな腹部を滑りおちてこの異物に捕捉される恐怖と奇妙な安堵感。ヴェルヴェット・フェチに至る原体験である。

フランク・ブースはあきらかにヴェルヴェット・フェチの症例を示す。

椅子に座らせたドロシーに開脚を命じ、その陰部へにじり寄ってフランクが発する哀れな「マミー！（お母ちゃま）」の台詞から口唇（幼年）期の母親の存在をどのようにも解釈できるだろう。フランクが吸う吸入器も携帯ヴァギナとみていいかもしれない。ドロシーはフランクの口にヴェルヴェット・ガウンの裾をふくませる。代用クンニリングス（吸陰）!?　このショットが象徴するように『Blue Velvet』は直接行為がその直前で隠喩にすり替えられていく。椅子に緊縛されたブルー・ヴェルヴェットのドロシー（つまり第一の、ヴ、ァ、ギ、ナ、とその隠喩）。ドロシーを椅子に緊縛するのは紐ではなく、フランクに

★21　種村季弘訳、河出文庫刊。

連れさられた息子の安否である。しかし、ドロシーの肉体は嫌悪を超えて反応する。椅子からのけぞったドロシーの表情がうつくしい。

見えない紐による緊縛《ボンデージ》。

フランクは次に床にドロシーを転がしてハサミでヴェルヴェット・ローブの裾の一部を切りとる。〈耳〉に続いての切断。★22（フランクは切り取ったこの「第二のヴァギナ」を以降、彼の死の時まで大切に持ち歩く。クラブではドロシーの歌声を聴きながら涙を浮かべてその切片を撫でさするのである。）

ヴェルヴェットの腰ひもを口にくわえこませたドロシーに（猿ぐつわの変形、SMコードのおだやかな使用）、フランクは着衣のままのしかかる。暴力とセックス、といってもフランクがここで演じてみせるのは、性交の模写だ。

ここでも直接行為が隠喩にすり替えられるのである。ゲイ、マザー・コンプレックス、ヴァギナ恐怖、あるいはインポテンツｅｔｃ、多形倒錯者フランクにとっては女との性交はこのようなもの以外ではありえないのかもしれない。

とにかくわれわれは、ブラック・レザー（ジャケット）とブルー・ヴェルヴェット（ローブ）による〝衣裳〟のＳＭプレイを目撃するわけだ。

フランクのドロシーへのサディズムは、自分の内なるマゾヒズムあるいはゲイ・アイデンティティを抑圧するために編みだされた形式上のそれだろうか？

クローゼットからこの一部始終を覗き見たジェフリーにとって、年上の男女のこのSM劇は、たとえば幼児期に盗み見た両親の性交イメージ（父の母への暴力）の再現である。スポック博士の育児書でグッドボーイに育てあげられたにちがいないジェフリーは、この一連のシークエンスでジークムント・フロイトと遭遇したことになる。「ノーマン・ロックウェル・ミーツ・ヒエロニムス・ボス」ならぬ「スポックス・チャイルド・ミーツ・ジークムント・フロイト」だ。

ドロシーの部屋から自宅に戻ったジェフリーが夜見る夢はこの「——ミーツ・ジークムント・フロイト」を再確認する映像の断片である。

レンズ効果で歪んだ父親の顔[★23]、のけぞったドロシーの恍惚の表情、ひらかれた口からのぞく歯の光沢。蠟燭のゆらめく炎。最後にフランクが画面のこちらを殴打して、ジェフリーは目覚める。このときキャメラはジェフリーの手の動きを追って壁の、なにかミイラ化した動物の歯型、未開民族のおまじないの歯のような奇怪なオブジェを捉える。〈ブルー・ヴェルヴェット〉それに〈切り離された歯〉。

魅惑と（去勢）恐怖、ヴァギナの双面をリンチはこのように置換する。

★22 余談だが、〈舌〉では、横溝正史の「舌」鮎川哲也編『怪奇探偵小説集（I）』、（双葉ポケット文庫所収）がペロリと恐ろしい。

★23 フランクと見えないこともないが、ここは父親でなくてはならぬ。

ミーツ・ダークレディ

『Blue Velvet』では父親も母親も存在感がほとんどない。前述の夢の中で父親の顔は歪んでフランクに形を変える。フランクをジェフリーの無意識が求める〈父親〉、ドロシーを〈母親〉とすれば……。

ドロシーの肉は各部に鈍重な曲線をつくり、乳首、乳暈は左右黒ずみ方に差がある。放縦な快楽のあとをとどめた三十代女のこの肉に誘われるかたちでジェフリーは性のダークサイドに足を踏み入れる。年上の、性器を黒く使い込んだ黒髪の女にセックス指南を受けるボーイ・ミーツ・ダークレディ[★24]の構図である。

刑事のブロンド娘サンディ（ローラ・ダーン）との愛、この一般的な青春のボーイ・ミーツ・ガールの構図をリンチは一方に置いている。このジェフリーとサンディの会話が出色（?）だ。現実離れを起こしてフワフワと漂う痴呆のような会話の雲。リンチ以外の誰も映画でこのようなこぼれ落ちる会話の雲をつかまええないだろう。

アメリカの観客にとってショックは、LANCÔME化粧品の広告でフォトジェニックな知性美を誇っていたイザベラ・ロッセリーニが大胆に晒してみせた肉体だったようだ。美の下の醜。

ローラ・ダーンのくにゃくにゃと不気味なくちびるもイザベラの裸体に劣らずリンチのフリーク指向に合っている。[★25] 彼女の父親のブルース・ダーンは〈鼻〉の俳優だったがローラはあきらかに〈くちびる〉の女優である。[★26]

リンチ自身が語っていることだが、『Blue Velvet』から編集のときカットされたショットに蠟燭の炎に女が乳首をかざすというのがあったようだ。それ以上の詳細はわからないが、この乳首はイザベラのそれだろうか？　惜しい！

リンチの新作情報として八八年にハリウッドに流れた『ホワイト・ホテル』[★27]は英国の小説家D・M・トマスが一九八一年に発表した小説だが、この小説では乳首、乳房が重要な役割を演じていて、乳首フェチにはたまらない。

★24　性の誘惑者としてのダーク・レディ／ブロンドの純真な乙女、のパターンはアメリカ文学のアルケタイプを成す。詳細はレスリー・A・フィードラー『アメリカ小説における愛と死』（佐伯彰一ほか訳、新潮社刊）を参照のこと。

★25　イザベラの少女時代に関してはローレンス・リーマー『イングリッド・バーグマン時の過ぎゆくまま』（大社淑子訳、朝日新聞社刊）参照。

★26　ニコラス・ローグ『Track 29（トラック29）』にとてつもない〈口女〉が登場したのを御存知か？　それもSMプレイを演じてみせる。

★27　出淵博訳、河出書房新社刊。

小説家の多くはヴァギナ周辺には想像力と言語を総動員するくせに、乳首には案外凡庸な感想しかもらさない。その点で『ホワイト・ホテル』は異色なのである。

小説は、他ならぬフロイトが女性オペラ歌手の性妄想を分析していく体裁をとっている。[28]彼が女性患者の分析治療に使った寝椅子の写真があれば半日は空想していられる筆者のような人間にとって、この設定だけで買いだ。女性歌手が告白する性夢のなかには、シュルレアリスト、マン・レイ描く空に浮かぶ赤いくちびるのように林のなかに漂う乳房がでてきたり、彼女の〈乳首〉に老司祭を含めてホテルの客たちが列をなして吸いつき、白い乳が飛び散るオージーといっていい場面もある。

たとえば、この女性歌手にイザベラ・ロッセリーニを配し、リンチ自身がフロイトとして彼流の夢解釈をしていく映画を考えただけで奇妙なふるえがくるではないか。

乳首に関しての八〇年代の一大収穫といえば、ベルナルド・ベルトルッチ『The Last Emperor（ラストエンペラー）』の十二歳の皇帝が乳母の乳首《ニップル》[29]を吸うシーンにつきる。

ところで、わが十代の記憶のもっとも甘い疼きといえば井上梅次の『黒蜥蜴』である。追憶のフォーカスはこの作品のワン・シークエンス、三島由紀夫の脚本で次のようにト書きされる箇所に絞られるのだが。

C室ノックされる。早苗入ってくる。暗い人気のない部屋を見まはして一瞬ためらふ。夫人うしろ手にドアをしめる。雨宮、とび出して、うしろから早苗を羽交締めにして、ハンカチを顔にあてる。早苗、失神する。夫人と雨宮、その衣服を脱がし、トランクの蓋をあけ、早苗をこれに押し入れる。★30

叶順子がこの麻酔薬をかがされ、ブラジャーとショート・ガードルの半裸体に剝かれる令嬢早苗に扮した。

当時、映画という「覗き窓」を通して見たとき、もっとも劣情をそそる女優が彼女だった。福知山市の「第一映画」館で高校生の制服姿のまま、闇のなかで息を殺して叶順子の出演作すべてを追っていた日々。

★28 一九二〇年代の上海エキゾティシズムを舞台にフロイトの弟子の分析医が一人の英国婦人のパラノイアに感応していく同様の趣好本がオーストラリア作家ロッド・ジョーンズの『Julia Paradise』。

★29 レトロとエキゾティシズム、エロティシズムの〝官能〟の三位一体がたまらない。ジュリアは平べったい胸にナッツのような乳首。ペンギン・ブックスの刊行である。『The Last Emperor』で一九八八年アカデミー賞を受賞した際、スピーチでベルトルッチは「ニューヨークがビッグ・アップルだとすれば、ここハリウッドはビッグ・ニップルだ」と、冷汗ものの冗句を飛ばしていた。

★30 所有の『戯曲　黒蜥蜴』は牧羊社刊のもの。

たいていの映画で彼女はしどけない下着姿をキャメラの前にさらすのである。そのきわめつけが『黒蜥蜴』のショート・ガードルというわけだ。しかも羽交締め、失神。視姦少年にこれ以上の供物がありえようか?

私流「——ミーツ・ダークレディ」。

叶順子のくっちゃりとした姿形とくちびるならリンチのセクシュアル・ファンタシーに格好の肉舞台を提供すると確信する。

それはさておいても、リンチがたとえば日本映画のなかに自分の幸福な居場所を求めるとすれば、この時期の「大映」現代劇の奇妙な雰囲気以外にはありえないだろう。大映映画のライティングはリンチのそれと同様、どこか腐った感じがするからだ。『黒蜥蜴』の原作者は「昼は夢、夜ぞうつつ」を生きた江戸川乱歩である。[★31] 乱歩の小説にもくつろぎと快楽をリンチはまちがいなく見出すと言ってよい。[★32]

彼女の頬は、入日時の山脈のように、くっきりと蔭と日向に分れて、その分れ目を、白髪のような長いむく毛が、銀色に縁取っていた。小鼻の脇に、綺麗な脂の玉が光って、それを吹き出した毛穴どもが、まるでほら穴のように、いとも艶めかしく息づいていた。そして、その彼女の頬は、なにか巨大な天体ででもあるように、徐々に徐々に、私の眼界を覆いつくして行くのだった。[★33]

この描写は、『Blue Velvet』のラスト近く、眠れるジェフリーの顔の表皮を拡大して捉えたショットと重なりあうではないか。あるいは、切り落とされた耳の内部へキャメラを寄せてリンチが画面を「なにか巨大な天体ででもあるように」変容させたことを想わせる。

★31
「ヒッチコックのエロチック・ハラア」がヒッチコック来日時の顚末を語って面白い。植草甚一も登場してくる。

これは講談社の江戸川乱歩推理文庫58巻の『乱歩随想』に収録。乱歩の弟は今は絶えた女相撲の研究家である。

★32
江戸川乱歩の原作小説では描写のポイントは早苗ではなく、誘拐に先だって全裸でトランクに入り自ら種明ししてみせる「黒蜥蜴」の女体にある。

「まげた脚の膝頭が、ほとんど乳房にくっつくほどで、腰部の皮膚がはりきって、お尻が異様に飛び出して見えた。後頭部に組み合わせた両手が、髪の毛をみだし、わきの下が無残に露出していた。なにかしら畸形な、丸々とした、非常に美しい桃色の生きものであった」

この女体をそのまま引きだしほぐして壁に架けると、ベンの店の誘惑的なタブローのポーズとなる。

川本三郎氏も『ダスティン・ホフマンは「タンタン」を読んでいた』(キネマ旬報社刊)の中でリンチと乱歩を関連づけておられる。

以前、氏のマンションを訪ねた帰り、大通りの銀行の玄関に、ジョン・ウォーターズ的行為をしたのはいつだったか。

★33
江戸川乱歩「火星の運河」。

もうひとつ乱歩から引用すれば、明智小五郎という名探偵を初めて登場させたことで名高い「D坂の殺人事件」の次の一節などは『Blue Velvet』モチーフそのものである。★34

うわべはきわめて何気なさそうなこの人生の裏面に、どんなに意外な陰惨な秘密が隠されているかということを、まざまざと見せつけられたような気がします。それは実にあの悪夢の世界でしか見出すことのできないような種類のものだったのです。

リンチ、ヒッチコッキアン

『Psycho（サイコ）』のモーテルの覗き穴を隠していた小さな額入りの絵。

この絵が、ノーマン・ベイツ（アンソニー・パーキンス）の窃視行為の絵画的置き換えであることがうすうすわかり、ずっと気になっていたのだが、ヒッチコック関連書のどれもこの絵について触れていない。

この疑問を氷解してくれたのが、ドナルド・スポトー『The Dark Side of Genius──The Life of Alfred Hichcock』★35である。

旧約聖書ダニエル書十三章★36にある「スザンナと二人の長老たち」を画題としたものであった。ただし画家名は未だ特定できない。

水浴中の人妻スザンナに言い寄り、拒否したスザンナに密通の罪をかぶせて逆告発したあくどい二人の長老をこらしめる再逆転の説教譚だが、しかし、ポイントはそんな懲悪のオチにあるのではない。近代の画家は覗きとレイプ願望として、この画題を楽しんできた。

このスザンナと長老の関係は、映画監督の、キャメラを通しての女優への、覗き／レイプ願望の関係とぴたりと重なるのである。ヒッチコックの場合は特に狂おしいまでに――。

★34 乱歩とは〝変装〟に関しても共通する。フランクのかつらと口髭の〝変装〟の時代がかった古風さがうれしい。あれで眼鏡をかければグルーチョ・マルクスではないか。〝変装〟がリンチ流、表面／裏面テーマの変奏であることはいうまでもない。

★35 邦訳は山田宏一監修で『ヒッチコック――映画と生涯』上下巻として早川書房から。ケネス・アンガー『ハリウッド・バビロンII』のヒッチコックの章をこと細かに例証してみせたようなスキャンダラスな評伝。

★36 ヒッチコックを先人とはちがった角度で論じられないか、現在ぼんやり考えているところだ。このエピソードは残念ながら、日本聖書協会訳の旧約聖書の「ダニエル書」ではカットされている。日本人は真面目なのだ。講談社版聖書、あるいは教文館刊行の『聖書外典偽典』第二巻に当たってほしい。レンブラント他多くのアーティストがこの画題で描いているが、ヒッチコックが『Psycho』で使った絵ほど、レイプ寸前のものはない。この絵はだれが描いたのか？　そのタッチから見てスタジオ・アーティストのものではないと思えるのだが。〔フランス・ファン・ミーリス（工房）と判明。〕

『Rear Window（裏窓）』の、グレース・ケリーへのキャメラにきわまった彼の女優への悶えはしかし『Psycho』に見出すことはできない。「スザンナと長老たち」の絵を登場させ、映画づくりにおける自らの欲望を種明しした『Psycho』でなにかがヒッチコックを激変させるのだ。ヒッチコックのヒロインへの対応はシャワールームのそれのような加虐的なものへ転化するのである。

ヒッチコックのオフ・スクリーンのクライマックスはスポトーによればティッピ・ヘドレンへの性関係の強要だ。彼は長老のスザンナへの脅迫を実践してみせたのである。

ノーマンは覗き穴からマリオン（ジャネット・リー）が衣服をとり、黒のブラジャーとペティコート姿になるのを見る。『Blue Velvet』のジェフリーがクローゼットから盗み見たときも、ドロシーは黒のブラジャーとパンティになったのだった。クラブ歌手には黒の下着ということはさておいて、リンチは『Psycho』を再現したともいえる。（ちなみにカイル・マクラクランが扮したジェフリーとは『Rear Window』でジェームズ・スチュアートが演じた窃視癖のカメラマンのジェフリーズから来たのだろうか？）

この窃視シーンの類似に加えてもうひとつ『Blue Velvet』への『Psycho』の反響をつけ加えるならば、このあとモーテルから丘の上の家へ戻ったノーマンに〝母親〟が問いただす「あの女は蠟燭をおったてて男を誘う類いの女だよ」という台詞がある。『Blue

Velvet』のドロシーはフランクを迎え入れるとき、壁の燭台にマッチで火をともすのである。

これらのシークエンスを含めて、『Blue Velvet』には五〇年代の〈ヒッチコック・タッチ〉が腐爛寸前の容態で随所にすくいとられている。

イングリッド・バーグマンに向けられたニューロティックなヒッチコック・キャメラは『Spellbound（白い恐怖）』『Notorious（汚名）』である。

リンチはイザベラ・ロッセリーニと『Blue Velvet』撮影中、愛人関係に入っている。[★37]

いうまでもなく、イザベラはバーグマンの娘だ。

こういうことができるだろう、ヒッチコックのバーグマンへの欲望をヒッチコッキアンとしてリンチがその娘に果たした、と。

『Rear Window』のリメイク的な『Body Double（ボディ・ダブル）』のヒロインにティッピ・ヘドレンの娘メラニー・グリフィスを起用したブライアン・デ・パルマにも、この意図せざる復讐の意図（ヒッチコックの絶望的なヒロインへの愛欲とその失敗の怨念をその娘に果たす）は、あったのだろうか？　また『Blue Velvet』を輝やかせるアンジェ

★37　イザベラはこれで前夫マーティン・スコセッシに続いてアメリカの二大アート派監督をそのヴェルヴェット・ゾーンに突き立てたことになる。

ロ・バダラメンティの音楽もバーナード・ハーマンの音楽の繊細なパロディとして響く。ヒッチコック／ハーマンの、リンチ／バダラメンティによる絶妙の盗用といえるのは、マクラクランの前に、ローラ・ダーンが暗がりから『Vertigo（めまい）』のキム・ノバックのように〝夢の女〟然と、ふわっとロマンティック過多にあらわれる最初の出会いのシーンだろう。

このアルバムの歌詞に、リンチの闇の嗜好がいかんなく発揮されている。（『Blue Velvet』で歌われ、使用されたポップスの歌詞に、「夜《ナイト》」がことごとくにでてくる。フランクがジェフリーを攻めたてるシーンでロイ・オービソン「夢の中《イン・ドリームズ》」でのinto the magic night、死体が並んだドロシーのアパートに流れるケティ・レスター「ラブ・レター」の——in the night、等。）

『Blue Velvet』で披露された「ミステリーズ・オブ・ラブ」のトリオ（歌手ジュリー・クルーズ／作詞リンチ／作曲アンジェロ・バダラメンティ）の発展形が八九年秋にリリースされたアルバム『Floating Into The Night』[★38]である。

『Floating Into The Night』においてもタイトル自身に夜《ナイト》が顔を見せているし、収録曲中のnightとdark, darknessそれにshadowの使用頻度には目を剝かされる。「Into The Night」に至っては、

so dark
so dark
so dark

の優しいつるべうちなのである。

エドワード・ホッパー

「画家ではエドワード・ホッパーが一番好きだ。彼の一枚の絵から一本の映画をつくりだせるね[★39]」

『The Elephant Man（エレファント・マン）』の宣伝でイギリスの音楽紙「NEW MUSICAL EXPRESS」の取材を受けたとき、リンチはこう語ったものだ。

一九六七年、ホッパーは死んだが、死後、名声は高まり続けている。前述のエリック・フィッシュルの絵にも彼の影響は色濃い。

★38 輸入盤CD 9 25859-2 warner Bros.

★39 ブライアン・イーノは自らのアムビエント・ビデオに影響を与えたエドワード・ホッパー作品を「怖るべき沈黙の感覚」と称した。

人気《ひとけ》のない沈黙の風景、建物は、確かに俳優の登場を待つ舞台の書き割り、映画のセットめいて、自然の、というより人工的な風景に見える。絵画史上もっとも平明かつもっとも奇妙といっていい素材への照明魔術《ライティング》によって、すべてが、夢のなかで模造されたごとくである。★40

昼の光景へのひそやかな夜の侵入。

またホッパーは、映画館の内部を描いて傑作を残した唯一といっていい画家である。★41一九三九年作の「New York Movie」がそれだが、上映されている映画の一部、観客席、装飾的な柱、そして片隅で立ちつくす物思いに沈んだ女――。この構図は絵画的というより、キャメラの移動を前提として、アクションの合図を待つきわめて映画的な光景といってよい。

ヒッチコックはリンチ以前にホッパーの絵画の識閾下にサイコ・ドラマを探りあてた監督である。建物の内側でどんなドラマが展開しているか、ホッパーの絵の表情からは見えてこない不安と期待を彼はスクリーンに移した。

一九二七年に描かれた「The City」はどの建物のどの窓へキャメラが寄っていっても『Phycho』の冒頭となるし、『Rope（ロープ）』のタイトル・シークエンスは街路を見下ろすアングルの静止画像で、映画が始まると同時に人物が動きだして、ホッパーの「New York Pavement」に「アクション！」の合図を送ったかたちである。

『Blue Velvet』におけるホッパー的視線は、ランバートンの街のいくつかの建物を捉えたショットに確実にうかがえる。

リンチがホッパーを超えて、ホッパーには描きえなかったヴィジュアリティにまで至ったのが、ライトに照らしだされた夜の木々、木の葉のさわさわざわめく不気味で美しい人工的なショットだろう。ジェフリーが刑事の家を訪ねようと夜間の外出をし、歩道を歩いていく。キャメラが仰角で頭上にかぶさるミステリアスな木々と葉をとらえる浮遊的な移動撮影。

ホッパーはこう言ったのだった。

「どんなに夜の木々が人工的に見えるかわかるか。それは夜の劇場だ」

ホッパー／ストックウェル

夢の中《イン・ドリームズ》、
俺は歩む《アイ・ウオーク》よ、お前とともに《ウィズ・ユー》

★40 実際はすこぶるつきの美人美術史家ゲイル・レヴィンがカメラを手に証明したように、ホッパーの風景はすべて実在のものをキャンバスに移したものである。
「映画のワンショットとして私の絵を見てほしい」とホッパーは語っている。

★41 あとエッシャーの小品でいいのがあるが——。

フランクが持参したカセットから流れるロイ・オービソン「夢の中《イン・ドリームズ》」★42に口をあわせて、ベン（ディーン・ストックウェル）は、マイク代りに手にした作業灯《ランプ》で自分の化粧顔を照らしだしながら、フランクに身体をくねらせる。このラヴ・ソングのお前《ユー》とは男である。ひんやりとした地下世界の淫猥さ。ゲイ・ワールドのキングとクィーンが互いに目くばせするまったくうっとりする眺めだ。

シナリオにはなかったこのパフォーマンスのすべてはストックウェルのアイデアだという。身につけたもの、その物腰、化粧まですべて。

『Blue Velvet』という作品が指示するフランク／ベンのゲイ・セクシュアルの関係とともに、われわれが受けとるのは、互いにかつて地獄を見てきた者同士の、つまり、オフ・スクリーンでのホッパー／ストックウェルの他人を寄せつけない〝愛〟である。ハリウッド・スキャンダルの常連二人の伝説のイメージをそのまま凍結させたような役柄での再会。

リンチはこの「ベンの店《バー》」★43に肥満した女をはべらせ、ソファには自作の人形を置く。そして壁には誘惑のポーズをとった女（絵か写真かはっきりしない）。ダイアン・アーバスがカメラを手に這い寄っていきそうだ。

ともあれベンの店《バー》では、拉致されたジェフリーもドロシーのイメージもかき消えて、

ホッパー／ストックウェルの〝愛〟だけがまぶしい。★44

ジェフリーにとってはフランクよりも更に面妖な、底なしの虚無といえるベンにぴた

★42

リンチは大のロイ・オービソン・ファンだが、オービソンはDreamという単語、あるいはBlueという単語のイメージなしには詞が書けないと言っている。リンチがファンなわけだ。

二人は言葉への嗜好、反応がきわめて似た存在なのである。

ニコラス・ローグ『Insignificance（マリリンとアインシュタイン）』にオービソンが寄せた曲が「ワイルド・ハーツ・ラン・アウト・オブ・タイム」。リンチの九〇年公開作が『Wild at Heart』といったように。「夢の中《イン・ドリームズ》」に生き「イン・ザ・リアル・ワールド」を唄ってこの世に別れを告げたオービソン。

リンチの名前も英国のみ発売のベスト・アルバム『in dreams the greatest hits』「夢の中《イン・ドリームズ》」の共同プロデューサーとしてクレジットされている。

★43

ベンのバーの名前が「This is it」。これだ！　とか、これがウワサの……、あるいはどんづまりだぜ、の意味あいか。この文字がジェニー・ホルツァーばりのネオン・アートして入口のそばに輝いている。

ストックウェルが立ち直ったのはJoyという女と出会ったからだ。喜びとの出会い。娘の名前はソフィアでこれはフィリップ・K・ディック『ヴァリス』の三歳の救世主と同じ名だ。ディックが『アンドロイドは電気羊の夢を見るか？』の映画化を夢見たとき、ストックウェルをキャスティングしていたから、ディックはこのことを嬉しく思うにちがいない。

★44

ホッパーの新妻キャスリンは八七年にスパイラル・ガーデンで「デイヴィッド・サーレ」展がひらかれ、同時に彼の恋人のアーミタージュがバレエを披露したとき、団長として踊っていた女の子だ。ちょっと太目だったような気がする。いや太目だった。

りとはまるストックウェルだが、子役としてハリウッド・デビューした当初は、彼もまたノーマン・ロックウェル世界に囲われていた。ストックウェルにとって、ヒエロニムス・ボスの「快楽の園」はハリウッドといえるだろう。その扉をひらいたのは『Kim（印度の放浪児）』で共演したエロール・フリンが初対面の十二歳のストックウェルに挨拶がわりによこした言葉だった。

Have you had your first fuck yet ?

ディック・モーア『ハリウッドのピーターパンたち』★45のストックウェルの述懐からその場面を拾えば——

セットを建て込んでいる間、ぼくは母と撮影所教師と一緒にサウンドステージに来た。先生はノーマン・ロックウェルの絵に出てくるアメリカ中部の女性のような人で、六十三歳、優しくて献身的で、縁なしメガネにレースの高い衿のオールドミスだった。頬っぺたはバラ色、髪は生まれつきの白い髪だったな。この彼女と母がぼくの両脇をかためていたんだ。

エロール・フリンがぼくの方に来た。誰かが「こちらディーン・ストックウェルです」って紹介した。もちろん彼はぼくよりずっと背が高い。彼はきらっと光る目で、ぼくを見下すと、片手を前に突き出して言った。

「ハーイ、もうオ××コしたか？」

ホッパーが生前のウォーホルにもらした情報によれば次のようなシーンが『Blue Velvet』からカットされたという。

ウォーホルの記憶はあいまいなのだが、ホッパーがストックウェルをレイプし、その尻にキス・マークをつける、もしくはストックウェルがホッパーをレイプし、その尻に――、という愛すべきシーンらしい。★46

映画でフランクにリンチ（レイプの代用）され、顔にキス・マークをつけられるのはジェフリーとなる。

★45 酒井洋子訳、早川書房刊。同書によれば、朝鮮戦争のとき、ストックウェルは徴兵拒否のために「薬をやり、ホモのふり」をしたらしい。ほんとにふりだろうね？
このころは、ホモの方がきまじめに戦争をやるという統計はまだでてはいなかった。

★46 前出の『The Andy Warhol Diaries』参照。

ドロシーの部屋に展示されたのは、耳をそがれた傷跡も生々しいドロシーの夫と、フランクと内通していた刑事の立ったままの死体である。夫のほうは両手を合わせて椅子に縛りつけられている。

座位、立位の次なる死体は、クローゼットに忍んだジェフリーに眉間を射ち抜かれ、床にのけぞって絶命するこれらの死体の製作者のフランク自身だ。『Blue Velvet』はリンチが夢見ていたにちがいない人間の死体インスタレーション（展示）の場である。

死体を扱うリンチの芸は細やかで死体への愛が感じとれる。★47 映画の真ん中あたりにでてくる、これもフランクが殺ったとおぼしい二階の窓からうつぶせに身をのりだして死んでいた男の死体をこれに加えてもいい。

スプラッタ・ムーヴィも損傷した死体をオブジェ感覚で散乱させるが、リンチのようなアート感覚で死体も画面も統御してはこなかった。

死体四態のなかではやはり、ドロシーの夫の死体のいびつな出来が、文句のつけどころがない。

フランク殺しはエディプス（ジェフリー）の〝父親殺し〟、あるいは自分の〝影〟の殺害である、といわずもがなのことは封じておいて、さて――。

日を浴びて自宅の庭の椅子で眠るジェフリーの耳のクローズアップで、世界は夜から昼へ、闇から冒頭の光の世界へ反転する。

父は回復し、というか何事もなかったようにウィリアムズ刑事と談笑している。拾った耳の穴にキャメラが入り込んで以降の展開があたかも悪夢にすぎなかったかに思わせる目覚めの情景である。

このショットの前に、抱きあうサンディとジェフリーの後ろに刑事がいる不思議な印象のシーンがある。このとき目覚めを予告するように画面は白くなる。そして、またその直前のショットでは夢の負荷に耐えきれないように電球がポンと音をたてて切れる。このポンという音とともにヒエロニムス・ボス世界は退却し、ノーマン・ロックウェル世界が回復するのだ。

これは目覚めだろうか？

★47 『Eraserhead（イレイザーヘッド）』のとき、リンチは猫の解剖、ネズミの腐爛のプロセスを何回となく楽しんでいる。『Blue Velvet』のときも冷凍庫には何体かのネズミの死体が入っていた、ということだ。

「愛」「信頼」を象徴するコマドリが、「悪」＝昆虫をくわえている。

冒頭の青い空、白いピケット・フェンスがそうであったように、ラストに置かれたこの光のあふれた「家族図」はそのリアリティの稀薄さによって、カリカチュアライズされた白昼夢としかうつらない。ここには完璧に模造《フェイク》された幸福の気味の悪さが漂っている。

白昼夢《デイ・ドリーム》から悪夢《ナイトメア》へ、悪夢《ナイトメア》から白昼夢《デイ・ドリーム》へ、この惑乱的な反転力が彼の映画の快楽の芯、とろけるようなサスペンスの源だ。

ジェフリーの次なる目覚めは『Eraserhead』の悪夢「結婚生活そして出産」のなかではあるまいか？

第二章

ツィンズ、ファナティック！

Le tétin du cinéma et le mollet de la peinture

エロティックな暴虐
——ブラザーズ・クエイのパペット・アニメ

シンメトリーと死の遊戯
——ピーター・グリーナウェイ『A Zed & Two Noughts』

アイデンティティ（ーズ）の道行き
——デイヴィッド・クローネンバーグ『Dead Ringers』

Image Collection

2 ツインズ＋トリプルWomb

ブラザーズ・クエイのパペット・アニメ『ストリート・オブ・クロコダイル』をいちはやく映画誌で紹介したピーター・グリーナウェイは、ブラザーズが自らの嗜好にきわめて有効なテリトリーとして〈東欧〉を発見したことをポイントとしてあげ、さらに原作のシュルツが実在の街をまったく異なったものに変貌させる作風と、『見えない都市』のイタロ・カルヴィーノとの類似も論じていた。また、出身が医学系のクローネンバーグにとって、映画そのものが鉗子といっていい。

Fig.1

1994年にロンドンのクエイ・アトリエをイメージ・フォーラムの富山加津江氏と訪ねたとき、こちらが持参したのは、『バルトルシャイティス著作集2　アナモルフォーズ』（高山宏訳、国書刊行会）である。二人は頁を繰りながら日本版の美麗なレイアウトに歓声を上げ続けた。本を欲しそうだったが、後にクローネンバーグにJ・G・バラード『クラッシュ』（柳下毅一郎訳、ペヨトル工房）を謹呈したようにはまいらぬ。高価だったので。サインはもちろん二人がかりの書体マニエリスム。

Fig.1

Fig.2

この写真が当時いちばん出回ったものである。二人は後年、スタニスワフ・レムの短篇「マスク」(スタニスワフ・レム・コレクション『短篇ベスト10』収録、国書刊行会)もパペット・アニメ化したが、初期の魔法は消えていた。

Fig.3

訪れたときの、クエイの居室の一隅。とにかく、カセット宇宙だった。すべてが手描き、手作り。

Fig.4

『Dead Ringers』の1シーン、鉗子フェチにはたまらないだろう。ジェレミー・アイアンズが手を伸ばしているのが一番美しく、用途不明。

Fig.5

1993年に渋谷西武Bフォーラムでひらかれた「クローネンバーグ映像美術装置展」には、バネ付き三本指状鉗子という恐ろしいものが出品されていた。

Fig.2

Fig.3

Fig.5

Fig.4

エロティックな暴虐
——ブラザーズ・クエイのパペット・アニメ

〈東欧〉が隠匿する孤立と官能に奇形の夢を築くパペット・シュルレアリスト、それがブラザーズ・クエイだ。

そして『Street of Crocodiles（ストリート・オブ・クロコダイル）』を頂点とする彼らの映像ばかりではない、彼ら自身《ツインズ》がなにかイマジネーションを喚起させる存在のようだ。彼らの外見にはまったく差違が見出せない。彼らを念頭に置いてピーター・グリーナウェイは『A Zed & Two Noughts（ZOO）』を思いつき、デイヴィッド・クローネンバーグが『Dead Ringers（戦慄の絆）』製作にあたって双生児研究の対象にしたのも彼らだった。してみるとグリーナウェイとクローネンバーグの尖鋭なツインズ幻想の事実上の主人公はブラザーズ・クエイということになる。★1

現在ロンドン在住のスティーヴとティムのふたりだが、彼らが生まれたのは一九四七年、U・S・A、フィラデルフィア近郊である。少年時代、母親は彼らに油絵をはやくから学ばせたが書物の類は童話にいたるまでまったく与えなかったようだ。フィラデルフィア美術大学で、図鑑用の生物画を描いていたルドルフ・フロンドの教えを受け、彼の精密な昆虫図などに影響を受ける。このあたりからうっすらとブラザーズ・クエイのヴィジュアリティの震源地が見えてくる。

そしてフランツ・カフカの発見！

ちなみに、同時期、フィラデルフィアの別の美術学校に在籍したのがデイヴィッド・リンチである。リンチの『Eraserhead（イレイザーヘッド）』を支配したフィラデルフィアの工業地区の雰囲気は、ブラザーズ・クエイの『Street of Crocodiles』に同質の影を投げかけている。

徴兵逃れのために留学したロンドンの王立美術学校で、彼らと共同製作者となるキース・グリフィスと会う。これはよくある運命的出会いだった。グリフィスとのちに「アトリエ・コニンク」を設立、人間の分身以上の過激な地平で人形を操る驚異の作業にはげんできたわけだ。

★1 ブラザーズ・クエイは『A Zed & Two Noughts』を見て、ひどく気分を害したと伝えられる。『Dead Ringers』も彼らは見ようとしない。

英国のファンタシー作家アンジェラ・カーターの『魔法の玩具店』★2に、怪し気な叔父があやつる操り人形がリヒャルト・ワーグナーの『トリスタンとイゾルデ』にあわせてからみあうシーンがあったが、ブラザーズ・クエイも、今は失われた習作期のフィルムでこの楽劇を使っている。それは伝え聞くところでは『トリスタン——』の音楽を聴きながらパペットが手淫する！　というものだったらしい。

この趣味の良さを伝え聞けば、だれでも（？）ブラザーズ・クエイを好きにならずにはいられまい。

ブラザーズ・クエイの事実上の処女作といえるのが『Nocturna Artificialia（人工の夜景）』★3である。

この映画はＢＦＩ（英国映画協会）からでたお金でつくられたが、ＢＦＩの資金援助の知らせを受けたのが当時滞在して、セリーヌ『夜の果ての旅』★4の装幀などで糊口をしのいでいたオランダのアムステルダムだった。途中に立寄ったロンドンで再会した英国王立美術学校の同級生キース・グリフィスが申し込んでおいてくれたもの。

夢の閉塞と熱病じみたどこかの町へのノスタルジア。

鉄路わきのほとんど独房のような部屋に住む一人の男のメランコリアとその心のふるえをクエイは、オフ・ビートの手法で伝える。

暗転するたび、唯一の開孔部といっていい小さな窓の外を路面電車が過ぎるたびに、メランコリアは画面を重く沈ませていく。二十分のこの映像は多く部屋のなかの、この男のにぶく硬直した動きを伝えるだけだ。色彩を欠いたこの世界に不意に生理的な戦慄を呼び込むのは、男がさしのべて通過する電車から受けた手のひらの傷ににじむ赤い血である。★5

ふと思ったのが、ブラザーズ・クエイはローベルト・ヴァルザーの短篇「一つの町」を読んでいたのではないか、ということである。

フィラデルフィアの学生時代カフカの日記を読んで以来、世界文学の周縁領域へ興味をつのらせてきた二人は、当然カフカが愛読したヴァルザーにもつきあたっていたにち

★2 植松みどり訳、河出書房新社刊。一七七頁。デイヴィッド・ウィートリー監督の手で一九八六年映画化されたが（『The Magic Toyshop（パペットの館）』）まあ、触れぬが花であろう。

★3 筆者はこの作品の孤独の表現に懐しいものを感じてとても好きなのだが、クエイは習作とみなしている。

★4 邦訳は生田耕作訳で中公文庫から。

★5 ロッカー／画家の恒松正敏の小品「赤い手」を思わず個展のとき買ってしまったのは、このクエイと同じ戦慄を感じたからだ。

がいないからだ。

色あせた家並みが興ざめてぼくを見つめていた。ぼくは疑惑の念にみちて茫然とその家並みを眺めていた。女たちは女たちでないように、男たちは男たちでないように思われた。そしてぼく自身、この幽霊じみた不吉な四囲の中で、不吉な幽霊と化していたのだった。路面電車がまるで狂って走っているように思われた。★6

〈東欧〉の匂いと色彩をじつにうまくすくいとった『Leoš Janáček: Intimate Excursions（レオシュ・ヤナーチェク）』（一九八三年）は、チェコスロヴァキア中央部モラヴィアの作曲家ヤナーチェクへの個性的な二七分のアプローチである。

イゴール・ストラビンスキーをテーマに、同じ年の『Igor—The Paris Years Chez Pleyel』とともにチャンネル4のために製作された芸術家評伝ものの一作。

ヤナーチェクは老いてから、ボヘミアに住む三八歳年下の美貌の人妻カーミラ・シュテスローヴァーに激しい片想いを寄せた。彼のオペラ作品の多く（『消えた男の日記』『利口な女狐の物語』『マクロプロス事件』等）は、このカーミラを霊感の泉とし、すべて彼女に捧げるかたちで作曲されたものである。

カーミラの名前からわれわれがどうしても思い浮かべてしまうのは、レ・ファニュの『吸血鬼カーミラ』だ。

そして、作中で歌われる『マクロプロス事件』に登場するのはミイラ化した蛇のような顔の奇怪なエミリアだが、彼女は三百歳を超えてなおも若い女というヴァンパイア的なヒロインなのである。

ヤナーチェクのイマジネーションの血をすすりきって、不死となったカーミラ。クエイは『消えた男の日記』のアリアの背景として赤い木の林立のなかにカーミラをたたずませる。これも宿命の女といっていいオペラのヒロイン、ゼプカとして。

そして赤い木立に囚われた男としてヤナーチェクのパペットが置かれる。赤い木立とはかなえられない性《ヤナーチェク》の欲求が炎と燃やすカーミラの陰毛だ。

プラハで活動してきた実験的なパペット・ムーヴィの先駆者にオマージュを捧げた一編が、『The Cabinet of Jan Švankmajer—Prague's Alchemist of Film（ヤン・シュヴァンクマイエルの部屋）』（一九八四年）。八三年にプラハのアトリエを訪ねた成果で、「オブジェの追求」「珍奇博物館」「形而上的遊び部屋」など九つのミニパーツに分かれた十四分の作

★6　『ヴァルザーの小さな世界』（飯吉光夫編訳、筑摩書房刊）所収。

品である。

この作品でシュヴァンクマイエル★7は書物、コンパスなどで合成されたパペットとして登場する。

完全に十六世紀の奇想画家ジュゼッペ・アルチンボルド★8の「司書」のコピーだが、これはシュヴァンクマイエルが、技法の師と仰ぐのがアルチンボルドであることを踏まえてのクエイの遊びだ。シュヴァンクマイエルには、野菜、果物、それにスプーンなど台所用品で構成したさまざまな顔を見せていく、意図的にアルチンボルドの模倣を計った『Dimensions of Dialogue』といった作品がある。

映画はマイスターに弟子入りした少年が一人前になっていく過程を、トロンプ・ルイユ（だまし絵）の技法も駆使しながらユーモラスに追っていく。

ブラザーズ・クエイはシュヴァンクマイエルにこと寄せて、自分たちも喜々としてアルチンボルドもどきの製作にふけったらしく、映画の冒頭などちょっとしたアルチンボルド（もどき）画廊の趣きである。


八七年に「アルチンボルド効果《エフェクト》」★9というアルチンボルドのオブジェ・コラージュの影響《エフェクト》を現代に至るまで通観した大規模な展覧会が催され、そのときに同名の研究書が出版された。おいしい図版が満載されたマニア必携本といっていいが、シュヴァンクマイエル、そしてブラザーズ・クエイへの目配りはない。人形アニメまで通じた研究者はいなかったようだ。

当然のごとく、アルチンボルド仕掛け《エフェクト》を八〇年代にもっとも劇的に用いて（ゴヤの「巨人」、あるいはドルイドの儀式と交配させて）これ一作で彼の名を不滅化したクライヴ・バーカーの幻想小説「丘に、町が」への言及もない。

東欧文化の墓場をさまよう終りのない旅に出た二人（まるでブラザーズ・クエイではないか）の青年が、ユーゴスラヴィアの片田舎で遭遇した雲をつく高さをした生ける人間のアルチンボルド・エフェクツ。

★7 長編パペット・ムーヴィ『Alice（アリス）』が一般公開されたことでシュヴァンクマイエルの名も知られはじめたが、あまりイマジネーションの飛躍がなく、彼の本領はやはり短編のようだ。
ピーター・ゲイブリルエルのミュージック・ビデオの傑作『Sledgehammer（スレッジハンマー）』にブラザーズ・クエイも部分参加したが（ゲイブリエルの顔の周辺に果物を並べるシーン）これはシュヴァンクマイエルの十八番であり、クエイはこのことをひどく気にしていた。

★8 アルチンボルドが仕えたルドルフII世の絵画コレクションに関しては、『The School of Prague/Painting at the Court of Rudolf II』（University of Chicago Press刊）を参照。
邦訳文献ではR・J・W・エヴァンス『魔術の帝国——ルドルフ二世とその世界』（中野春男訳、平凡社刊）がパワフル！〔現在、ちくま学芸文庫版（二〇〇六年刊、上・下巻）で読める。〕

★9 『The Arcimboldo Effect』（Thames And Hudson刊）。
歌川国芳、中西夏之、三木富雄など邦人アーティストまで収集されている。

ポポラックは町であり、巨人でもある。丘に入ったポポラック……。

やがて夜の暗さに目が馴れ、この怪物がどういうふうに造られているか、無気味な細部がわかりはじめた。これは手工業技術の精華だった。人間の体を集めて一つの人間を造りあげている。いわば、男や女や子供の体で出来た、性別のない巨人だ。肉を編みあげて造られたこの巨人の体のいたるところで、ポポラックの市民が身悶え、苦しんでいた。市民の筋肉はちぎれる寸前まで引きのばされ、骨はまさに折れようとしている。★10

『Cilgamesh/Little Song of the Chief Officer of Hunar Louse, or This Unnameable Little Broom（ギルガメッシュ／小さなほうき）』（一九八五年）は、メソポタミアに伝わる、石に刻まれた最古の説話詩篇〝ギルガメッシュ〟を素材としている。★11 といっても、ブラザーズ・クエイ作品が多くそうであるように、タイトルから辛うじてそうと知れるだけだ。三輪車に乗ったギルガメッシュの罠に昆虫羽の怪異なクリーチャー、エンキドゥが落ちる十一分の残酷譚——。

とりあえず、シノプシスはこう導いておく。神話的《イノセント》なまでに徹底したサディズムの世界だ。カット割りまでが切断的でこちらの神経をブチブチと引きちぎっていく。麻酔をかけない脳外科手術のようなフィルム。

エンキドゥを捕獲する罠が、テーブルに仕掛けられた、乳房以外を解剖された女体のトルソである。H・R・ギーガー・タッチで描かれた構造体《トルソ》。拡大鏡で覗き込んだエンキドゥはその女体の骨格の間に〈生肉〉が誘惑的にゆらめいているのを認める。テーブルの引き出しをあければそこにはヴァギナ状の〈生肉〉。

次の瞬間、エンキドゥのテーブルの上の女体めいた〈生肉〉を愛撫する。エンキドゥの一瞬の幻覚をとらえたこのショットはショッキングだ。甘美この上なく、しかも暴力的にむきだされた罠としての女体、食欲＝性欲。

原典に、ギルガメッシュがエンキドゥに女を与えて骨抜きにする（つまり人間にする）箇所があるが、ブラザーズ・クエイはこの箇所にこだわったのだ。

神が半神半人ギルガメッシュの暴政をこらしめるために創造したのがエンキドゥだが、すぐ二人は双生児《ツインズ》のような仲となる。そしてこの仲を裂くのが、女神の愛――とくれば、

★10 「丘に、町が」は『ミッドナイト・ミートトレイン』に収録（宮脇孝雄訳、集英社文庫）。
バーカーのアイデア／文体は、たとえばウィリアム・ブレイク、あるいはシャルル・ボードレールといった詩人の詩句の墓場から甦り、時代性の血肉をその身にまとったものだ。スティーヴン・キングとは文体の趣きがそれほど異っている。詩と散文の差だ。
もっともシンプルでエッセンスをつかまえた抜粋がホルヘ・ルイス・ボルヘスが編集した『夢の本』（世界幻想文学体系㊸）の「ギルガメシュの物語」だ。

★11 刊行は高定価で名高い国書刊行会だが、大胆な企画で読者の数もあまり望めないため、やむをえないだろう。しかし古本屋では国書刊行会本は買いたたかれるし、ふんだりけったりだ。

この説話が、ブラザーズ・クエイにとって持つ意味は限りなく深い。

テーブルの下では〈ハサミ〉がシュルシュルと切断の悪夢として動きまわっていたが、〈ハサミ〉とはブラザーズ・クエイのフェティシュである。ロマン・ポランスキーにとっての〈ナイフ〉のようなもの。そして、異常性が集約されたのが〈生肉〉の使用だ。正真正銘の〈生肉〉である。パペット・アニメの人工世界にあってこの〈生肉〉だけがドロリと生臭い。この〈生肉〉にクエイの女体恐怖が噴きでる。

ブラザーズ・クエイが初めて35ミリ・フィルムで撮影した意欲作が『Street of Crocodiles』（一九八六年）である。

この二十分の作品に投じられたイマジネーションと思考と忍耐にはたじろぐばかりだ。原作クレジットはポーランドの作家／画家のブルーノ・シュルツ「大鰐通り」。映像と直接対照しうる文章は一行として原作には存在しない。しかし、間接的にはすべてが対照しうるといっていいのだ。

この地区全体の上には懶惰《らんだ》で放埒《ほうらつ》な罪の流体が舞いあがり、家々も店も人びとも折おりは、彼女（地区）の高熱に燃える肉体の上を走る悪寒のように、熱病を

やむ彼女の夢の上に浮く鳥肌のように見える。★12

たとえばこう描写された、その「夢の上に浮く鳥肌」が、視覚的というより触覚的な暗示をはらんで眼前に投げだされる。観客は、酸素切れのボンベを背負って深海の難破船に閉じ込められたような不安と闘いながら予測できない光景を触知していくほかはないのだ。ポーランドから、送られてきたレフ・ヤンコフスキの音楽がこれまた聴覚的というより、なまめかしく触覚的だ。

街の古ぼけた小さな博物館の片隅に古式の視覚器械が置かれている。（このオープニング・シークエンスは実写だ。）この器械に付属した地図上に任意にレンズの焦点を合わせれば、その街並が覗きからくりとして展開していく仕掛けである。博物館員は「ストリート・オブ・クロコダイル」にレンズを合わせ、偶然か故意にか、つばをこの器械内部に落とす。このつばという注油によって、何十年も打ち捨てられてきたこの骨董器械が生気を帯び、作動を開始、キュルキュルと鉄線が動力を伝えていく。鉄線にからまり動けないでいた、器械内部の男（パペット）を、博物館員はハサミ（！）で解放して

★12 『肉桂色の店』（工藤幸雄訳、集英社ギャラリー「世界の文学」第12巻所収）より。

やる。あとは、このパペットの男――ブルーノ・シュルツに似ていなくもない――が「ストリート・オブ・クロコダイル」で体験する異常世界が、この作品の内容として展開していく。すばらしい色彩の廃墟を舞台として。

この作品でも〈生肉〉が異様な使われ方だ。ポーランド地図の上に不気味に目を光らせ、頭頂部を欠いた仕立て屋――何を仕立てるのか？――の人形がドサリと置く肉塊＝肝臓。

これはナチの侵略だろうか？（シュルツはゲシュタポによって射殺された。）さまざまな解剖図が架けられたこの仕立て屋の店で、人形たちは、この肝臓で、性器をつくりそれをいやらしくまさぐる。また、こわれた時計のネジ穴にネジが入っていくと、この時計の内臓＝〈生肉〉がそれをペッと排出したりもするのだ。

ブラザーズ・クエイの映像に、こちらの下半身をいつとはなしにまさぐってくる欲望の存在をいつも感じるのはこの〈生肉〉のためだろうか？

時を経て、塵が沈み込み、黴が一面をおおった、この器械のなかの生ける廃墟＝ストリート・オブ・クロコダイル（クロコダイルの剝製が通りをその奥にうつしだしたウィンドーに確かに飾られていた）は、思うに、ブルーノ・シュルツの現在の読後感そのものだ。文章上の塵を払ったとき、妙に気おくれするほどの生々しい感情の残滓が見てとれる、というような。

ブラザーズ・クエイはラスト・クレジットとして次の一文の英訳で画面を埋める。同時にこの原文がポーランド語で朗読される。

人間という材料の安価なこの街では、奔放な本能もなければ、異常なほのぐらい情熱もはいりこむ余地はない。／大鰐通りは新時代とまた大都会の腐敗を引きいれるために私たちの街が開いた租界であった。どうやら、私たちの資力はせいぜい紙製の模造品《イミテーション》や去年の皺《しわ》だらけの古新聞からの切りぬきを貼《は》り合わせたモンタージュ写真しか賄《まかな》いきれなかったようである。

〝奔放な本能〟〝異常なほのぐらい情熱〟に満ち満ちた『Street of Crocodiles』の最後にブラザーズ・クエイが用意したこの引用は、観客をはぐらかす嘲笑的な罠のように思える。

ブラザーズ・クエイも当然見ているはずだが、画家としてブルーノ・シュルツが描きつづけたのが、女にいたぶられつつもその足を舐めようとにじり寄る男の絵だった。主人公のパペットの顔には筋硬直のマゾヒズムの表情が浮かんでいる。彼の仕立て屋での運命（首を落とされ、生肉と包装される）もまたマゾヒストにはこたえられない射精的シークエンスといっていい。

クルクルと回転し、不意にバシッと回転を止め、権力のまなざしで見据える目玉男。カリカリカリと動くその手は布地に模様を編むと見え、またなにか観察結果の奇態な記述と見える。カリカリカリ。バーコードがハープのようにたわみつまびかれ音楽を奏でる。

白く広い部屋。しかし、どこかにサディズムの清潔と苛立ちが感じられる。カリカリカリと目玉男。

白い部屋のなかに暗い部屋が設置されている。

部屋のなかでは男が壁にもたれて立ち、ベッドの上に女がいる。ミイラのような男と女。男の手は額をさすり続ける。筋肉繊維むきだしの腕に指を分け入らせガリガリとかく。男と女の距離はなかなか埋まらない。男の手は壁をさすり続ける。

キャメラがこれまでにない奇妙な動きを見せる。焦点をぼかしつつパンし、唐突に焦点を絞り込む。また、カタカタカタと映写失敗のようにフィルムをブレさせる。こうしたメカニカルな遊びが、不吉な胸騒ぎを呼び込む。

カフカ『流刑地にて』の処刑器械のように『Rehearsals for Extinct Anatomies（失われ

た解剖模型のリハーサル）』（一九八七年）はフィルム自体がメカニックな戦慄と化していくのだ。[★13]

「性」の実験に供されたことを知ってか知らずか、男はじりじりとベッドに近づいていく。キャメラは横移動で、この暗箱から白の部屋へ、白の部屋から暗箱へと往復する。ラストで、男はついにベッドのシーツをはぎ、裸体の女をキャメラにさらす。ひからびてグロテスクな女体と、カサカサ音がしそうな陰部。

ブラザーズ・クエイはここで二人で見つめあって勝利のクスクス笑いをあげたにちがいない。

それほどに忌まわしく美しい。

ブラザーズ・クエイによれば、この新作はフラゴナール[★14]の絵「Le Verrou／閂（かんぬき）」に基づくイメージ展開だそうだ。

「閂」は十八世紀末に描かれていたが、一九七四年になって初めて、ルーブル美術館で公開されたことで、贋作疑惑もでたホットな作品である。それまで一般に流布してきたのは、モーリス・ブロの同作品に基づく、ちょうどキャンヴァス裏から透して見たよう

★13 クエイにはカフカ『兄弟殺し』のアニメ化作品があるようだ。これも習作期の作品だが。

★14 一九八八年に大規模なフラゴナール展がパリ、続いてニューヨークで開催されたが、そのときのカタログがずしりと重い。『Fragonard』（Harry N. Abrams刊）

な逆版のエッチングで、ブラザーズ・クエイもこちらの白黒のイメージから想像力を広げたという。

女は唇を避けようと身をよじり、男の手はレイプの確信をもって女を抱き寄せ、もう一方の手でドアの閂をかけている、ともとれ、女のドレスの一部の布はすでにベッド上にあり、女の表情の恍惚からみて、快楽の中断を嫌って男に閂をかけさせている、ともみえ——。

女性器のように画面全体にセクシュアルな効果を及ぼしているのがベッド上のカーテンである。

豊満なロココの性がクエイにかかると、愛欲の墓場めいたものへと変貌するのだ。

——またしても溜息。

十四分のモノクローム・フィルムに集積されたイメージが頭骨内でカタカタと音をたてる。感想はこれ以上おいそれと口にできない。

できるのは、ふっ、ふ、ふ、……とヒステリックな笑い声をあげることだけだ。

シンメトリーと死の遊戯
――ピーター・グリーナウェイ『A Zed & Two Noughts』

サルバドール・ダリはその老いさらばえた身体を死の一、二年前、被写体として写真家ヘルムート・ニュートンにさらした。★1死がその事業の起工式の準備をすすめてあとは合図を待つばかりとなったチューブを鼻に入れたダリ・らしきもの。

このニュートン撮影のダリ・ポートレートには、梅毒がその表情を乾からびさせてい

★1 ダリ関係書ではアントニーナ・ロドリーゴ『ロルカ・ダリ／裏切られた友情』（山内政子・天童匡史・小島素子訳、六興出版）が若き日のダリを詳述してくれる。ダリ自身の著作では『わが秘められた生涯』（瀧口修造監修、足立康訳、新潮社刊）が極めつけ。
ダリの死は一九八九年一月二十三日。

る死の前年のカレン・ブリクセン（アイザック・ディーネセン）★2のそれ（ピーター・ビアード撮影）に匹敵するショックがある。

また最晩年のダリを襲ったのが自宅の火災による火傷（一九八四年）である。

しかしダリは、その身体を報道カメラマンから隠そうとはしなかった。こうした「老惨」をなおスキャンダルに捧げようとするあっぱれな奇行絵師《シュルレアリスト》の心意気である。ダリはその昔ロートレアモンの架空の肖像を、アンドロギュヌスのような美青年として描いたことがあるが、死の瞬間、このスキャンダリストの胸を去来したのは『マルドロールの歌』の次の一節のはずだ。

> 墓掘りよ、都市の廃墟を眺めることは美しい。だが然し、人間の廃墟を眺めることは一そう美麗だ！★3

そしてもうひとつの死の瞬間の想念は、若き日、ルイス・ブニュエルと作った『Un Chien Andalou（アンダルシアの犬）』でピアノの上の蛆虫にたかられた驢馬の死骸ではあるまいか。

ダリなら、ピーター・グリーナウェイの『A Zed & Two Noughts (ZOO)』に、自分の死体を喜んで供したかもしれない。

確かに、ダリ、いや人間のそれを見たかったと思わず嘆息をつきたくなる、それほど『A Zed Two Noughts』の白鳥や縞馬の蛆虫による漸進的腐敗は「美麗」なのである。翻訳家、吉岡芳子嬢の言葉を借りれば「これなら死んでみたい！」

火葬とは彼らの神聖な浄めに対して神に唾する蛮行に思えるほどである。

★2　J・D・サリンジャーは『ライ麦畑でつかまえて』（白水社刊）でディーネセンの『アフリカの日々』のことを書いている。彼女の著作は晶文社から刊行。

★3　この青柳瑞穂訳、ロオトレアモン『マルドロオルの歌』は昭和七年（！）に椎の木社で刊行、のち昭和二十二年に加訳されて青磁社より文庫サイズででたもの。なんとみずみずしい名訳か。
この青柳版は残念ながら全訳ではない。

完訳決定版といえるのは豊崎光一の『ロートレアモン伯爵／イジドール・デュカス全集』（白水社）の収録訳だ。そしてこれは豊崎氏の遺稿ともなった。

大学時代、詩人の天沢退二郎氏に仏語初級を習うという幸せを味わい、在学中は批評家モーリス・ブランショに入れあげ（特に『カフカ論』と彼自身の小説『アミナダブ』）、そして若き日の豊崎訳ル・クレジオ『調書』をジャン＝リュック・ゴダール『Week-end（ウイークエンド）』とともに神棚に飾りながら、現在はフランスが遠くなっている。

それはさておき豊崎氏の訳文では次のようになっている。

「墓掘りよ、諸都市の廃墟を眺めるのは美しい、だが人間たちの廃墟を眺めるのはもっと美しい！」

なお、ジュリアン・グラック『アルゴオルの城』（現代出版社）の青柳訳は今も神棚ものである。版元はつぶれてしまったが。

「縞馬《ゼブラ》は黒い縞のある白馬なのか、白い縞のある黒馬なのか？」

いかにもルイス・キャロルの国にふさわしい折目正しいこうしたナンセンスでグリーナウェイが小気味よく人を喰い、映画自体も喰った快作『A Zed & Two Noughts』のコンセプチュアルな快楽源は、シナリオ序文によれば、「BBC放映の三分間でネズミが腐敗していく高速度のフィルム」「ロッテルダム動物園の片足の猿」「双子のブラザーズ・クエイ（！）にはさまれて立ち柔和な微笑を浮かべた女性の写真」ということらしい。なにかあぶない。

沈着冷静にフリークをもて遊ぶ英国人にだけはまかせてはいけないコンセプト、である。案の定、結果は見ての通りだ。

嫌がって抵抗する白と黒のまだらの犬を無理やり引っぱっている少年と少女。濡れて光る広場を青く染めあげて画面奥に巨大なZOOというブルーのネオンサイン。作品の持つ奇異な感触を一瞬にして理解させる見事な導入部だ。

『A Zed & Two Noughts』をつらぬく、映画というよりも、八〇年代アートのインスタレーション（展示）感覚の即例。鳴り響くのが、マイケル・ナイマンのきらびやかで空疎な毒に満ちた反復音楽である。

ナイマンの音楽はたとえば次のシャルル・ボードレールの『悪の華』[★4]の詩句に対応す

る蛆虫のバロックといえまいか。

蛆虫どもは、この生命《いのち》ある襤褸《ぼろ》を伝《つた》って、
　濃い液体のように流れていた。
それらすべてが、波のように、低くなり、高くなり、
またぱちぱちと音を立てて跳《は》ね上がる。
いうならば、漠たる息吹《いぶき》を受けてふくらんだ肉体が、
　殖《ふ》えながら生きていたのだ。
そしてこの世界は異様な音楽を奏《かな》でていた、
　流れる水や風のように、
あるいは、箕《み》の中で、律動《リズム》あるうごきに、ゆすぶられ、
　回転する、穀粒《こくつぶ》のように。

★4
阿部良雄訳から採った。〈オプション103〉講談社版「世界文学全集」第55巻『ボードレール／ランボー／ラフォルグ』に収録。この全集はD・H・ロレンス『チャタレイ夫人の恋人』の完訳を平然と刊行している。みあげたゲリラ戦術である。

人工照明の発光力にあふれたワン・ショット、ワン・ショットが、シンメトリックな死の博物学として集積されていく。各ショットをバラバラに解体／再編集してもまた、ナンセンスなセンスが立ちあがってくるような可変世界。

タイトルは〝ひとつのZとふたつのO《ゼロ》〟の意だが、O《ゼロ》はO《オー》である。でZOO（動物園）というこの映画の通称へ導かれる。と同時にふたつのO《オー》とは、ZOOに勤務する動物行動心理学者の兄弟《ふたり》オズワルド（Oswald）とオリバー（Oliver）のO《オー》である。またZとはアルファベットの終りであり、ZEROである。すべてOに収束するのだ。O《ゼロ》とは、男根（意味）が満たすのを待つ女陰（無意味）でもある。[★5]

オズワルド／オリバー兄弟の妻たちが乗った車が、ZOOの前の路上で白鳥と衝突（!）、妻たちは死亡する。そもそも〝自動車と白鳥の衝突〟とはシュルレアリスム・テーゼ〝ミシンとこうもり傘の手術台上の出会い〟（ロートレアモン）のグリーナウェイ流置きかえではないか。あるいは、白鳥と結ばれたレダは双子を生む、というギリシア神話のブラックな読みかえ。

この神のいたずらから一人助かった女がアルバである。ただ片足は失われた。シンメトリーとしてこれは美しくない、と考えるのが医者のハン・ファン・メーヘレンである。

残ったもう一本の足も切断しよう。まったくアブない。

このハン・ファン・メーヘレン★6の名前は十七世紀オランダ絵画の至宝ヤン・フェルメールの贋作者として、ナチスのゲーリングを手玉にとって名をはせ、戦後、裁判にかけられた男のそれである。彼の助手のカテリーナはフェルメールの妻の名前だ。この助手カテリーナはフェルメールの「赤い帽子の女」のファッションそのままに歩く。また医者ハン・メーヘレンは助手カテリーナと「画家のアトリエ」を活人画として真似、アルバに「ヴァージルの練習」のポーズをとらせる。

フェルメールと彼の絵画を素材にしたグリーナウェイのこみいった贋物世界は、映画全体がそうであるように、別になにか深層の意図を隠しているわけではない。ただペダントリーとしてもて遊ばれるだけだ。

思えば、フェルメールの「デルフトの眺望」の、港町デルフトに幾千のネズミを放ち死を跳梁させたのが、ヴェルナー・ヘルツォーク『Nosferatu（ノスフェラトゥ）』であり、

★5 怖しく反動的な言葉を吐いた気がするが、大学時代のトイレの落書きを反復しただけなので女性読者は水に流していただきたい。

★6 種村季弘『贋作者列伝』（青土社刊）参照。また、美術業界に材を得たギャビン・ライアル『拳銃を持つヴィーナス』（ハヤカワ・ミステリー文庫刊）にメーヘレンに関する簡潔な説明がある。

トニー・スコットが★7『The Hunger（ハンガー）』で老人メイクのデイヴィッド・ボウィーがヴァイオリンを弾く美少女を惨殺するシーンの背後に飾っていたのもフェルメール「音楽のレッスン」だった。

かつてはショーペンハウエル、プルーストからダリに至る讃美のなかに祝福されて存在したフェルメールだったが、このところ受難続きである。受難といっても、オマージュの方法が陰画的になっただけだが。★8

妻を失ったオズワルドとオリバーの兄弟はアルバを同時に愛し始め、シンメトリックな愛の構図をかたちづくる。

画面も、女《アルバ》を中央に兄弟がその左右に配置されはじめる。兄弟は互いに融けあったようになり、双生児、そしてシャム双生児に至るシンメトリー・ファンタシーを生きるようになる。双生児という存在を「意味」としてではなく「形《シンメトリー》」として遊びきったグリーナウェイのセンスはあたらしい。

双子を生んだアルバは死に、彼女を看とったオズワルドとオリバーも死を決意、それまで動物たちの死体にしてきたように、自分たちの死後の腐敗のプロセスを撮影しようとする。ユーモアきわまったブラック・センス。

しかし、この究極のインスタレーションは出現した夥しい数のカタツムリによってキャメラに接続したバッテリー・コードがショートして挫折、二人の死体は報われることはない。カタツムリは西欧寓意ではかなさの象徴でもあるが、これほど密集するととてもはかないどころの騒ぎではない。

この兄弟以前に、このアイデアを作品の上で実行した画家がいる。ジェームズ・アンソールの「一九六〇年の自画像」だ。このエッチングを製作したのは十九世紀末一八八八年、画家が二十八歳のときである。一九六〇年の生誕百年を自ら記念して、アンソールは死後腐敗がすすんだ自画像を夢想したのである（彼は一九四九年に死んだ）。ドロドロに液化し、骨があらわになった死体の足もとにここでもカタツムリがうごめいている！

★7 『The Hunger』でのトニーは兄リドリーと通底した映像の美意識を持っていた。
吸血鬼ものホラー・ノベルの傑作『夜明けのヴァンパイア』（ハヤカワ文庫）を書いたアン・ライスは、リドリーに自作を映画化してほしいと語ったことがある。ルトガー・ハウアーをヴァンパイアにキャスティングして。

★8 陽画としてのフェルメール・オマージュがイタリア文学の新鋭マルタ・モラッツォーニの短篇集『ターバンを巻いた娘』収録の同名作である。千種堅訳、文藝春秋刊。
フェルメールの名前はけっしてださずに語られる一枚の絵の運命、見事なものである。彼女は「白いドア」でモーツァルトを同様の暗示的手法で描いていてこれもすばらしい。
なお、プルーストがフェルメールを語ったのは『失われた時を求めて／囚われの女』である。

アイデンティティ(ーズ)の道行き
――デイヴィッド・クローネンバーグ『Dead Ringers』

もしもアダムが双生児だったら、その片割れの運命はどうなるのか?

――ピーター・グリーナウェイ『A Zed & Two Noughts(ZOO)』より

ニコラス・ローグのキャメラが捉えた、『The Masque of the Red Death(赤き死の仮面)』★1の赤の死衣。

『Dead Ringers(戦慄の絆)』★2の手術着はおそらく、このとき以来の鮮烈な「赤」だ。手術室のシークエンスは、赤い血の儀式をとりおこなう司祭たちの秘密の集いのようにみえる。

ローグの『Don't Look Now(赤い影)』の少女、そして殺人者の不吉な赤のレインコートのイメージを『The Brood(ザ・ブルード/怒りのメタファー)』に再使用したこともあるクローネンバーグは、『Dead Ringers』のこの赤い法衣めいた手術着のヒントを『The

Masque of the Red Death』から得たのかもしれない。

またそのヴァチカンの高僧の緋のローブを連想させるデザインは、キリストの血と血塗られたカソリック史への皮肉だ（クローネンバーグはユダヤ人である）。こうした想いへ誘いかねないほど、このシークエンスの「赤」はひたすら強烈である。

医者＝司祭の着想自体はさほどオリジナルなものではない。外科医のリチャード・セ

★1 これはロジャー・コーマンのエドガー・アラン・ポー・シリーズの一作だが、赤の色彩への心理学的アプローチ、フェティシズムはコーマンのものではない。確実にローグのものだ。「赤き死」が主人公の王のドッペルゲンガーという構造を含めて。

★2 『Dead Ringers』は一九七五年七月に起きた事件をもとにしている。マンハッタンのアパートでシリルとステュワートのマーカス兄弟が腐乱死体で発見された事件だ。二人とも映画と同じ婦人科医で一卵性双生児だった。

バリ・ウッドとジャック・ギースランドは結局自殺とされたこの事件に材をとって『戦慄の絆』（日夏響訳、ハヤカワ文庫）を書きあげる。この小説が映画の原作として一応クレジットされているが、ジャック・ギースランドが証言するように「まったく別物」の印象だ。

小さいころの二人を見た祖父がこの小説でつぎのように言う。

「故国では、双子は呪われているといわれている……一人でもなく、二人でもない……というわけだ」

ステュワート・マーカスに実際、診察を受けたジャーナリスト、リンダ・ウルフがこの兄弟のことを調べあげて書いたのが『理解できない悲惨な事件』収録の「双子の産婦人科医」（間山靖子訳、晶文社刊）。映画と小説とドキュメントを比べると面白いだろう。

ルツァーは、彼の著書『からだの宇宙誌★3——外科医による死のレッスン』でこう書いている。

手術とは体と血で捧げられるミサ聖祭だということが明らかになる。そのミサの中で、病気は罪のように攻めたてられるのである。

この外科医は、内臓への恍惚、人肉を切り裂くことへの美的没入をうっとり語ってやまない。

クローネンバーグは、双生児の産婦人科医マントル兄弟を演じ分けたジェレミー・アイアンズに撮影前、レスリー・フィードラー『フリークス』、伝説化したシャム双生児チャンとエンの伝記『The Two』等を読むように送りつけたが、是非ともこの『からだの宇宙誌』も加えるべきだった。このジェレミーの演技のアイデンティティの二分割、そして統合、消滅がドラマ自体と不可分な形で進行する。本当の双子ではでない緊迫と混乱がジュレミーをつき動かしていくのだ。ダスティン・ホフマンのような小賢しい演技派ではなく、英国正統派を選んだクローネンバーグの炯眼が光るキャスティングである★4。

マントル兄弟のうち、臨床担当の血の司祭、ビヴァリーが不妊の子宮を「罪のように攻めたて」る聖具が鉗子である。柔らかな女性の秘部に突き入るスティル製の不気味な器具。本能的な恐怖をかきたてる何かを、鉗子はその単純な形態に備えている。鉗子は、恐怖が層をなす意識の最古層をこじあけてくる肉体へというより精神に対する拷問具だ。

テリー・ギリアム『Brazil（未来世紀ブラジル）』の主人公のロボトミー手術が、観客に痛みを与えたのは、およそそれにふさわしくない用途不明のメスや鉗子だけが置かれていたからだった。

映画の後半部、精神に崩壊をきたしたビヴァリーは、街で個展を開いていた彫刻家に自分でデザインした鉗子の製作を依頼する。この彫刻家にカメオ出演したのが『Scanners（スキャナーズ）』で超能力者の主人公に扮したスティーヴン・ラックである。で、余計な期待をしてしまったが、ただの彫刻家だった。それはともかく製作された数種類の鉗子の出来栄えが、奇怪な金属生物を思わせてなかなか美しい。

この種の器具の製作を思いつくあたりがクローネンバーグの本領である。これまでのようにスプラッタの色彩を抑え込んだ分、グラン・ギニョールは、映像のわずかのすき

★3 高野実代訳、春秋社刊。是非とも「死体」の章だけは読んで欲しい。ここではセルツァーはピーター・グリーナウェイだ。

★4 実際はハリウッドのスターが、産婦人科医の設定に難色を示したから、英国俳優を探さなくてはならなかったというのが真相である。

をついて、こうした鉗子に異形の光沢として出現したかのようである。

それにしても、子宮の触診。

子宮は外部にぬめぬめと露出したもっとも内臓的な器官であり、生理として日常化された出血《スプラッタ》の原点といえる。クローネンバーグにとって、マントル兄弟が婦人科医でなくてはならなかった訳だ。[★5]

不妊専門医マントル兄弟のもとに、三つの子宮を持つ女優が訪れ、この女優にビヴァリーが恋することから二人のアイデンティティの結び目はほどけ、ねじれて映画は悲劇に向けてすべりだすわけだが、この多態アイデンティティの演技者《プロ》＝「女優」を演じたジュヌヴィエーヴ・ビュジョルドが若やいだセクシュアルな存在感を出して老齢を忘れさせる。

三つの子宮、正確には内部が三分割された子宮ということだが、そのような事例は報告されたことがなく、もちろんクローネンバーグのファンタシーだろう。双生児の双棒を受け入れてなお、ひとつの欲求不満の子宮を余す女——クローネンバーグの女性不信はここでも黒いユーモアとして姿を見せている。

この不信がサディズムへ転化して、ボンデージ・セックスとしてビュジョルドを責めたてるのだ。エリオットは患者固定用のゴム・チューブとクリッパーを使って彼女の両手首をベッド・フレームに緊縛する。

キャメラはビュジョルドを架刑のキリストのように捉え、それにかぶさるかたちでジェレミー・アイアンズの裸体の背中が前景にくる。

架刑図は護符のように手術室の壁に架けられているのが西洋では通例だった。いうまでもなくSMの母体はキリスト教である。

ビュジョルドの、胸から、のけぞったあごにかけてのラインのかすかな蠕動が、上質なボンデージの快楽を伝える。

ゴムチューブを解かれたビュジョルドの手首からは血の気が失せていた。

ビュジョルドは以前、ブライアン・デ・パルマ『Obsession（愛のメモリー）』で猿ぐつわをされ縛られた経験を持っている。猿ぐつわほど女性をエロティックに見せる小道具はない。クローネンバーグがあと一押し、猿ぐつわに至れば、八〇年代映画で最上のセッ

★5　『The Fly（ザ・フライ）』でクローネンバーグは自ら産婦人科医に扮して、恐怖のそれを引き出す悪ノリぶりをみせたが、八四年、アメリカのTV・SFシリーズ「V（V・宇宙からの侵略者）」でも爬虫類型エイリアンの子供を宿した女性の出産シーン、TVコードは大丈夫かいな？　と思わせるグロテスク・シーンが収められていた。しかも生まれてきたのはとりあえず舌以外は人間型の子と×△型の双生児（！）であった。

クス・シーンとなったのに。★6

さて『Dead Ringers』の観客の神経に直接結合された双生児《ツインズ》カタストロフィのぴりぴりした感触はわれわれを凍りつかせる。フランク・ヘネンロッター『Basket Case（バスケットケース）』が見せた都市《ニューヨーク・アンダー・ワールド》の最底辺のシャム双生児のナイトメアとは次元を異にする感触だ。

実はわれわれは個々が双生児の転写世界《シミュレーション》のさまよいビトにすぎないのではないかというデカダンス。模写《コピー》された感情、人間《オリジナル》の消滅――。鏡を見ても、われわれは自分の顔《オリジナル》をそこに認めることはない。ただ、見知らぬだれのものとも知れぬ風景＝背中しか認めることができない。

ちょうどルネ・マグリットの「Reproduction Interdite（複製禁止）」のように。『Dead Ringers』はそうしたわれわれの内なる稀薄性に映画の鉗子を突き立てたと思えるのだ。

時間的、空間的に誕生を共にした、表面的には自分と全く同じ人間の存在によってアイデンティティの必要条件が満たされるために、彼は、自分の意識が別の者に共有され、しかも自分自身が二分、三分、あるいはそれ以上に分かたれるという不思議な感情を体験しているに違いない。ある意味では、双子は自分の存在を確認できないものなのかもしれない。

——フランク・ゴンザレス＝クルッシ『解剖学者のノート』★7

自分を確認できないのは双子に限ったことではない。

★6 小さいころ村の公民館でよく見た東映時代劇のひそかな楽しみは、お姫様が悪漢にかどわかされるとき、必ず当て身をくわされ失神することだった。そして猿ぐつわ。

あの美空ひばりにすら当て身をくわせるモノ好きな悪漢がいたのである。

★7 醍醐秀彦訳、早川書房刊。

2が「双生児」にあてられている。

「(未開人は) 邪悪な魔物による種族への冒瀆という凶兆か、人間の数を増やしてくれる大いなる神の贈り物という吉兆のどちらかと考えたのである」

第三章

ウィーン世紀末・愛の行方

Le tétin du cinéma et le mollet de la peinture

愛の分析と反分析、その臨床例
——ニコラス・ローグ『Bad Timing』

ゲルティ・シーレのヌード
——エゴン・シーレの少女／妹姦願望

人工陰毛のアルマ・マーラー
——オスカー・ココシュカのスキャンダル

Image Collection 3

シーレの少女愛、ココシュカの人形愛。

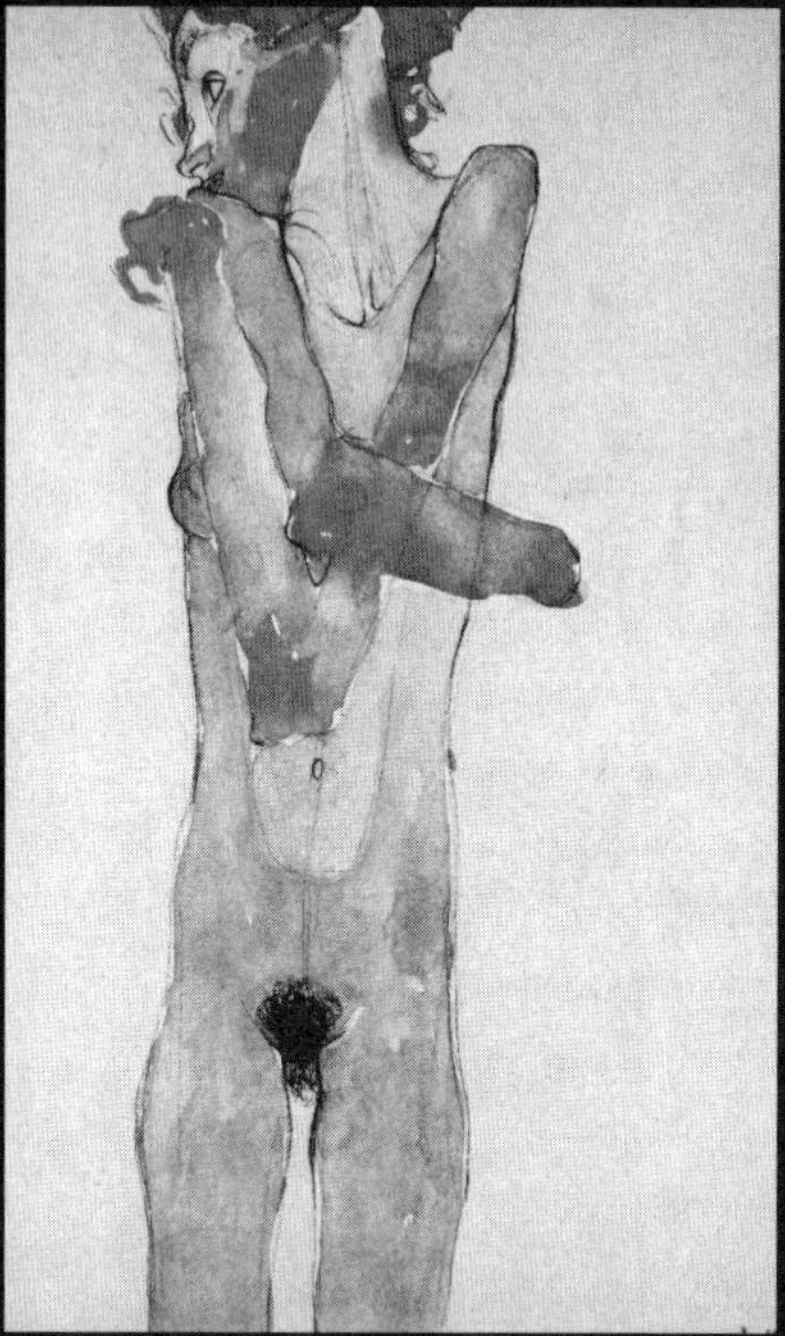
Fig.1

Fig.2

Fig.3

同時代のヨーロッパの少女がどのように性の匂いを発散していたかについては、フランツ・カフカ『訴訟』（普通『審判』と訳されてきたが、丘沢静也氏の〈史的批判版〉に基づく光文社古典新訳文庫版はこのタイトル）の、画家のアトリエで遊ぶ幼い子の誘惑的な行動にみごとに表現されている。ドレスデンの表現主義の画家、エルンスト・ルートヴィヒ・キルヒナーのアトリエでは、フランジーという少女の獣めいた野卑と無垢が、エルンスト・ヘッケルほか、ブリュッケ派の表現主義的裸体の理想となった。ヘッケルはベルリン時代のデイヴィッド・ボウイによって、素描の多くがコレクションされた。

Fig.1

「ゲルティ・シーレのヌード」。寒々として痛々しいシーレのタッチが生んだ名品。マリリン・マンソンも、シーレに憧れ、多くの残酷な水彩画を描き続けている。

Fig.2

ウィーン工房のモデルもつとめたゲルティ。

Fig.3

美術アカデミー入学時のエゴンシーレの写真。アドルフ・ヒトラーが合格していれば同窓となった。合格していれば戦火は避けられたのか？

Fig.4

絵を描くココシュカの自画像。無造作に人形が置かれている。

Fig.5

依頼されたアルマ人形製作中のH・ムース。依頼先をまちがったのではないか。

Fig.6

アルマ人形のためのスケッチ。ココシュカのスケッチもひどい。

Fig.4

Fig.6

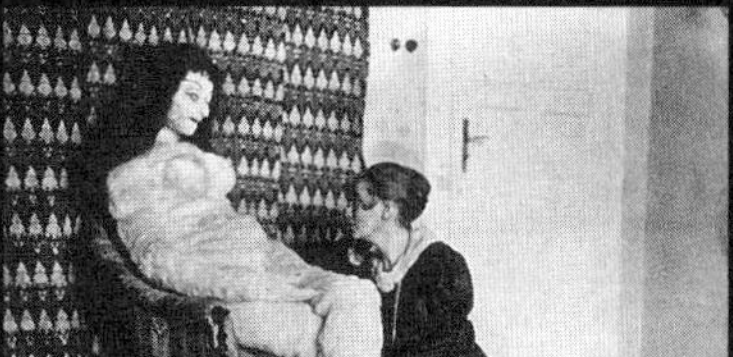

Fig.5

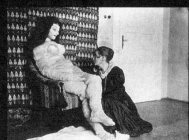

愛の分析と反分析、その臨床例
――ニコラス・ローグ『Bad Timing』

『Bad Timing（ジェラシー）』[★1] はヴェルヴェデレ宮殿美術館のグスタフ・クリムトの部屋に始まる。

タイトル・シークエンスがまずうつしだすのは「ユディト1」だ。続いて「接吻」、次にエゴン・シーレの「死と乙女」――これらウィーン世紀末の性愛のイコン群がストーリーを暗示する。

かぶさるようにトム・ウェイツのしわがれた歌声。

「ユディト1」でニコラス・ローグはヒロイン、ミレナ（テレサ・ラッセル）が、どの種属に属する女なのかを示したかったにちがいない。

ユディトは聖書外典「ユディトの書」が伝えるように、異教の暴君ホロフェルネスの首をかき切った聖女である。ユディトを主題に多くの聖画が描かれた。なかではカラヴァッジオ[★2]のそれが構図、明暗対比も最高である。ただ太い糸のような鮮血に、ユディトの表情は少しただじろいでみえる。

世紀末ヨーロッパに呼び覚まされたユディットはもはや聖女ではない。男の断首に性的恍惚を得るファム・ファタル、サロメの同族の性女としてよみがえるのだ。(「ユディト1」も「サロメ」と別称される。)

世紀末ユディト像を典型的に表現したのは、すべてのセクシュアル・ペインティングの父というべきエドワルド・ムンクの「サロメ」である。切られた首はムンク自身なのだ。女に首を取り落とされた奇異な自画像。

描く男/描かれる女、支配/被支配という美術史の強度の専制が揺さぶられ、転倒したのはムンク以降である。★3「ユディト1」においては、ホロフェルネス(あるいはヨカナーン)の顔の半ば以上が

★1 どこの世紀末よりもウィーンの世紀末が面白い。それはウィーン世紀末が美の囲い込み=デカダンスとして閉じてはいず、逆に今世紀末、いいかえれば、われわれの世紀末につながる現在形のセクシュアリティに満ちているからだ。

この作品を見たときの最初の印象はこの想いだった。

★2 デレク・ジャーマンの同名の映画、画家フランク・ステラの自在な絵画論『Working Space』での言及、とか、このバロックのゲイ・アーティストは現在の問題性として浮上してきている。

★3 ミレナが狂乱して、化粧中途の顔を見せるシーンにはムンクの版画の女のイメージが反響する。男を恐怖させる女の顔だ。

絵の外にあるが、これはクリムトその人にちがいない。
世紀末、画家は描いた女によって囚われの存在へと堕ちていく。去勢される快感。

　私はぶなの木の園亭《あずまや》で朝食を取りながらユディト書を読んだ。凶暴な異教徒ホロフェルネスが妬ましかった。彼の首を刎ねる女王が、その血みどろの美しい末期が。「神、彼に罰を下して、一人の女の手に与え給う。」この言葉に私は感動する。

　ザッヘル＝マゾッホは『毛皮を着たヴィーナス』[★4]でこう書いた。関係の逆転する男と女、フェミニズムとマゾヒズム。

　世紀末ウィーンの生けるユディトがアルマ・マーラーである。アルマはグスタフ・マーラーの死後、彼の首《デス・マスク》をつねに手離さず、愛人の画家ココシュカを狂恋へと誘い込んだのだった。

　クリムト[★5]が、自慰する女を描いたドローイングは、ポルノグラフィカとしても一級品である。クリムトに秘弁を見つめられ、あえぎを洩らすモデルの姿態。あえぎで消えいるかのような描線。

　外出中に倒れ、運び込まれた病院でそのまま息を引きとったため、制作中の絵がスタジオにそのまま放置され、人は、クリムトの制作過程の秘密を知ることとなった。それはモデルの性器を克明に描いていた下絵だ。覗くこと、視姦のひそやかな快楽。衣服がこの上に描き込まれるため、完成作から下絵段階での視淫の儀式はうかがうことはできない。

絵画と性の関係を論じたアンソロジー『Woman as a Sex Object』のなかの一論文で、アレッサンドラ・コミーニ女史★6は世紀末ウィーン絵画の独特の性格として〝覗き〟をあ

★4 ザッヘル＝マゾッホがこれを完成させたのは一八七一年。オーストリア＝ハンガリー二重帝国が産みおとした奇書のひとつである。

ニューヨークの思想青年の新拠点、雑誌「ZONE」からは八九年に『毛皮を着たヴィーナス』、ジル・ドゥルーズ『マゾッホとサド』（邦訳は晶文社刊）のカップリング一冊本が『Masochism』として刊行されている。内容を確認せずブック・デザインに魅かれて衝動買いし、喫茶店でチラチラ読みはじめて、ゲッ、なんという無駄をと落ち込んだが、後の祭りであった。よくあることではあります。

★5 加山又造の日本画の世界にクリムトと同質の感覚が働いているように思うが、加山又造の方が数段格上ではあろう。注釈の場所が悪いがポルノグラフィカの側面で加山を言っているのではない。

★6 八〇年代は世紀末ウィーン絵画が完全復活した十年だったが、コミーニ女史がもっとも精力的にこの復活に手を貸した研究者だったといえる。彼女の大著『Egon Schiele's Portraits』(University of California Press刊）の刊行は七四年。

彼女は研究者といっても、十分に下世話で楽しく読ませてくれる。ゴシップとして読める研究書というのが最高。

げている。確かにこの時代は神経症の視線が、覗くことの快楽、そして不安に溺れたのだった。

クリムトよりもはるかにひりついた衝迫を強めながら、エゴン・シーレが〝覗く〟のは快楽をもたらす他者＝女ではない。鏡にうつしだした自らの自慰行為なのだ（「パンツを脱いだ自画像」他）。廃人への道というのが当時の〈自慰〉のイメージである。オナニーをやめない少女のクリトリス縫合、ついには除去、の悲劇例も報告されるほど〈自慰〉はアモラルで秘匿すべき性の領域としてタブー視されていた。★7

クリムトにもおそらく理解を絶した、この若いシーレの自己露出癖。ただ、シーレには自分の性欲もアートとして流通させせようとするスキャンダルへの意志があるだけ救いだ。シーレの天才は、絵画の、というよりも自分をプロデュースするナルシスティックな能力である。シーレは新しい。

救いがないのは、リヒャルト・ゲルストルだろう。このグスタフ・マーラー狂の天才画家が、鏡のなかに〝覗いた〟のは、自慰ではなく自死に至る狂気だった。残された少数のキャンヴァスはゲルストルの狂気の暗い移ろいを記録している。

「笑う自画像」の不気味な不条理感。（オーソン・ウェルズ『Le Procès（審判）』のラストで犬のように殺されるヨゼフ＝K（アンソニー・パーキンス）が浮かべていたのもこの笑いだった。）

不倫事件がもたらした孤立が、二十五歳のこの画家を殺したともいわれるが定かではない。ゲルストルは作曲家アルノルト・シェーンベルク[★8]に絵の手ほどきをしたが、彼の家に出入りするうち妻のマチルデに同情し、駆け落ちするのである。マチルデとシェーンベルクの仲はそのとき冷えきっていた。シェーンベルクの弟子アントン・ヴェーベルンが説得にあたり、マチルデはシェーンベルクのもとへ戻ることに同意する。

この事件後、ゲルストルは自作の多くを焼き払って、手首を切ったうえで首を吊るのである（一九〇八年）。ゲルストルの自画像は、とき放たれた破滅因子としての分身《ドッペルゲンガー》だ。サイコロジカルなセルフ・ポートレート。

ゲルストル以前に、自分の内部を〝覗く〟ことで自殺へ追い込まれたウィーンのもう一人の天才が、個性的な心理学書『性と性格』[★9]（一九〇三年）を著したオットー・ワイニンガーである。

有名なヘレーネ・ペトロヴナ・ブラバッキーも随分と男っぽい顔をしている。

★7 オナニーする肉体を、切り離された首がにやつきながら見ているアルフレート・クビーンの「自己凝視」が、覗き見と自己露出症のもっとも典型、もっともグロテスクな表現だろう。

★8 シェーンベルク作曲のモノドラマ『期待』にはこの事件が影を投げかけている。

★9 竹内章訳、村松書館刊。

〔中略〕これらの女性たちを見てもほんとうに女性的な女性は優れた仕事ができない、という私の見解が一般的に正しいことがわかるだろう。〔中略〕解放されている女性に関しいえることは、己れを解放しようと欲するところのものは彼女の中の男性をおいて他にない、ということだ。

この反女性（というより反女性性）、そして反ユダヤの著者が自己窃視の病いにおちたとき、自分のなかの女性性＝ホモセクシュアル、そしてユダヤの血の疑惑にとらわれ、ピストルで自殺する。

ジークムント・フロイトの性心理学こそ、学問の形をとった覗きである。女性患者のなかに抑圧された性の秘文字を読みとっていくとき、フロイトの臨床報告は、昂ぶりのエクリチュールと化す。フロイトが自分を覗き込み、その深淵にとらえられる破滅性を回避し、覗くことの快楽性に踏みとどまったのは、他者＝女性患者の存在のためではないか。同じくクリムトを救ったのは、周辺にはべった女性モデルの存在ということになるだろう。

覗きとクリムトということでいえば、クリムトの「抱擁」をヒロインの部屋に飾ったケン・ラッセルの二重人格サスペンス『Crimes of Passion（クライム・オブ・パッション）』★10は現代性風俗産業の〝覗き窓〟――オナニーする女性を小窓から覗く――を導入部としていた。

ローグが『Bad Timing』について語った次の言葉は、コミーニ女史の定義をウィーン新世紀末にも拡張するもの、といってよい。

「この映画の基本的なアイデアのひとつは見張ること、監視することだ。大学でガーファンクルは〝覗き〟の衝動について講義する（付記すれば、ここで映写されるスライドは両親のセックスを覗き見る子供である）。精神分析医である彼も〝覗く人〟に他ならない。」

地図の上で東欧共産圏のヴァギナにつきいった男根状オーストリアの先端にあたるウィーンは昔からスパイにあふれた古都であり、アート・ガーファンクルのアレックスもアメリカＣＩＡとつながって、社会主義の夫のもとから帰還したアメリカ女ミレナの身元を調査する。

愛する女の過去を覗くことの不安と悦楽――この悦楽はジェラシーという名の苦痛へ

★10 アンソニー・パーキンスとキャスリーン・ターナーがその二重性格を競い合う。ターナーの乳首の見事さは、ハリウッド女優群のなかではピカ一である。常にツンと立った状態にあるのだ。彼女と似た乳首の持ち主はロマン・ポルノのアイドルだった水島裕子だ。

映画のなかの〝男根ダンス〟が笑いをとるが、これで映画はぶちこわしである。ま、そこがケン・ラッセルだ。

すりかわっていく。アレックスの立場に立てば、この恋愛劇は邦題通りのものとなる。

原題の『Bad Timing』のタイトルを考えたのは、テレサ・ラッセルということである。

ミレナ（テレサ）の立場に立てばアレックスとの関係は〝ずれ《バッド・タイミング》〟以外の何ものでもない。そして、〝ずれ《バッド・タイミング》〟はもうひとつの局面を持つ。

ウィーン警察の刑事（ハーベイ・カイテル）が、この不幸な恋愛劇にミステリーをかぎだしたのは、ミレナが自殺未遂[★11]で昏睡状態に陥った時間から、駆けつけたアレックスがこれを警察に通報するまでの、大幅な時間のずれ《バッド・タイミング》に着目したからだった。


アレックスとモロッコへ旅行に出る前のミレナが手にするのが『シェルタリング・スカイ』[★12]のハードカバーである。

この小説は、戦後、モロッコに腰を落ちつけたまま、帰国しようとしないアメリカ人作家ポール・ボウルズの代表作として世評高い。

ポールとキットのモレスビー夫婦に友人のタンナーが北アフリカを移動していく。キットはタンナーと不倫におち、夫がチフスで死んだ後、サハラへ逃亡、アラビア人に輪姦されたあと、彼らの白人奴隷として肉の歓びにふるえるというのが荒筋。

肌黒い肉にもてあそばれる白い肉の恍惚、オリエンタリズムと白い性、の原型小説だ。

「私は人を見知らぬ背景のなかに置くのが好きだ。登場人物が環境に適応するのは好まない」とするローグは、本当はテレサの肉体をウィーンの現在ではなく、北アフリカの黒いエキゾティシズムのなかへキットとして委ねたかったのかもしれない。

ボウルズの名前を最初に記憶したのは、高校時代、バイブルだったノーマン・メイラー『ぼく自身のための広告』[★13]が彼について触れていたからだった。同時代作家に皮肉と毒舌でしか対応しなかったメイラーが珍しく点が甘かったからである。

『Bad Timing』で久しぶりにボウルズを思い出したわけだが、この映画のあと、ボウルズの名前と出会ったのは、キング・クリムゾンのアルバム『ディシプリン』収録の「シェルタリング・スカイ」だった。

★11 『Bad Timing』に関して、ガーファンクルは次のように語る。
「ぼくはこの映画に心血を注いだ。この映画はありきたりの体験ではなかった。ニックもありきたりの映画監督ではない、筋もそうだ。そして撮影中のぼくの身の上に起こった出来事も、とてもありきたりとは呼べないものだった」

撮影中、彼が遭遇したのは、恋人ローリー・バードの自殺である。

★12 昭和三十五年、新潮社の「新鋭海外文学叢書」に『極地の空』として訳出されている。訳者は大久保康雄。ボウルズの短篇『あんたはあたしじゃない』はサラ・ドライバー監督／ジム・ジャームッシュ撮影でみごとに映画に移しかえられている。
この短篇はマイケル・リチャードソン編『ダブル／ダブル』（白水社刊）に最新訳あり。

★13 訳者の山西英一氏にファンレターなどを書いたりもしていた。山西氏のメイラー『裸者と死者』の訳業はまったくすばらしい。

来日記者会見のとき、このタイトルの由来をロバート・フリップに質したら、当時の彼の恋人ジョアンナが、わざわざモロッコまでボウルズに会いに行ったほどのファンだったからと言っていた。

このとき、フリップは次のようにもつけ加えたものだ。

「新結成クリムゾンの音楽をスティーヴ・ライヒやフィリップ・グラスのアイデア盗用という意見があるが、だれも彼らのそれがポール・ボウルズの音楽からの借用とはいわない。正確さに欠けるね」

ポール・ボウルズは三、四〇年代、かなり名を知られた作曲家だった。テネシー・ウィリアムズの劇伴音楽などの他、「二台のピアノのための協奏曲」などのオーケストラ作品も書いている。しかし、そのほとんどは忘れ去られ今、耳にすることはない。★14

刑事は雑然としたミレナの部屋に、シーレのドローイングを発見する。作者当人の過度の性欲によって黄濁し疲弊した裸体画。

『Bad Timing』が公開された一九八一年に、シーレの名前はまだ一般化してはいなかった。七九年のわが国初めてのシーレの個展（西武美術館）も閑散としたものだった。八三年になって、美術評論家の故坂崎乙郎、作家の黒井千次、そして、フランク・ウィットフォードの翻訳ものと、三冊の評伝が集中刊行されるとはこのときまったく予想できなかった。

シーレの名前をそれまでひめやかに語り継いできたのはポルノグラフィー愛好家、性科学研究の好事家のサークルである。たとえば『あまとりあ』の昭和二十七年十二月号はシーレの誌上展を掲載している。紹介者は『寝室の美学』が発禁処分を受けた原比露志。この誌上展が、龍膽寺雄「相模下女好色説の解剖」、そして座談会「性毛万華鏡」にはさまっていることが感慨だ。こうしたバリアーをうち破るのに半世紀を必要としたのである。

しかし、未だに、ウィーンでは、シーレの絵がポルノグラフィー専門店で絵はがきとして販売されてもいる。

ただ、シーレの性愛画は肌寒い。とても、クライアントを欲情させるものではない。

精神分析医と刑事、共に他人の心を覗くのが職業だ。アレックスは昏睡状態のミレナを犯したことの病理性を自らは見つめようとしない。自己分析の忌避。

このアレックスに替って、その記憶のなかに性犯罪を覗いていくのが、カイテルの刑

★14 楽譜集『Selected Songs』がSoundings Pressから出版されてはいる。

事だ。刑事の覗きにまさぐられて、アレックスの記憶は発熱し、彼はいらいらと煙草を喫いつづける。刑事は分析医が必要とした分身である。

これを暗示するのが、メクセパー★15の版画をめぐる一瞬のショットだ。アレックスがメクセパーの版画を自室の壁に架ける。すると次のショットは同じ版画を今度は自室の壁からはずす刑事のショット。ローグのオリジナル芸である。

メクセパーは、古時計とかコンパス、定規、古書、といった、時と空間の測量具を素材に、蒼古とした神秘を製図する現代ウィーンの版画家。(筆者が初めて買った版画はこのメクセパーの作品である。)あとは映画で使われたような迷宮図も多い。

アレックスと刑事が共に発散するのは女に対しての苛立ちである。女が共通の敵という認識。

刑事はアレックスを取調べるにあたって奇妙に同意的に寄りそう。そしてつねに言いよどむ。言葉はボロボロと朽ちていく。カイテルの演技はアレックスの分身(?)としての消え薄れる実在感の描出とみるか。あるいはここにもウィーン世紀末のホーフマンスタール『チャンドス卿の手紙★16』の一節を引用すべきだろうか。

なんらかの判断を表明するためには必然口にしなければならない抽象的な言葉

が、小生の口のなかで、まるで腐敗した茸のように、こなごなになってしまったからであります。

ジークムント・フロイトがひそかに愛でて、生涯離さず所持していた一枚の絵がある。彼の師、シャルコーの催眠療法の実験風景を描いたものだ。

医学生の集団を前に被験者の女性は不覚状態におちいっている。その姿態はほとんど誘惑的なそれである。一人の医学生がこの女性を背後で支えているが、彼の視線は女性の胸の谷間にくぎづけとなっている。この医学生が若きフロイトだ。

たしかに男にとって、委ねられた女を背後で受けて、うなじから首すじ、そして乳房のゆるやかで張りつめた肉の線に視線を這わせていく以上の視覚の恍惚はない。

このとき、視線は熱い舌だ。

★15 メクセパーに関しては種村季弘『迷宮の魔術師たち／幻想画人伝』(求龍堂刊)の「ブレーマー、モレル、メクセパー」を参照。

★16 富士川英郎訳。河出書房新社版「ホーフマンスタール選集」第3巻に収録。
この巻の論文／エッセイ群はおいしい！　当事者による最高の十九世紀末ヨーロッパ文化ガイドの一冊だ。
二一年に書かれた「三つの小さな考察」のうちの「夢の代用品」が映画ファンには必読。

フロイトは催眠療法とはやばやと訣別するが、それは分析医／患者の関係が、心理的なものより肉体的なものを誘発する危険性に気づいていたからだ。催眠をかけた女性への触診が生んだスキャンダルでウィーンを追われたフランツ・アントン・メスマーのことも頭にあっただろう。

フロイトのウィーンのアパルトマンにはジョン・ヘンリー・フューゼリの「悪夢《ナイトメア》」の複製が飾られていたが、奇妙にもフロイトは分析欲をそそるはずのこの絵について、ついに言及しなかった。

フロイトには、フューゼリ「悪夢《ナイトメア》」の分析が、夢分析家としてのグロテスクな自画像を覗くだけに終る最悪の結果が見えていたからかもしれない。女の夢に押し入りレイプする夢魔＝精神分析家としての自画像が。

女性の肉体が、男の欲望にとって性のユートピアとして現前するのは、女性が失神状態にあるときである。純粋なセックス・オブジェとして眼前に投げだされた女体、思いのままに遊べるやわらかな機械。

睡眠薬過飲のこうした女体、ミレナに対して、変形されたマスターベーション、暖かい死体への愛の誘惑に抵抗できなかったのがアレックスだ。

フロイトが抑圧した欲望をウィーン・ネオ世紀末のこのフロイト系分析医はネクロフィリアとして自己解放するのである。

ミレナの下着をハサミで切り裂いての性交。

こうして『Bad Timing』は、心理学者の心理崩壊劇となる。ベッドの上にのけぞったミレナと、彼女のかたわらのアレックスはフューゼリ「悪夢《ナイトメア》」の構図であり、フロイトが同作品に読んだにちがいない女の患者とフロイト自身の関係の絵図である。

ステファン・ツヴァイクの『精神による治療★17』の次の言葉がフロイトのすべてだ。


フロイトは慰めのため人間に愉楽への出口を指し示したり、この世や来世の天国への逃げ道を教えたりしなかった。彼の案内するのはいつもただ自己の内部への道、心の深奥への危険な通路だけだった。

★17 佐々木斐夫・高橋義夫・中山誠訳、「ツヴァイク全集」第12巻、みすず書房刊。

ゲルティ・シーレのヌード
——エゴン・シーレの少女／妹姦願望

エゴン・シーレの作品から一点選び出すとすれば、「ゲルティ・シーレのヌード」（一九一〇年）しかない。

四歳年下の妹ゲルトルーデ（愛称ゲルティ）の赤裸々な裸体と秘部が見るものをとらえて離さない。この作品が発散するのは近親相姦めいた痛々しい火照りである。

帝国の終末と近親相姦を甘美に重奏させたウィーン小説の最高峰にローベルト・ムシルの『特性のない男』★1があるが、この多層的なウィーン小説のなかで、主人公ウルリッヒが妹アガーテに彼が見かけた「最も忘れ難い女性」のことを語るくだりがある。

「この女は一人前の女でありながらしかも子供だった。つまりほぼ十二歳の少女だった」

そして、

「ぼくがこんな話をしたのは、実はただ、それが兄妹愛の前段階だからなんだよ」
（傍点筆者）

シーレは母親の目を盗んでは、ゲルティと部屋に閉じこもり、その裸身を数年間にわたって凝視しつづけていた。それ以上の行為があったかどうかはわからない。が、シーレは過度に性欲的な青年であり、タブーへの意識は薄かった、と見る。シーレが十四歳のとき、父親アドルフは患っていた梅毒が原因で狂死する。自分に流れる、この血への自覚からシーレは、自らを、そして家系をいじめはじめたとおぼしいからだ。★2

加えて、ゲルティはのちにウィーン工房のファッション・モデルにもなる美貌である。

★1 Musilをムシルではなくムージルとする表記が現在一般的である。しかし、筆者が高校生の頃より愛読、愛蔵してきた『特性のない男』は新潮社版全六巻ではなく、河出書房新社版全四巻なのだ（加藤二郎、柳川成男、北野富志雄訳、一九六五年刊）。十四歳の少女の獣姦願望を味わいたければ、『愛の完成・静かなヴェロニカの誘惑』（岩波文庫）の「静かなヴェロニカの誘惑」の頁を繰って欲しい。作家・古井由吉の湿った名訳で。こちらはムージル表記である。

★2 エイズ禍にあえぐ現代のアーティストにとって、シーレの肉体の内と外を見舞ったカタストロフィは共感しうるものだ。内なるカタストロフィは梅毒で死んだ父親の血が自分に流れていることであり、外なるそれは黄昏を超えて夜の世界へ入ったハプスブルグ帝国の終末ということである。

師グスタフ・クリムトから払い下げられた愛人／モデルのヴァリーも、妻となったエディットも美しさではゲルティの比ではない。シーレにとってゲルティは妹にして少女という『特性のない男』のウルリッヒなら嫉妬を覚えかねない究極の女だったことをこの絵は伝えるのだ。

シーレが、引っ越したノイレングバッハのアトリエで少女誘惑容疑で逮捕されるのは「ゲルティ・シーレのヌード」の二年後である。ウルリッヒとは逆にシーレは兄妹愛から少女愛へ到ったのだろうか、この少女は妹ゲルティのようには沈黙の共犯者ではない。少女誘惑容疑は一応無罪となったが、このとき押収されたデッサンがワイセツ罪に問われ、裁判所の独房に二十四日間留置される。ハプスブルグ君主国の数百年の歴史で、ワイセツ罪で投獄されたのはシーレただ一人である。むろん、シーレはそれを名誉とはとらなかった。

八三年に公開されたヘルベルト・フェーゼリーの『Egon Schiele-Excess and Punishment（エゴン・シーレ）』[★3]はノイレングバッハ事件から、スペイン風邪による二十八歳の死までも忠実に追っているが、逮捕の背景となった〈少女〉への視線にはりついた情欲にそのふわふわと頼りない映像が接近することはない。

世紀末ウィーンの少女レイプ幻想はシーレに特有のものではなく、例えばフーゴー・フォン・ホーフマンスタールの小説『アンドレーアス』[★4]（一九〇七～一三年、未完）で、主人公アンドレーアスは、次のような「自堕落な夢」を体験する。

幼な児のころの、少年時代のすべてのひずみ歪んだ場面を、彼はふたたび切り抜けて行かなければならなかった。するとその中にロマーナがいて、彼の前を逃げてゆく。ロマーナは半分は田舎風、半分は都会風な妙な服を着ている。黒い襞のついた錦襴のスカートの下は、素足だ。ヴィーンの両親の家に程近い、人々の雑沓する鏡小路なのだ。不安でいっぱいになりながらも、彼は彼女を追いかけていかなければならなかった。それでいながら、彼女を追いかけていることを、他人には隠さなければならなかった。ロマーナは人混みのあいだをすり抜けてゆく。彼の方を振りかえった。その顔は木の顔だ。歪んでいる。彼女はまたどんどん先へ駆けだした。駆けてゆくにしたがって、彼女の着ているものがめちゃめちゃに

★3 マチュー・カリエール（エゴン・シーレ）、ジェーン・バーキン（ヴァリー）、クリスチーネ・カウフマン（エディット）という配役。音楽にイーノとヴェーベルン。この映画の公開時の劇場パンフレットで尊敬する池内紀氏と並ぶ光栄を得たのだったが、氏は、家が百メートルと離れていない町内会である。玄関へステテコ姿で出てきた氏の第一声は「君、変だね」だった。こちらのセリフを先取りされてしまったのだった。

★4 河出書房新社版「ホーフマンスタール選集」第2巻『小説／散文』に収録。『アンドレーアス』は高橋英夫訳。

引きちぎられて、彼女の軀から飛び去ってゆく。

少女レイプの熱病をとらえた、なかなかの夢ではないだろうか。

また、少女ポルノグラフィーの傑作『ヨゼフィーネ・ムッシェンバッハー』[★5]が書かれたのは一九〇六年である。

忘れてはならないウィーンのニンフォフェリアは、ボヘミアン／作家のペーター・アルテンベルク[★6]だ。

作品を読んでも一見たわいのないニンフォフェリアだが、たわいのなさも集積すると、一種の光輝に包まれる。アルテンベルクは、少女写真を一万点以上もコレクションして、それぞれの写真に詩とも備忘録ともつかぬ短文を書き込んでいた。アルテンベルクの肺炎による死はシーレの死の一年後である。そして、ウィーン生まれのフリッツ・ラングはのちに『M』を撮影する。少女レイプから少女殺害へと、狂気を加速させて。

「ゲルティ・シーレのヌード」はウィーンの少女幻想の極みである。陰部に指を入れて自慰する少女を描いたデッサン、「横たわる少女」（一九二〇年）もゲルティかもしれない。ともかく、シーレがもたらした少女／妹の二重のタブー侵犯がいかにもハプスブルグ二重帝国の末期にふさわしいささくれたデカダンスとしてこれらの作品に現前している。

★5 邦訳『ペピの体験』。いわずとしれた富士見ロマン文庫。しかしこのロマン文庫、カバーをむしりとったあとのたたずまいの厳粛さは福武文庫と双璧である。

★6 「ユリイカ」（一九八七年七月号）に「公園ほか——アルテンベルク作品抄」が訳出されている。小泉淳二訳。そのなかの「人形芝居」にでてくる四歳のロジータの名前はロリータを即座に連想させる。

「おしばいに行ったの、あたし」

「おやすみ、ぼくの生」

とカニのような赤ら顔は白髪頭とともに言いようやく彼女から離れた。開いたドアの向こうでロジーは服を脱ぎ、一糸まとわぬ姿で立ち、寝巻きを着て小さなベッドに身を横たえ、またたくまに眠り込んだ。

ペーター・アルテンベルク（右）とアドルフ・ロース（左）。

このようなカードは大量に売られていた。「わが最上の理想」と覚書。

人工陰毛のアルマ・マーラー
――オスカー・ココシュカのスキャンダル

…………
火災　呪詛
暗い
情欲の乱舞
おお　石に変わった顔
が　天へひた走る

――トラークル「夜」[★1]より

大戦前夜ともいうべき一九一四年春のある夜、ゲオルグ・トラークルはこの詩を、オスカー・ココシュカのアトリエで書いた。アトリエに置かれたキャンバスはまだ下絵段階だった。

詩人が「夜」のインスピレーションを得たこの未完の絵が、ココシュカの作品中、世にもっとも知られた「嵐」である。この絵の題名は実はトラークルの命名である。

ココシュカはその自伝『My Life』★2で、「嵐」と自己世界の難破を結びつけている。このときトラークルもまた、近親相姦的な恋情で結ばれていた妹マルガレーテの重病に、同様の難破を感じていた。

内面ではなく、現実世界の難破――死・肉体損傷――が訪れたのは第一次世界大戦によってである。

大戦に二人とも従軍し、トラークルはピストル自殺を図って失敗、精神異常をきたした彼はその後コカイン過飲で死亡。マルガレーテは三年後ピストルで後追い自殺する。一方、ココシュカも頭部と首に銃弾を受けて負傷、この傷で身体のバランス感覚が失われ、これは終生回復することはなかった。

★1 『トラークル詩集』(平井俊夫訳、筑摩書房刊)。

★2 Thames and Hudson刊。
「食事のあと、彼女［アルマ・マーラー］は私を隣室のピアノのところへ導いた。そこで彼女は私だけのためにピアノを弾き歌ってくれたのだ――『イゾルデの死』を。」

と、七三頁にある。魅力的なアルマにこういった扱いを受ければ、ココシュカでなくともたちどころにその気になるというものだ。

ココシュカによると、このときトラークルはマルガレーテの死を嘆いていたことになっているが、はて？

「嵐」は荒れ狂う暗い波上の男（ココシュカ）と女を描いている。女は充ち足りた表情で眠りについているが、男は不安と恐怖で目をうつろに見ひらいたままで、組みあわせた手は死後硬直が始まったようである。男には死に至る性の恍惚の余韻すらなく、ただ死に至る性の疲労が漂っている。これが「嵐」におけるココシュカの難破の内容である。この絵のモデルとなった女、ココシュカをその魅力で難破に導いたセックス・セイレーンこそアルマ・マーラーであり、この絵が描かれたとき、アルマはココシュカを捨て、建築家ワルター・グロピウスのもとに走ろうとしていた。ココシュカのアルマへの妄執はこの絵のなかにのたくっている。

　アルマの自伝『わが愛の遍歴』[★3]を読むと、彼女が女カサノヴァのように思えてくる。しかも的はカルチャー・エリートにしぼられており、相手は一種の催眠術をかけられたように操られるのだ。

　グスタフ・マーラーは、一九〇一年十一月のあるパーティで、当時二十二歳の栗色の髪と青い瞳のこのアルマに一目で魅せられ、一カ月後に婚約発表。彼女に作曲を教えていた醜男のツェムリンスキーも結婚を申し込んでいたが、この大物の登場に手を引く。結婚後、グロピウスとの浮気に悩んだマーラーの相談役がジークムント・フロイト、とくればウィーン社交界でのアルマの位置もわかるだろう。とにかく名だたる男たちの欲望を彼女はときめかせ続けたのだ。マーラーの後期の作品は、不能者の、音楽による空しく執拗なアルマの肉体愛撫に聴こえる。

父、風景画家のエミル・シントラーの死後、アルマの母親と再婚した分離派の画家カール・モールは、ココシュカに、未亡人となっていたアルマの肖像画を描かせようとした。一九一二年四月十四日のこの二人の出会いは予期された通りで、この日以降の三年間のココシュカの生活も絵画作品もすべてアルマのためだけに存在する。「おそらく出会った二日後には寝た……」[★4]このときアルマは三十二歳でココシュカは二十六歳だった。

触れておかなくてはいけないのは十代のアルマの初恋の相手、初めてのキスの相手が、当時三十代半ばすぎのグスタフ・クリムトだったことだ。クリムトも激しく彼女を求めたが、アルマの母親の横やりもあってこの欲情を断ち切らざるをえなかった。アルマへの追慕、そして彼女のスキャンダラスな風評への嫉妬が、男を破滅させる世紀末セイレー

★3　筑摩書房刊。

他にアルマが書いたものとしては『グスタフ・マーラー／愛と苦悩の回想』（中公文庫刊）がある。夫にも色目を使ったとして、アルマを口汚く攻撃しているのが画家カンディンスキーの妻ニーナだ。『カンディンスキーとわたし』（みすず書房刊）参照。

★4　フランク・ウィットフォード『Oskar Kokoschka, A Life』（Weidenfeld and Nicolson刊）

ン・テーマの傑作「水蛇」のエモーショナルな背景ではないだろうか。[★5]

ココシュカの「嵐」は、セイレーン・イコノロジーと「トリスタンとイゾルデ」のクライマックスを表現主義的に重奏させた作品だが、ワーグナーの、あの宇宙律にまで昂められた男／女、愛／死の合一のエクスタシーは過ぎ去った狂熱として、アルマ／ココシュカの別離、愛／死の分離を責めさいなむばかりだ。

負傷の絶望のなかで、アルマへの想いはなおもくすぶり続ける。ココシュカを打ちのめしたのは、彼との結婚をはねつけ、堕胎までしたアルマが、彼との熱愛のさなかにも、グロピウスとの関係も持続させ、一九一五年に結婚、即座に子供までもうけたことだった。一九一八年、移り住んだドレスデンでのココシュカは奇矯ともみえる行動に出る。かつてアルマの衣裳デザイナーだったという風聞のモース女史に対する、アルマに似せた等身大人形の製作依頼である。アルマの肉体のこと細かな特徴を書きつらね、デッサンもそえた手紙が何通も女史のもとに送られた。陰毛の感触を求めてココシュカは自らさまざまな素材にあたっている。ネクロフィリアの倒錯愛！

しかし当時は、今日のハリウッドのＳＦＸのような特殊メイク技術を求めるすべはない。一九一九年二月に出来あがってきたそれは無惨なものだった。

このアルマ人形を抱く自画像はスキャンダルとなり、その噂はココシュカの発狂としてウィーンのアルマのもとへもとどくが、この露悪趣味は、アーティスト＝反ブルジョアのスキャンダル・メイカーという社会認識のなかで、演出された自己療法の意味も持っていた。

ココシュカの人形製作の六年後の一九二五年に極東の国でも一人の小説家が人形をめぐる異常な熱気に充ちた短篇を書いている。

谷崎潤一郎の「青塚氏の話」★6である。

ヒロインのフィルム上の女体を、幻想のなかだけでなく、実体化してわがものにできないか——こうした映画ファンが一度は夢見る奇蹟を谷崎は、猟奇の筆致で書き記すのだ。

谷崎自身が映画製作にたずさわった後なので、彼自身としても特別の想いが込められているにちがいない。（千代夫人の妹の葉山三千子の肉体を捉えるために映画製作を試みた、ともいえるからだ。）

スタア深町由良子の映画の監督でもある夫の遺書のスタイルをとったこの短篇の「私」

★5 ココシュカとの交際中、アルマは生物学者カンメラーの助手としてカマキリの習性の研究をしていた。いささか出来すぎのエピソードだ。

★6 『美食倶楽部／谷崎潤一郎大正作品集』（種村季弘編、ちくま文庫）所収。

はカフェエで、一人の男と出会う。その男は深町由良子の「体の地理」にえらく通じていて「私」を驚かせる。彼は、映画の由良子に目を凝らすことによってそのすべて、足の裏の特長までもこと細かに知っていた。

誘われてこの男の家に同行すると、

それがお前に生き写しであるばかりでなく、彼はそういう人形を、——彼のいわゆる「由良子の実体」なるものを、——幾体となく持っているのだ。即ちお前の寝ている形、立っている形、股を開いている形、胴をひねっている形、——それから到底筆にすることも出来ないような有りと有らゆるみだらな形。私が見たのは十五六だったが、彼の言葉に従うと、「うちには由良子が三十人もいる」と云うのだ。

この「由良子」は水を注いでふくらませる方式だが単なる「ゴムの袋」ではない。皮膚ひとつをとっても、

彼はお前の肌となるところの、実感的な色合と柔かみを持つゴムを得るのに苦心をした。私が手に触れた塩梅では、それは女の雨外套などに用いる、うすい絹地へゴムを引いた防水布、——あれによく似た地質であって、あれよりもっと人間の皮膚に近いよう

なものだった。彼は大阪神戸東京と、方々の店へ註文を発して、やっと五軒目に気に入った品を手に入れることが出来たのであった。

ココシュカの苦労をこの男もしているわけだが、確実にこちらの方が精度が高い。この男は「私」の前で、「股を開いてしゃがんでいる人形」の局所に顔をつけ……！

「嵐」を描かせたのがアルマ・マーラーへのオブセッションだったように、一九〇八年にココシュカの登場を印象づけた初期作品、クリムトに捧げられウィーン工房から絵本として刊行された『夢みる少年たち』、そして表現主義演劇の走り「暗殺者、女たちの希望」も、一人の少女へのパトスの悶えが生みおとしたものだ。この少女は、ココシュカの美術工芸学校の友人の妹にあたる、彼よりも五歳歳下のリリス・ラングである。彼女はココシュカの結婚の申し込みを拒否した。リリスとはアダムを捨て去ったイヴ以前の女性の名前であり、ヴァンパイアとか夜の怪物の古来からの総称でもある。アルマをイヴに、自分をアダムにみたてたココシュカの、バッハ・カンタータのためのデッサンがあるから、リリス→イヴへとココシュカの楽園《エデン》追放、地獄堕ちは決定づけられていたのかもしれない。

事実は、リリスがココシュカを怖れたのは、階級差ということであり、ココシュカの粗野な言動はアルマも嫌悪するところだった。リリスはつねに赤いドレスを着ていたということだが、『夢みる少年たち』で、この赤＝リリス＝処女の血へのココシュカの性衝動は次のように噴きあげる。

赤い小魚
小魚の赤
三ツ刃のナイフでお前を殺す
わたしの指でお前をちぎる
唖の回転を終らすために
赤い小魚
小魚の赤
わたしのナイフ
ナイフは赤い
わたしの小指は赤い
…………★7

ウィーン工房の野外劇場での上演前夜になぐり書きされ、当日は即興的に演じられた

〝男〟と〝女〟の原理的闘争パフォーマンス「暗殺者、女たちの希望」[★8]において、〝女〟は赤いのぼろをまとって登場する。

台詞ではなく意味のない叫びにまで分節化された発声術、極端な演技の誇張とグラン・ギニョール性。タイトルと中身は矛盾して、劇で死ぬのは女である。〝女〟の血によって〝男〟は再生するわけだが、ことがそう単純でないことは、ココシュカと女のかかわりを見れば理解できる。男／女、中身／表題、旧モラル／新モラル、の奇妙な二重化は、オーストリア／ハンガリー二重帝国のように面妖だ。

ココシュカ（この劇がもたらしたスキャンダルでウィーンを追放される）の加入でヴィジュアル色を強めたベルリンの批評誌「嵐《デア・シュトゥルム》」は、この劇の改訂台本とココシュカの手になるペン・デッサンを掲載したが、それには初演のときのメイクと同様の露出した神経組織が描かれている。表皮は、社会的因習であり、それをはがすことのこれは視覚的メタファーだろうか。また、改訂台本の〝女〟＝リリスの叫びのなかにすでにアルマが顔をみせているのをわれわれは見ることができる。

★7　飯田善國訳『みづゑ』一九七八年五月号。

★8　土肥美夫訳。「ドイツ表現主義」第三巻『表現主義の演劇・映画』（河出書房新社）所収。
ココシュカ自身の文章の邦訳としては他に「ドイツの世紀末」第一巻『ウィーン／聖なる春』（国書刊行会）に「幻視の性質について」がある。これぐらいいだろうか？

わたしの吐く息で、黄金の太陽はめらめらとゆらぎ、わたしの瞳は、男たちの歓喜《よろこび》をよせ集める。男たちの欲望は、口ごもりながら、野獣のようにわたしの周囲をはい回る。

処女の拒否＝リリス、ヴァンパイア的受容＝アルマ、いずれにおいてもココシュカは、女体のなかに堕ちたロマン主義者を演じている。この感情地獄から、対症療法としてのアルマ人形の製作で脱したとき、彼の絵画の生命は逆に萎えていくのだ。

ココシュカの不幸は、クリムトやエゴン・シーレ、リヒャルト・ゲルストルのように、〝世紀末ウィーン〟という時代風土の中に殉死できなかったことだ。

ココシュカは一九八〇年、九十四歳（！）まで生きた。

形而上絵画以降のキリコの絵画群のように、二〇年代以降のココシュカの作品は色彩バランスが崩れた夥しいジャンクである。

第四章

リリスの末裔

Le tétin du cinéma et le mollet de la peinture

イヴ＝イヴィル
——ナスターシャ・キンスキーと蛇

淫蕩と断首
——ケン・ラッセル『Salome's Last Dance』

囚われの王女《プリンセス》
——リドリー・スコット『Legend』

妻という名の底知れぬ異物
——デイヴィッド・クローネンバーグ『The Brood』

Image Collection

4 女と蛇と性、イヴィルな共生。

蛇女の最新として、ディズニー映画『ジャングル・ブック』（原作ラドヤード・キプリング）の誘惑の大蛇カーがある。声を演じたのは、スカーレット・ヨハンソンである。『her／世界でひとつの彼女』といい、大人の男にとっても、少年にとってもやはり誘惑の声なのか。蛇と女の図像としては、写真作品としてはリチャード・アヴェドンの全裸のナスターシャ・キンスキーに大蛇をからませた作品を超えるものはない。絵画ではフランツ・フォン・シュトゥックがこれまた図抜け、蛇そのものの美しさでは、ブライアン・フェリー『the bride stripped bare（裸にされた花嫁）』に登場する蛇であろう。この色合いの蛇なら欲しい、と昔思ったものである。〈蛇〉といえば、こんなストーリーをよくぞ考えたといえるのが、おのが尾を呑む蛇＝ウロボロスの蛇のメタ論理のなかへ読者を迷わせるR・A・ハインラインの短篇「輪廻の蛇 All You Zombies」だ。ここでは、男も女もない、あるいはその双方がある。蛇はやはり一筋縄ではいかない。

Fig.1

Fig.1

アヴェドン作品。構図がいい、父親クラウスの毒性の表情因子をかすかに漂わせる、ナスターシャのアンニュイがいい。

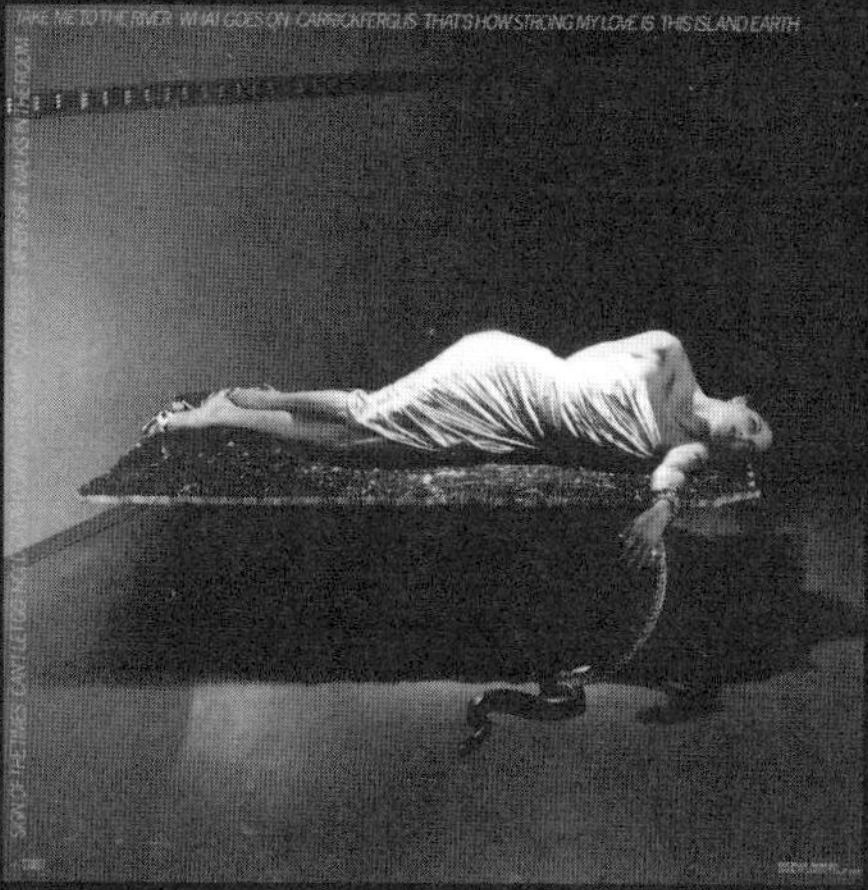

Fig.3

Fig.4

Fig.2

Fig.2

シュトゥック「SIN（肉欲）」。蛇の表情がいい。

Fig.3–4

モデル女性は、『アンディ・ウォーホルのBAD』にも出演の女優・写真家のバーバラ・アレンである。ミック・ジャガーの元へ走ったジェリー・ホールをアレンに演じさせているといってもいい。内ジャケットに大きくあしらわれた蛇のうろこの模様の黒と茶の迷彩がなんともいい。

イヴ＝イヴィル
――ナスターシャ・キンスキーと蛇

サイレント・ハリウッドの〝イッツ・ガール〟、クララ・ボウの写真を表紙にした女性作家の短篇アンソロジーに『Wayward Girls & Wicked Women』（一九八六年刊）がある。「いけない少女と悪い女」とでも訳せばいいだろうか。

デューナ・バーンズ[★1]、キャサリン・マンスフィールド、ジェーン・ボウルズ等の名品が収録されている。編集は英国幻想文学作家のアンジェラ・カーター。彼女は、サドをフェミニストの立場で読みかえた評論[★2]でも知られるフェミニズム文学運動の強力なにない手の一人だ。

出版社はロンドンのVIRAGO PRESS。VIRAGOを辞書で引くと、口やかましい女とあった。男をいらだたせることを承知してのニヤリとさせる命名である。そしてこの出版社のマークは逆三角形のまんなかにかじりかけのリンゴをあしらっている。逆三角形、つまりVゾーンのなかのリンゴとは女の陰部そのものであろう。

そしてこのアンソロジーのブックデザインでタイトルのWayward GirlsとWicked Womenをつなぐ&マークが蛇なのである。

リンゴ、蛇とくれば、この象徴系に浮かびあがるのはイヴ以外の女ではない。こうして、このアンソロジーが二十世紀のイヴの末裔、あるいはニュー・イヴを描いた物語集であることを暗示する。フェミニズムの側のこうした余裕はうれしい。喜んでその術中にはまっていきたいと思わせる。

イヴはキリスト教文化圏の危険な女のオリジナルな存在、性の快楽で男をたらし込む女の原型である。

イヴに起因する楽園追放、地獄堕ちは、男には歓迎すべきことのはずで、事実、その快楽は充分にむさぼりつくしながらも、男たちがイヴ（女）に畏れと敵意を隠しきれないのは、その快楽の秘所が、尿と糞に挟まれて存在するからかもしれない。

存在はすべて、この尿と糞のあいだから生まれおちたということ、この汚物めいた生誕劇そのものが、嘲笑のように男たちを刺してきたにちがいない。

★1 短篇集『夜の森』が野島秀勝訳で国書刊行会から刊行されているが、面白いのか面白くないのかよくわからない。困った。

★2 『The Sadeian Woman and the Ideology of Pornography』（Harper Colophon Books刊）。

西洋の人間は糞と尿の間から生れてきたことで、いつも自尊心を傷つけられてきた……その反応が（中略）人類の誕生に原罪をもたらしたのだ。★3

イヴに女のネガティヴを封じ込めて、新たに生みだされた美しい虚構がマリアだが、マリアにしてもスカトロジカルな生誕を回避しえたわけではない。

セックスという肉体の夜の局面で陽根は陰部に敗れつづけてきた。

女の陰部に世界の終末をみたのはイギリスの詩人ウィリアム・ブレイクだが、彼の「イヴ、アダムそして蛇」は、肉体の夜における男＝犠牲者、女＝勝利者を明快に告げた傑作である。あるいは眠れるアダムが見た悪夢、と読んでもいい。イヴと蛇の共犯関係、リンゴの木と蛇の尾が形づくる円形はヴァギナとされ、この作品は、ヴァギナに囚われたアダムと見ることができる。

このブレイク・ヴァージョンのイヴと蛇は共犯関係以上のもの、つまりイヴ、イコール蛇の図像化とみてもいいかもしれない。

女と蛇の関係は、イヴに、蛇の髪（うごめく女陰）をしたギリシア神話のメドゥーサが合流し、からみあって、濃密なイメージを西欧文化史で形成してきた。蛇は、女にとって形容詞であり動詞だった。蛇がついに主体に変容するのはヨーロッパ世紀末においてである。

おい、アウユスト！　うちの蛇を連れてきな！

（太鼓腹をした裏方が、ピエロの衣裳をつけたルル役の女優をテントからかついで出てきて、彼女を猛獣使いの前におろす）

この女が創造されたのは、災いの種を蒔き、人間を惑わし、誘惑し、毒を盛り——それと気づかれずに相手の男を殺すためです。[★4]

蛇のメタファー大全と化した世紀末大衆文学がH・R・ハガードの『SHE（洞窟の女王）』[★5]だ。この小説は暗黒大陸アフリカの人外魔境の大洞窟（ヴァギナ）への冒険譚であるが、ハガードは、女王アッシャを蛇として描写し、そして最後にアッシャがイヴ、メドゥーサの合成イメージであることを示してみせる。

★3 スタニスワフ・レム『天の声』（深見弾訳、サンリオSF文庫）。
聖アウグスチヌスの言葉の反復だけど。

★4 フランク・ヴェデキント『地霊・パンドラの箱——ルル二部作』（岩淵達治訳、岩波文庫）。
ちなみに、世紀末のアメリカで人気を博していた美人蛇使いがルル・ラタスカである。実在のルルというわけだが、ヴェデキントは彼女の噂を知っていただろうか？

★5 大久保康雄訳、創元推理文庫。

アッシャは、金の蛇の帯でしめつけた髪の毛のほかは一糸まとわぬ姿で、アダムの前に立ったイヴのように、私たちの前に立った。（傍点筆者）

イヴがイヴ＝蛇の、悪い女としても、ヴァギナが一応は男根を食する。しかし、蛇と女の関係が〈男〉を除外したレスビアニスムの閉鎖系の象徴だったら？

ケニヨン・コックスの描く「リリス」はイヴを誘惑した蛇を、アダムの前妻にして悪妻とされるリリスとして描いている。こうなると、男はなすすべはない。

『Blade Runner（ブレードランナー）』でも、レプリカントの女性の一人が模造蛇《レプリカ》とサロメ（！）ショーを踊っている設定があったが、レプリカントとは〝未来のイヴ〟（リラダン）である。イヴと蛇は二十一世紀の舞台でもきらびやかな官能性を放ちつづけるようだ。

十九世紀末の蛇と女の絵画で、もっともショッキングで、今でもその衝撃力はいささかも変わらないのが、フランツ・フォン・シュトゥックの「SENSUALITY（肉欲）」（一八九七年）だとすれば、われわれの世紀末の、イヴと蛇の最良のイコンをどこに求めたらいいだろうか？

私はその栄誉をリチャード・アヴェドン★6に捧げたい。モデルはナスターシャ・キンスキーである。ナスターシャは十五歳のとき、イギリスの怪奇映画のハマー・フィルムを葬り去った。つまり、彼女がその裸身と陰毛をさらしてみせたピーター・サイクス『To the Devil—A Daughter（悪魔の性キャサリン）』がハマー・フィルムに終止符をうった作品なのである。

この作品でナスターシャが発散するのは、少女の内なるけものめいた性欲のにごりだ。修道院の寄宿舎のベッドの上で、ナスターシャが悪夢にうなされるかすかな身じろぎだけで、乳首のうずきが薄物を突きあげるあたりがナスターシャである。

たとえばブルック・シールズが半神半女の創造物であるのに★7対して、ナスターシャが半獣半女の創造物なのは隠しようもない。彼女の美しさはただの美貌ではない。観客はフィルムのコマとコマのあいだに父親のクラウス・キンスキーの醜怪さを意識下映像《サブリミナリー・ショット》として感じつづけるのだ。この血の闇が、危うさとして彼女の輝きを支えている。

このナスターシャと蛇の写真は、イヴと蛇にまつわるこれまで見てきたようなほとん

★6 アヴェドンはまた、ショック・ロッカー、アリス・クーパーをモデルに「蛇と男」テーマでも撮っている。蛇とアダムの新しい関係?
クーパーは蛇好きで、初来日のときも蛇を連れてきてわれわれを驚かせた。

★7 もはや〝だった〟と書くべきかもしれない。第二のエリザベス・テイラーの道を転がるかもしれない。肥満ゆえにではなく、その巨大さゆえに。

どの象徴を魅き寄せるが、加えればナスターシャにとって蛇はシュトゥックの「肉欲」同様一種の性具のように見える。彼女の〝肉欲〟を充足させうるのは、この蛇の太さとうねりである。

蛇は生けるオナニー機械なのだ。

アダム以前にすでに女は肉棒とたわむれていた!

淫蕩と断首
――ケン・ラッセル『Salome's Last Dance』

オペラ『サロメ』を作曲したリヒャルト・シュトラウスは、晩年ファシストとしてナチスを称揚した。サロメの死の舞踏《ダンス・マカブル》の背景に似つかわしいのはナチズムの恐怖と快楽かもしれない。

この事実を受けてか、一九八七年のベルリン国立歌劇場公演版は冷ややかな光沢の鉄パイプをはりめぐらした、収容所めいたナチス的な舞台意匠の『サロメ』だった。オリエンタリズムの代替として『サロメ』に採用されたナチズムにも中枢にとろとろとした淫蕩がとぐろを巻いている。視覚的クライマックスの「七つのベールの踊り」では、オペラの観客の度肝を抜くサロメ歌手の肉体の露出《ストリップ》。

生きたヴィジュアルとして、サロメ（役）を見たのはこのときが初めてである。肥満したオペラ歌手にサロメは不向きではないか、という懸念を演出のハリー・クップファーはとりあえず細身の歌手を選ぶことでとり払ってくれていた。

『さかしま』[★1]（ユイスマンス）のデ・ゼッサントの無想する踊るサロメのような「乳房は波打ち、渦巻く首飾りと擦れ合って乳首が勃起する」ヴィジュアルまでには至らなかったが、これはないものねだりか。

ベルリン国立歌劇場版に続いて一九八八年に目にすることができたのがケン・ラッセルの映画版『Salome's Dance（サロメ）』[★2]である。

リヒャルト・シュトラウスのオペラは省略はあっても他はオスカー・ワイルドの戯曲を忠実になぞった台本であるが、ケン・ラッセルもワイルドの戯曲をそのまま忠実に舞台にかけて、これを撮影する。舞台劇を舞台劇として写しだして飽かすところなく見せる。

前作のオムニバス映画『Aria（アリア）』で彼が演出を担当したのは、『トーランドット』だった。トーランドットは男の首を刎ねるのがことの外好きな冷血の処女姫である。

トーランドットからサロメへ、ケン・ラッセルは世紀末のファム・ファタルと断首の系譜を愉しんでいるといえよう。彼の趣向は、ロンドンでは上演が禁じられたこの劇を男娼館でひそかに、ワイルドの友人たちがそれぞれ役割をふり分けて、ワイルドただ一人を観客として演じるというもの。そして、このワイルドをめぐる男同士の恋のさや当てが幕間狂言風に展開する（ケン・ラッセル自身も写真師として登場[★3]）。

ワイルド役の俳優がワイルドに少しも似ていないところがすでにケン・ラッセルとい

えようか。

はたして、サロメ役をふられたのが、この娼館の小間使いのちいさなはれぼったいまぶたをしたへんてこな少女（イモジェン・ミライス）なのだ。この少女が舞台では化ける。はれぼったいまぶたの下には大きないたずらっぽいラッセル好みの目が嬉々とした光を放っている。小気味よく、しかもたっぷりと艶をふくんだ台詞まわし。この少女の発音に聴き惚れるだけで『Salome's Last Dance』はおつりが来るだろう、それぐらい蠱惑的である。彼女の白いこぶりの肉も美味そうだ。

ビアズリーの『サロメ』装画本の頁がめくられ、そこにクレジットがかぶさっていく幕開けである。

★1 澁澤龍彦訳、桃源社刊。「世界異端の文学」シリーズの一冊として普及版が刊行されたが、今や「異端」という言葉も意味が拡散してしまった。
★2 八九年の〝サロメ〟はクロノス・カルテット演奏のテリー・ライリー「Salome Dances for Peace」である。サロメが平和のために（！）踊るのだ。
★3 仏語原典から台詞翻訳したヴィヴィアン・ラッセルはケンの新夫人である。二人の結婚パーティーの司会がアンソニー・パーキンスだ。［その後、離婚。］

ケン・ラッセルはここでワイルド／ビアズリー[★4]という世紀末サロメのプロト・タイプに敬意を表すわけだが、この映画でサロメを演じた女優は、ビアズリーの絵の神経質で線的な肉体の女ではない。未熟な肉体と表現の過剰がアンバランスな少女である。

その媚と高慢の押し出し方は、ビアズリーがさし示すワイルド世界というよりも、挿し絵画家アラステア[★5]のコケティッシュなワイルド世界にちかい。あるいはエドワルド・トドーゼの描くサロメに。「乳首の勃起」もすばやい。ちなみに著者の「サロメ」画のベストはといえばフューゼリのそれである。

ケン・ラッセルはサロメの「七つのベールの踊り」に仕掛けをほどこす。サロメの踊りが、男性ダンサーの挑発的な踊りにすりかわるのだ。ワイルド（キャメラ）の前で、男《サロメ》はおしりを下品にぷりぷりし、後ろ手でぴしゃぴしゃと叩く。

犯罪的で不粋なぼかしがこのシーンのケン・ラッセルの仕掛けを文字通りぼかしている。ワイルドにとってサロメは男だったという古風で重要なポイントがぼかされてしまう。そもそも史実（？）通りに撮れば、この映画はすべて男で撮らなくてはならない。ワイルドがサロメに扮した写真も残ってい、またすべてが男優で演じられた『サロメ』も存在するように、サロメがヨカナーンを描写するレトリックは、女が男へ、というより男《かれ》が男《かのじよ》を描写するレトリックと読むことができるのだから。

学生時代に惚れていた女性フローレンス・バルコムをブラム・ストーカー（『吸血鬼ド

ラキュラ』の作者）に奪われて以来、女性への憎悪を昂ぶらせ、ゲイのアンダーワールド★6へ身を投じたワイルドの二つのセクシュアル・オブセッションを互いの表裏として、われわれは『サロメ』の戯曲に透かし見ることができるのだ。

サロメ　ヨカナーン！
ヨカナーン　なにものだ、口をきくのは？

★4　ビアズリーのイラスト世界を、忠実に映像化しようとしたのが伝説のキャンプ・ムーヴィ、一九二三年製作の『Salome（サロメ）』である。
美術担当がルドルフ・ヴァレンチノ夫人のナターシャ・ランボヴァ、そしてサロメを演じたのが、ロシアの舞台女優でサイレント期のハリウッドへ渡り、その官能美で一時代を築いたアラ・ナジモヴァである。ナターシャとアラはレズビアンの関係にあった。レズビアンのサロメ、これもなかなかにワイルド的ではないか。

★5　ビアズリーに関してはS・ワイントラウブ『ビアズリー伝』、J・E・モーパーゴ『ペンギン・ブックス／文庫の帝王A・レイン』参照。共に中公文庫。
デカダンスのなよやかな倒錯人生《ゲイ》を歩んだ女装の麗人アラステアが死んだのは一九六九年、八十二歳だった。もっとも評伝を読んでみたい挿絵画家の一人だ。仏文学の孤高の人、生田耕作の趣味の出版社、神戸・奢灞都館からワイルド作／アラステア挿絵／日夏耿之介翻訳の『スフィンクス』がすばらしい愛蔵本としてでている。

★6　ワイルドが投獄された、いわゆる「男色裁判」はアナル・セックスの存在を世間に知らしめた。これはワイルドと関係したとされ証人喚問された少年たちの証言にもとづく。

サロメ　ヨカナーン、あたしはそなたの肌《はだ》に恋いこがれているのだよ！　そなたの肌は白い、一度も草刈りが鎌《かま》を入れたことのない野に咲く百合《ゆり》のように。そなたの肌は白い、ユダヤの山々に降りしいて、谷間へとおりてゆく雪のように。アラビアの女王の園に咲くバラも、そなたの肌ほどには白くはない。アラビアの園に咲くバラも、アラビアの女王のかぐわしい薬味園も、草の葉にとまるあけぼのの足も、はては海原《うなばら》の胸に憩《いこ》う月の胸も、それほどには白くはない。……そなたの肌ほどに白いものはこの世のどこにもありはしない。そなたの肌にさわらせておくれ。

ヨカナーン　さがれ！　バビロンの娘！　女ゆえにこの世に悪が生じたのだ。★7

『サロメ』の断首は女権時代の男の性的去勢の象徴であり、また秘められたワイルドの快楽《ゲイ》の自己処罰（断根）である。

ゲイ・ワールドにあこがれるあまり、カリカチュアに至ってしまうのがいつものケン・ラッセルだったが、『Salome's Last Dance』のすりかわりのアイディアは穏当なキャンプとして、十分な見せ場となっている。

★7　西村孝次訳、新潮文庫刊。

囚われの王女《プリンセス》
——リドリー・スコット『Legend』

恐怖の怯えからエロティックな喘ぎへ——。

囚われの王女《プリンセス》の前に、顔を隠した黒いドレスのダンサーが忽然とあらわれる。これは闇の王子《プリンス・オブ・ダークネス》の変身した姿であり、また、王女自身の喘ぎが顕在化させた自らの性欲と読んでよい。王女は誘い込まれるように踊り、踊り、踊る。そのエクスタシーの果てに闇のダンサーと合体《セックス》。その一瞬王女《プリンセス》は黒いアイシャドー、黒いドレスの女へと変身する。

このダンス・シークエンスは、囚われの王女（＝処女）のセクシュアルな意味を規範通りに伝えて欠くところがない。

王女を演じたミア・セーラの絹ずれのような喘ぎ。

内なる闇に目をひらいた王女は、今度は自分を捉えた闇の王子を嘲り、挑発し、奸計をもって報復するという挙に出る。

闇の王子＝ティム・カーリー★1の美少女に対する脅迫とたじろぎと怒りの表現は、ロブ・

ボティンの特殊メイクの強烈な視覚的アピールとあいまって圧倒的だ。

死闘の末、闇の王子は、王女と奪い去られたユニコーン[★2]の救出に、ゴシックの城というべき彼の壮大でグロテスクな悪魔の樹に潜入してきたジャック（トム・クルーズ）によって、虚空へと追放される。このとき、ジャックが所属する光の世界に向けて闇の王子はこう言い置くのである。


「おれを滅ぼすことはできない、兄弟よ、おれはお前の一部なのだから」


ユニコーンの角が戻ったところで、ほころびかけた光の世界は修復される。しかし王女とジャックが手に手をとって光のなかを歩み去るラスト・ショットに二重焼きとなる闇の王子の不気味な高笑い――。

劇場公開前に、輸入レーザー・ディスクで見ていたリドリー・スコット『Legend』は、グスタフ・ユングの〈影〉理論を映像にうるわしくとどめたこういった作品だった[★3]。

この『Legend』は九十分のUSA公開版ということになる。

闇の王子が、光の世界に隔てられて自分のエグザイル（幽閉）の身を嘆く冒頭（世界がまったき闇に沈んだとき、彼の孤独は癒される。そのためには光の世界の守護者であるつがいのユニコーンの存在が目ざわりなのだ）からラストまで、『Legend』はヴィジュアル的にも、潤んだ性的メタファーをゴシックの闇にたくみに溶かし込んでいる。★4

しかし、わが国で公開されたヨーロッパ・ヴァージョン『Legend（レジェンド／光と闇の伝説）』を劇場でみて驚かされたのは、これがまったくUSAヴァージョンと異なっていたことだ。これまで述べてきた核心的な部分はことごとくカットされている。

USAヴァージョンにはなくヨーロッパ・ヴァージョンに存在する主だったシーンをいくつか挙げてみると——

触れることを禁じられたユニコーンに王女《プリンセス》が近づくとき、彼女が歌を歌うシーン（男根《ユニコーン》に触れるという処女の破瓜行為が光の世界に闇を招き寄せるのだが、前触れとし

★1 あの伝説的な『The Rocky Horror Picture Show（ロッキー・ホラー・ショー）』の彼の復活が、こういった形になろうとは！　味のあるキャスティングだ。

★2 モダン・ファンタシーではピーター・S・ビーグル『最後のユニコーン』（ハヤカワ文庫刊）が必読書だろう。ビーグルが自作を自らシナリオ化したアニメ『The Last Unicorn』もある。これはミア・ファーロー、クリストファー・リー等が声優出演という豪華版だ。監督はアーサー・ランキン・ジュニア／ジュール・バス。

★3 ユング『心理学と錬金術』のユニコーン解釈参照。人文書院刊。

★4 スコットがクルーと一緒にクランク・イン前に参考試写した映画はジャン・コクトー『La Belle et la Bête（美女と野獣）』である。

てUSAヴァージョンでは森の農家へ遊びに来た王女が、壁のからくり時計を見つめるとそれが一瞬、雪化粧に染まるショットがある。これはむろん、ヨーロッパ・ヴァージョンではカット)。

また、闇の王子の城で、王子が座るように勧めた椅子が醜悪な化け物のようにヌルヌルとうごめくシーン（この椅子はワンカットでもU.S.A.ヴァージョンに入れて欲しかった。それぐらい気持悪くていい）。人喰い鬼との会話シーン、エトセトラ。

こうした細部の違いはいいとして両者の決定的な差は編集はいわずもがなキャメラ・アングルだ。ヨーロッパ・ヴァージョンが捨て去ったフィルムの山から宝を掘り起し一本の映画としたのがU.S.A.ヴァージョンと極言していいほどである。音楽もジェリー・ゴールドスミス（ヨーロッパ・ヴァージョン）とタンジェリン・ドリーム（U.S.A.ヴァージョン）とこれも軽やかでファンタスティックなタンジェリン・ドリームの方がまだいい。

黒いドレスの女[★5]に変身したことを王女は巨大な鏡にうつった自分の姿で知るわけだが、その鏡の女王の像を裂いて、鏡の中から闇の王子が姿をあらわす。この闇の王子は王女の鏡像、意識下の欲望が胚胎したイドに他ならないことを示すシークエンスもU.S.A.ヴァージョンが上だ。（闇の王子を見て、王女《プリンセス》は失神する。もう少し乳房が突起していれば、大胆に胸のあいた黒のドレスが生きてくるが、胸がないのだ。王女《プリンセス》の乳房は固くつきでて弾けるばかりであってほしい。）

これはどうしたことなのか？　スコットは編集権へ介入のないヨーロッパ・ヴァージョンに本当に満足していたのか？
ファイナル・カット権まで持っていたスコットがＵＳＡヴァージョンの編集権をなんの抵抗もなく投げだした相手はユニヴァーサルを統括するシドニー・Ｊ・シャインバーグである。のちにテリー・ギリアム『Brazil（未来世紀ブラジル）』を訳がわからないと再編集しようとしてギリアムの抵抗にあい、ついに屈服し悪者扱いにされることになったあのシャインバーグだ。★6
われわれは、このシャインバーグ（というより彼が新規にやとった編集者）に皮肉な感謝を捧げなくてはならない。

★5　老いてなおスケベ一筋のアルベルト・モラヴィアの短篇集『黒いマントの女』（千種堅訳、集英社文庫刊）の女体描写は生々しくなおかつ抽象美を誇ってたちまち愛読書の一冊となった。別に『Legend』とは何の関連もないが、黒の連想ついでに——。

★6　ジャック・マシューズ『バトル・オブ・ブラジル』（柴田元幸訳、ダゲレオ出版刊）参照。

妻という名の底知れぬ異物
――デイヴィッド・クローネンバーグ『The Brood』

I wanted to strangle my ex-wife!（妻を絞め殺したかった！）

デイヴィッド・クローネンバーグは、こうしたあまりにも私的な想いを公式の場で口にしたおそらく唯一の映画監督ではないだろうか。

（前）妻とのあいだの離婚調停、一人娘の奪い合いの泥沼化の時期（七七〜七八年）を回想しての発言だ。

こうした心身ともずたずたにされた当時の状況下で妻を絞め殺さんとして一気に書き下され、撮影された作品が『The Brood（ザ・ブルード／怒りのメタファー）』である。

妻という存在への、クローネンバーグの現実的な憎悪／恐怖が、このダーク・ファンタシーに、神経を一本一本引きはがすようなささくれたリアリティーを与えている。

クローネンバーグは『Kramer vs. Kramer（クレイマー、クレイマー）』のダスティン・ホフマンが夜見る悪夢と自作にコメントした。

ここには、ユーモアはない。クローネンバーグのそくそくとした敗北感、無力感が画面をうっ血させるのだ。

しかし、この血こごりのようなフィルムは類稀れにうつくしい。


ハル・ラグラン博士（オリバー・リード）の精神療法サイコプラズミックスは、いってみれば奇形化した肉体心理学である。この療法《セラピー》は肉体に激変をもたらす。深層の激怒を、本人の肉体上に目に見えるグロテスクとして外在化させるのである。ラグラン博士の療法の手引き書が「The Shape of Rage（怒りの外在化）」[★1]、として出てくるが、この架空理論書はいかにも存在しそうな秀逸なアイデアだ。

いや、アメリカのどこかの大学の研究室あたりですでにマッドならぬシリアス・サイエンスとして研究された事柄なのかもしれない。

ラグラン博士のサイコプラズミックスによって、ノラ（サマンサ・エッガー）の激怒は体外子宮を現象させ、彼女の心理のバイブレーションと直結した多数の怪物児〝ブルー

★1　これはカナダ映画アカデミーが出版したクローネンバーグ研究書（一九八三年刊）のタイトルともなった。アカデミーがスプラッタ監督の研究書⁉　他に人がいなかったということか？

ド（雛）〟を産みおとすわけだが、この療法は『The Brood』という作品そのものをクローネンバーグの怒りの外在化《シェイプ・オブ・レイジ》として二重化する。『The Broad』という作品自体がクローネンバーグの『The Brood』なのだ。

作品を通してこの療法に感応しているのは他ならぬクローネンバーグ自身ということになる。

『The Brood』はクローネンバーグにとって避けることのできない、自己治療、サイコ・セラピーとして存在する。

ちょうど『The Fly（ザ・フライ）』が、父親の死——その死は精神はどんどんクリアーになっていくのに肉体が衰弱していく、というものだったらしい——がもたらしたトラウマに対する追想的セラピーとして存在するように。（コラムニストだった父親へのクローネンバーグの憧憬はたいへんなものだった。そしてこの死んだ父親にとりつかれるという体験があったらしい。朝、何度も父親として目覚め、無意識のうちに父親と同じ動作をしている自分に気づくというような。）

セラピー（映画）の要求に応じたクローネンバーグの内面の極度の露出性が『The Brood』の魅力である。また、フード・マントのブルードが娘を学校から連れだし、郊外の無人の道を二人で歩いていくロング・ショットに代表されるように、ときどきのキャメラの牧歌性がショック連打のあわい弛緩として非常に効果的である。

体外子宮を喰い破りノラがブルードを出産するシークエンスは映画史上もっともグロテスクなものだ。しかし、それ以上の戦慄美、ポエジーがこのシークエンスにはみなぎっている。加えて男が計り知ることができぬ、そして男を介さない女の生理《ボディ・サイキック》への恐怖！妻の名前はイプセン『人形の家』のノラ（！）である。近代フェミニズムの究極の円環、あるいはノラのスプラッタへの帰還と読むべきか！

さて、女の怒りの外在化《シェイプ・オブ・レイジ》の別例として、ロバート・アルトマン『3 Women（三人の女）』★2が思い浮かぶ。プールの底、あるいは庭のコンクリートの上に描かれていた絵。特にプールの水のゆらめきとともに、画家のボジ・ウィンドが描いたこの半分けだもの、半分人間の女性群像もゆらめいて、男が回帰を希うまどろみの至福宇宙＝羊水が恐怖の場でしかないことを暗示する。

羊水に揺られる特権は女だけのもの。

★2 当時アルトマンはフェミニズムＳＦに関心を持っていた。ジョアナ・ラス『フィーメール・マン』（サンリオ文庫）あたりに入れ込んでいたようだ。

『3 Women』ほど、男が無意味な存在におとしめられた映画は多くない。レスビアニズムの映画というのではない、ただ男は徹底して無意味なのだ。女は女をむさぼり、存在を融け入らせ、そして別の女のたましいの中に再生する。最後に男はすべて画面から消滅する。単性生殖的フェミニズム・ホラーといえるかもしれない。

「アートは危険なものであるべきだ。そうでなければ何の意味もない。」

この声明に本人自身が最も接近したのは『Videodrome（ヴィデオドローム）』とこの『The Brood』である。

逆上と恍惚がクロスしたサイキック・リアリズムとして。

第五章

ロンドン世紀末とヴァンピリズム

Le tétin du cinéma et le mollet de la peinture

D・G・ロセッティからB・フェリーへ
——〈新しい女《ヴァンプ》〉異文①

ミセス・パットからセダ・バラへ
——〈新しい女《ヴァンプ》〉異文②

Image Collection

5

イヴィル、イヴリン・ネスビット。そして、フィリップ・バーン＝ジョーンズからセダ・バラへ。

Fig.1

イヴリン・ネスビットのポスト・カード。

Fig.2

セダ・バラのプロモーション・イメージ。

Fig.3–4

『愚者ありき』の小説版の表紙は、フィリップ・バーン＝ジョーンズの絵を逆版にして使用。この小説版は、エドムンド・マグラァのカラー・イラスト4点入りで、1枚目の絵は小説から引いた「Beautiful, gloriously beautiful in her strange, weird, dark beauty」という題で、これらの形容詞は男が屈する女の魔力を的確に語っている。

Fig.5

アメリカの画家ウィリアム・サージェント・ケンドールの少女版セダ・バラ・ポーズ絵。

Fig.1

Fig.2

Fig.4

Fig.3

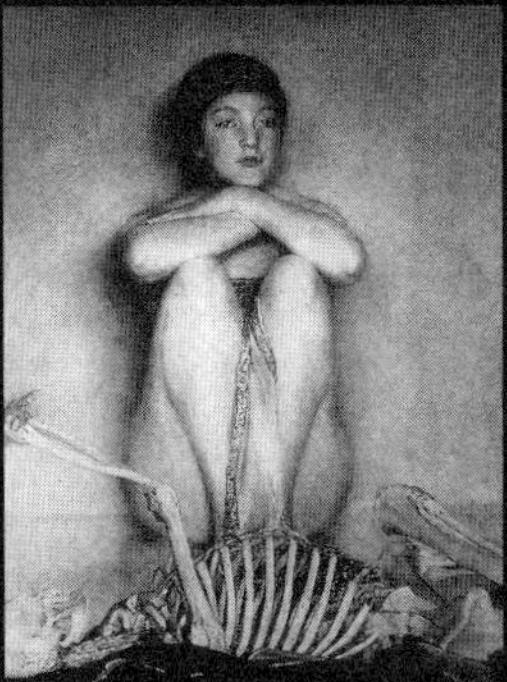

Fig.5

『THE NEON DEMON』の頁に掲載のギブソン・イラストの警告もむなしく、突っ走ってしまった十五歳の少女が、イヴリン・ネスビットである。一九〇一年にニューヨークにでてきた彼女は、まず、ギブソンほか画家たちのモデルからスタートし、セレブの愛玩物として、後年には、有名建築家殺害スキャンダル裁判の証言台に立つのである。建築家を射殺したのは、嫉妬に狂った彼女の夫である。建築家の家はイヴリンほか少女たちを誘い込んでは快楽を強制するレッド・ヴェルヴェット敷きの快楽殿だった。イヴリンもまたそこで仕込まれたのである。建築家の少女誘惑の決まり文句が、たちまちに流行語となった「家にエッチングを見に来ない?」である。

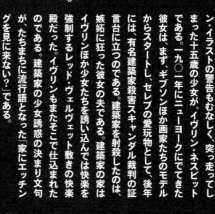

D・G・ロセッティからB・フェリーへ
——〈新しい女《ヴァンプ》〉異文①

ロセッティ＆シダル

はかなく非現実的な容姿によって、エリザベス・シダルは二十歳前後の美術家集団ラファエル前派のイメージそのものとなる。ロンドンの婦人帽子仕立て店でモデルとしてピックアップされたとき[★1]彼女は十七歳だった。

PRB（Pre-Raphaelite Brotherhood）は、ラファエルのルネッサンス様式を硬直的に伝えるばかりと見切ったアカデミズムへの嫌悪から、ラファエル以前のナイーヴな世界感覚、精密な対象観察にもとづく、輝くような自然と人物の細部へ回帰しようとして一八四八年に結成された美術結社である。

主題的にも、中世の伝説やロマンスを選ぶことが多かったが、シダルは彼らにとって幻想の中世の化身とうつった。

ダンテ『神曲』に深く傾倒していた父親（彼はイタリアからの政治亡命者としてロンドンへ逃れてきていた）によって、この詩聖の名を引き受けさせられたラファエル前派の夢想的知性、詩人／画家のダンテ・ゲイブリエル・ロセッティにしてみれば、シダルはダンテ――ベアトリーチェの宿命のロマンスのわが身への移し替えを意味した。

シダルとの出会い以降、ロセッティはそれまでの英国絵画、コンスタブル、ターナーの風景画からも、アカデミズムの歴史画からも断ち切れた夢の女の園、閉域《カルト》として、女性画ジャンルを創出していく。この方向性はエドワード・バーン＝ジョーンズに受け継がれ、世紀末女性画のビッグ・バン（大爆発）を準備するのである。

ヴィクトリアン・カルチャーにあって、ロセッティ周辺の濃密な性の芳香は際立っている。モデルの〝共有〟をはじめとするスキャンダラスな交遊、小男の詩人アルジャノ

★1　彼女を見つけロセッティに仲介したのは画家仲間のウォルター・ディヴァレルだが、その彼は二十七歳の若さで死んでいる。
ちなみにマルセル・プルーストにもロセッティとシダル、それにジョン・ラスキンに触れたエッセイがある。『プルースト全集』（筑摩書房刊）14巻を参照。

あと、マルセル・シュオブの短篇「リリス」が、このロセッティの美意識を主題にしている。これは『黄金仮面の王』（国書刊行会刊）所収。

ン・スウィンバーンのSM[★2]への傾斜、美術評論家ジョン・ラスキンの不能と恥毛恐怖に端を発する妻エフィーの画家エヴァレット・ミレーとの密通エトセトラ。一九六〇年代のヒッピーイズム、その性の乱れのなかで、それまで論じられることの少なかったラファエル前派が若い世代に息を吹きかえしたのは、ロセッティ周辺の先駆的な性のコミューン性、工業化・能率化へつきすすむ社会でのロセッティのドロップ・アウトへの共感が理由のひとつにあげられる。

ヴィクトリアン・リヴァイバル、特に絵画のそれを強力に推しすすめたのが、二人の批評家である。ともに画廊を経営する画商であって、愛着と商売を両立させた点でなかなかに抜け目もない。

ひとりはジェレミー・マス。

彼は一九六〇年にヴィクトリアン・アート専門画廊をいちはやく開いて、彼自身も精力的に研究活動を始めている。

著作に『Victorian Painters』他があるが、なかでも労作は『The Victorian Art World in Photographs』[★3]だ。これで有名無名とり混ぜて四百人を超えるヴィクトリア時代の画家の顔とアトリエ風景が一望できることになった。資料性から言っても超一級の出来栄え、といっておく。

もうひとりが、クリストファー・ウッドである。

このウッドにもヴィクトリアン関係の著作は多い。彼が画廊をオープンさせたのは新しく一九七九年になってからである。

クリスティーがその競売部門にヴィクトリア美術を扱う部門を新設したのは一九六九年、サザビーはその二年後の七一年だった。

スウィンバーンによればシダルは「その人柄のすばらしい魅力、比類のない優雅さ、愛らしさ、果敢さ、忍耐力、機智、ユーモア、犠牲的精神、暖かさ」を備えた女性ということだが、これはもう単なる賛美を超えている。女神シダルもまたロセッティの感化で、詩を書き絵を描くことで自らを見出し、ロセッティのコミューンに同化しようとした。★4

このシダルを「高貴にして輝くばかりの創造物」と称えたジョン・ラスキンは彼女の絵やデッサンに対して年間百五十ポンド提供を申し出たりしている。ロセッティにシダルとの永すぎる婚約を終えてはやく結婚するようにすすめたのもラスキンだが、ター

★2　スウィンバーン作といわれている少女ポルノグラフィが『フロッシー、十五歳のヴィーナス』である。

★3　Barrie & Jenkins刊。

★4　『Poems and Drawings of Elizabeth Siddal』（Wombat Press刊）が彼女のわずかな詩と絵を集めている。

ナー、ワッツ、ミレー、ロセッティに加えてこのシダルも天才の一人としたラスキンの鑑賞眼はおそらく、彼のなかの少女愛好癖によって多少曇らされていたにちがいない。[★5]シダルの早すぎる死によってこのラスキンの鑑賞眼が確かだったかどうか、誰にもわからない。

ロセッティと結婚して二年後（一八六二年）、シダルを阿片剤の飲みすぎによる死へ導いた原因として、シダルとは対称的な肉感的モデル、ファニー・コンフォース、あるいはウィリアム・モリスに譲ったジェーンにロセッティの身と心が動いたことからくる情緒不安定がまずあげられる。

しかし、以前から不眠症を患い麻薬に走っていたシダルのメランコリアにおいて生／死の境界はぼやけあいまいなものとなっていた、と見るのが妥当だ。いつ、死の側へ倒れ込んでも不思議ではない。

そもそも、最初から〈イメージ〉としてコレクションされた彼女はすでにして死者の国の住人であったともいえるのだ。ロセッティ自身が〈中世〉というネバーランドの住人であったように。[★6]

〈新しい女〉として彼女のアーティスト意識の確立を阻んだのは肺病だった。肺病をもたらしたのは、以前エヴァレット・ミレーの「オフィーリア」のモデルをつとめ、半日以上も冷たい水漕に身を横たえたことである。病に伏して以降、青白く憔悴したシダルの肌はいっそう透明感を増し、ラファエル前派の理想美に近づく。ロセッティは、少し動けば息をきらしてしまうこのシダルの衰弱に画想をそそられ、死―エクスタシーと呼ばれる一連のシダルのデッサンを残している。

シダルの死のプロセスに魅入られていたロセッティに抗するかのように、死後もシダルはその追憶のなかに傑作「ベアータ・ベアトリクス（祝福されたベアトリーチェ）」（一八六四年）として死―エクスタシーのうちに生々しく再生してくると見てよい。

ロセッティの二十歳のときの詩に「My Sister's Sleep」があるが、[7] これは天国へ召され目覚める死という眠りをうたったものだ。しかし、「ベアータ・ベアトリクス」は、「My Sister's Sleep」のように、SLEEP→DEATH→HEAVENの構造を持っていない。描かれたシダル（ベアトリーチェ）は、その内なる激した恍惚から、天国へ召されてい

★5　他に美少女ローズ・ラトゥーシュとラスキンの関係も覗いてみたい対象だが、ヴィクトリアンの少女愛はルイス・キャロルを含めてもうげっぷがでるほど論じられていて、筆者の出る幕はない。

★6　ロセッティの評伝の最高のものは、『A Dante Gabriel Rossetti/Victorian Romantic』だ。一九四九年にイエール大学出版局より刊行。著者はオズワルド・ドゥーティである。

★7　詩人としては妹のクリスチナ・ロセッティの方が上である。岩波文庫で『クリスチナ・ロセッティ詩抄』が一九四〇年に出ている。八七年にリクエスト復刊されたが、さて手に入るかどうか。
少女のセクシュアルな夢見をうたった傑作「ゴブリン・マーケット」は荒俣宏の訳で読むことができる。『新編 魔法のお店』（ちくま文庫）に収録。

くというよりも、こちらの世界へ脅迫的に目覚めてきそうである。シダルが持っているのはけしの花、阿片だ。

SLEEP→DEATH→HEAVENではなくシダルのSLEEP→NEW BORN→HELLの予感は、ロセッティの無意識のうちに怖れとしてあったのではないだろうか。HELL（地獄）とはロセッティに残されたこの世である。

シダルとの死のゲームは、シダルの死体と一緒に埋葬した詩の草稿を七年後、ある男に依頼し墓をあばかせて奪回する、猟奇じみた行為を生んだ。このゴシック小説の一場面のような墓暴き[★8]は、ラファエル前派とイコールで結びつく大衆イメージとして今も命脈を保っていて、ハロルド・ブルーム監修Modern Critical Viewsシリーズの一冊「Pre-Raphaelite Poets」[★9]（一九八六年刊行）の表紙イラストは、ロセッティ自身にこの墓掘りの役を負わせている。

シダルの死後、ロセッティを侵していくのは、シダルの霊がとり憑いたかのように、麻酔剤中毒、そして不眠症である。ロセッティは明けがたまで市内をさまよい歩きテムーズ河のほとりを散策するのを常とした。ロセッティはこの夜と昼、夢と現《うつつ》の薄明時の感覚を愛していた。

その「Insomnia（不眠症）」という詩は次のように記されている。

この薄明《トワイライト》のとき、わたしの魂はきみの魂に近づく

きみとはエリザベス・シダルでなくてはならない。そしてトワイライトとは、ロセッティにとってすべての女性がそうでなくてはならなかったイメージの最上の比喩である。

ロセッティの伯父（母親の兄）にあたるのがジョン・ポリドリである。英文学史で初めてといっていいヴァンパイアものの傑作『吸血鬼』★10を書いたあのポリドリだ。女性に対して催眠的な魔力を発揮するヴァンパイアの生けるモデルを、永く生きていればポリドリはバイロンとともに、甥のロセッティに見いだしていたかもしれない。ロセッティ絵画の特徴であるモデルたちの細く白い喉もとは確かにロセッティに向けてさしだされているのだ。血の捧げ物としてののど、というより、ラファエル前派の貧血症の女性像は、作者により血を吸われて蒼白となった、ともいえる。しかし噛まれ、ヴァンパイア

★8 フィクションにおけるヴィクトリア朝の墓暴きではエミリー・ブロンテ『嵐が丘』のヒースクリフのそれに誰しも思い当たる。

★9 Chelsea House Publishers刊。

★10 平井呈一訳でアンソロジー『真紅の法悦』（新人物往来社刊）所収。

として新生した〈女〉は〈男〉よりも生命的であり、やがて〈男〉を捨てるであろう。『フランス軍中尉の女』[★11]でジョン・ファウルズが、主人公の前から姿を消したヴィクトリアン・ヒロインの〈新しい女〉としての新生の場に設定していたのが、他ならぬこのロセッティのアトリエであった。

ロセッティにおける、かよわき女の死→脅迫的再生を具体化した十九世紀小説のヒロインは、一八九七年に刊行されたブラム・ストーカー『吸血鬼ドラキュラ』[★12]のルーシー・ウェステンラではあるまいか。

この衰弱美の美女こそが、ドラキュラ伯爵、ジョナサン・ハーカー、彼の妻のミナ以上にこのやや冗長ともいえる作品の事実上の主人公といえるだろう。

男性《ヴァンパイア》の犠牲者とみえて、その実〈新しい女《ヴァンプ》〉としての生誕を告げているからである。

それにしても、ルーシーがドラキュラ伯爵に血を吸われたあとの衰弱の様子はシダルのそれを見るようである。

ストーカーは、ポリドリとロセッティの関連、女性モデルとの噂、「ベアータ・ベアトリクス」(うしろに描かれたダンテはドラキュラ伯爵と見えないこともない)の絵から『吸血鬼ドラキュラ』を思いついた、と勝手に推測しておく。

またストーカーは、ヴァンパイア・ハンターともいうべきヴァン・ヘルシング教授のモデルをジークムント・フロイトに求めたのではないか？　ルーシーの名前も、フロイトがそのヒステリーを診察したミス・ルーシー・Rから来ているのではないだろうか？（『ヒステリー研究』の発表は一八九三年）。

トッド・ブラウニングによる映画化『Dracula（魔人ドラキュラ）』の「教授」はドイツ語なまりで容貌もフロイトそっくりだ。フロイトの分身《ドラキュラ》殺し——筆者はこれも勝手に『吸血鬼ドラキュラ』をそう読んでいる。

BBC時代、作曲家ディーリアスの最晩年を描いた『Song of Summer（夏の歌）』他、多くの芸術家の独特の伝記映画を製作、放映したケン・ラッセルが一九六七年に撮りあげたのが『Dante's Inferno（ダンテ地獄篇）』である。このタイトルはダンテの『神曲』の「地獄篇」をそのまま持ってきたものだが、言うまでもなくダンテ・ゲイブリエル・ロセッティの愛と創作の地獄、の意味を兼ねている。ロセッティに扮したのがオリバー・

★11　小説によるヴィクトリアン百科全書。ファウルズの神技にちかい技法が楽しめる。サンリオ刊。『魔術師』（河出書房新社）でもラスト数行の小説的戦慄のためだけに、あれだけの虚構をファウルズは築いたのである。『コレクター』を実践しようとして宝クジを買いつづけているが、まだ当たったことがない。

★12　平井呈一訳、創元推理文庫。

リード、シダルにジュディス・パリス。今もこの作品を見る機会を得ていないのが残念だ。

フェリー&ジェリー・ホール

ダンテ・ゲイブリエル・ロセッティの再来を思わせる人物がブライアン・フェリーである。

オブセッシヴなまでのラヴ・ライフ／ラヴ・ソング。

ロセッティが現代に生きていたら、確実にロック界にその足場を設け、きわめて容易にモデルをピックアップしたことだろう。そうフェリーのように。

美しい女性がロセッティの、すべてに勝るモチーフである。彼の詩の約九五パーセント、六百点近くある絵とドローイングの九八パーセントが愛か、女性の美を扱ったものだ。★13

ブライアン・フェリーも、その多くが愛の歌といっていい。

そしてフェリーは、この愛の歌のことごとくにロスト・ラヴの感傷とメランコリアを戦略的なクリシェとして忍び込ませる。

フェリーはロセッティの絵「ヴェロニカ・ヴェロネーゼ」を、『アヴァロン』よりカッティングされたロキシー・ミュージックのシングル盤「モア・ザン・ジス」のカバー・ペインティングとして使用したことがある（絵のモデルはアレクサ・ワイルディング）。ロセッティ描く、存在の薄明を生きているような女性への指向はフェリーと共通するから、この絵は、このシングル盤のジャケットの為に描かれたかのような錯覚を与える。

ロセッティの女性画は、絵のモデルとなった女性とのラヴ・ライフの痕跡でもあるわけだが、同じことがフェリーにとっての〝絵〟というべきロキシー・ミュージックのアルバムを飾った女性モデルについてもいえる。それらはブライアン・フェリーの愛の痕跡なのだ。ファースト・アルバムを飾ったカリ・アン・モーラーは次のように告白している。

わたしは自分が突然、ブライアン・フェリーの〝夢の女〟になったことに気づいたの。彼はわたしを頼りにして、わたしを彼のインスピレーションとして使お

★13 デイヴィッド・サンストローム『Rossetti and the Fair Lady』（Wesleyan University Press刊）参照。

うとしたわ。★14

歌詞がそうであるように、フェリーはジャケットのアートワークにおいても、大衆的クリシェ＝ピンナップ感覚で女性モデルを処理した。二枚目のタイトルではないが、正に、独身者のための『フォー・ユア・プレジャー』として。

フェリーはジャケットのアート・ワークに、金と時間を注ぎ込んだが、当初、ロキシー・ミュージックのコンサートにはテート・ギャラリーがふさわしいと考えていたフェリーにとって、アルバム・ジャケットはギャラリーでの鑑賞に耐えうるものでなくてはならなかった。

一九六四年、フェリーは美術学校でリチャード・ハミルトンの影響下に「ヴァージニア・プレイン」を描く。「ヴァージニア・プレイン」とは米国タバコのブランド名で、そこのデザイン・アートは、ポップ・アーティストにとって垂涎の的だったものである。これに女性をからめてフェリーは描いた。

そして、これが象徴する米国のポップ・ランドスケイプを歌った曲「ヴァージニア・プレイン」はロキシー・ミュージックの初めてのシングル盤となる。

歌詞もそうだが、ロキシー・ミュージックの在り方そのものを、フェリーはポップなアート・フォームとしようとした。ロキシーというのはニューヨークの古い夢の巨大映画館だし、その響きから大衆の銀幕的追憶が引きだされる。大衆のエモーショナルなクリシェに意図的に訴えかけるということだ。

これは大学で学んでいたとき勧められたアプローチだった。主任教授は英国ポップ・アートのリーダーの一人、リチャード・ハミルトンだった。彼はいろんな雑誌の写真等を借用して製作した。私は音楽で同じことを試みようとした。アンディ・ウォーホルの所にいたマーク・ランカスターも教師の一人だった。私は、彼の日常のものからアートを発見するやり方にとても影響を受けたよ。★15

ブライアン・フェリーは、このポップ・センスを、七〇年代英国を襲ったヴィクトリ

★14 「Sunday Mirror」紙、八一年三月二十二日号。

★15 サイモン・フリス他著の『Art into Pop』(Methuen刊)参照。
これはなかなかに刺激的な著作である。ちなみにハミルトンはビートルズのダブル・アルバム、通称〝ホワイト・アルバム〟のデザインを手がけた。
ちなみに著者の来日公演ベスト3は、①フランク・ザッパ ②ルー・リード ③バウハウスである。年を感じるね。

アン・リバイバルのハイライフ／ハイセンス志向と統合していく。
炭鉱夫の息子という出自をまったく感じさせない強力なコネサー（高級目きき）感覚で、だ。

この『フォー・ユア・プレジャー』の黒豹を従えた女はアマンダ・リア、サルバドール・ダリの〝恋人〟として名を売った女性である。彼女の紹介でフェリーはパリでダリに会っている。三枚目の『ストランデッド』のモデルは、一九七二年の「プレイボーイ」誌のプレイメイトのマリリン・コール。四枚目の『カントリー・ライフ』は休暇中にドイツで拾った（？）二人の女性。左側の女性の指のくい込みがアメリカで問題となって修正された。

そして、五枚目が当時の世界No.1モデルといっていいジェリー・ホールの運命的な登場である。[★16] タイトルもその後の二人を象徴するように『セイレーン』[★17]だった。フェリーはホールの暗い肉の海の奥処へ導かれ、そして、彼女がミック・ジャガーのもとへ去ることで〝難破〟するのだ。

このジャケット写真のセイレーンの図像は、われわれの〈世紀末〉のそれとしてほとんど唯一といっていい傑作である。

十一九世紀末には、グスタフ・クリムト「水蛇」、フランツ・フォン・シュトゥック「水」、エドワルド・ムンク「海から来た女」等枚挙にいとまがない程、この主題は画家の欲望をそそったものだった。愛液を経て羊水に至る至福の水への追憶と、〈世紀末〉の破滅願望がフィットしたのである。

ロキシー・ミュージックの図像の他に文学としては、セイレーン・テーマの極点までいったオクタビオ・パスの「波と暮らして」★18がある。

水というセクシュアルな流体の魅力を語りつくしたシュールレアリスティックでブラックな好篇だ。〝波〟に惚れられ、アパートで〝波〟と暮らすようになった男の物語だが、女体＝水が心持よい。

このあと、ロキシー・ミュージックの活動はながい休止状態に入るが、フェリーはホー

★16 ジェリー・ホールは彼女の回想録『Tall Tales』（Simon & Schuster）で語っている。「多くのものを彼（フェリー）から学んだわ。彼はとても洗練された趣味の持ち主だった。アートのことも、質の高い生活用品のこともなんでも知っていた。」

★17 フェリーが歌詞でセイレーンに言及したのは、『フォー・ユア・プレジャー』収録曲「エディションズ・オブ・ユー」である。

★18 ラテンアメリカ小説アンソロジー『エバは猫の中』に収録。サンリオ文庫が消えて、入手しがたい。

ル／ジャガーへ一種のあてつけめいたソロ・アルバム『裸にされた花嫁』をリリースする（一九七八年）。裸にされた花嫁、The Bride Stripped Bare。

このタイトルは言うまでもなく、マルセル・デュシャンの作品「The Bride Stripped Bare by Her Bachelors' Even（彼女の独身者たちによって裸にされた花嫁、さえも）[★19]」から来ており、ジェリー・ホール＝フェリーによって（すでに）裸にされた花嫁と読めるのである。

しかし、収録曲中「彼女が部屋を歩く時」にはロスト・ラブのセンチメンタリズムが張りついている。

そしてロキシー・ミュージックとして出した六枚目の『マニフェスト』では、生身の女はそこにはなく、マネキンの集団が占めることになる。独身者の裏切ることのない夢想機械として。

ただフェリーは、これまでも生身の女を〝夢の女〟として冷たく対象化《マネキン》してきていて、このこと自体は驚くにあたらない。

七枚目の『フレッシュ＆ブラッド』となると、女性モデルはもはや、性的暗示に富む姿態をとってはいない。

一九八一年に出た八枚目の八〇年代ロックの最高峰『アヴァロン』に至っては、女性の姿はない。ただ、後ろ姿の鎧甲の中にいるのは、貴族階級出のルーシー・ヘルモアだ。つまり、フェリーの結婚相手である。

ここでも、ルーシー！

セイレーン・テーマの傑作「水底」を描いた後期ラファエル前派のエドワード・バーン＝ジョーンズは、その不倫多き人生の最期にアヴァロンを完成させたが、それは美しい女たちに囲まれて死の眠りに就くアーサー王という（自らのための）楽園図だった。ロキシー・ミュージックのラスト・アルバムが『アヴァロン』というのは、フェリーがひそかにここではバーン＝ジョーンズに倣ったのかもしれない。

これまでの恋の記憶を夢の島《アヴァロン》へ封じ込める象徴行為。そしてルーシーの肉体を隠したのは自分の花嫁が他の独身者の視線によって裸にされないため、ととれる。

ロセッティ&フェリー

ロセッティの「林檎の谷」★20に次のような一節があり、彼の女性讃美の裏の真の恐怖がはっきりとわかるようになっている。

　眠ればいろいろな夢を見る、と人は言うが、生まれてからこのかた、自分はた

★19 当時、フェリーは自分の思考スタイルとデュシャンとを同一視していた。

★20 『イギリス幻想小説傑作集』（由良君美編、白水社刊）所収。

だひとつの夢しか見ない。
谷間が見える。干上がった涸《か》れ河の深い河床からつづく両側の斜面は、どちらも自生する林檎の樹に覆われている。その樹のなかでも一番の大樹の、大枝が分かれる叉《また》のあたりに、黄金なす髪の美しい女が立って歌をうたっている。白い腕を片方枝に寄せかけ、もう片方の手は、つややかに光る紅い林檎を前に差し出している。その姿はちょうど、誰か斜面を降りて来る者に林檎を手渡そうとしているかのようだ。女の足元から下へは、降りてゆけばゆくほど樹々が鬱蒼ともつれ合い、谷底の深い大穴のうえに両側から枝を差し交わしている。そしてその穴の中は、男の骸《むくろ》でいっぱいなのだ。

ブライアン・フェリーが『The Bride Stripped Bare』のジャケット裏面にあしらったのが女の骸《むくろ》と蛇だった。イヴと蛇の共犯関係はそこにはなく、毒蛇によるクレオパトラの死を匂わせる死体が大理石のテーブルの上に横たわっている。失恋がロセッティ・モードからフェリーを離脱させたのである。

ミセス・パットからセダ・バラへ

――〈新しい女《ヴァンプ》〉異文②

フィリップ・バーン＝ジョーンズ／ミセス・パット

十代の終りに見た映画で、そのラストシーンがいまだに鮮明な作品にロマン・ポランスキーの『Repulsion（反撥）』がある。

少女の性の妄想、殺人を扱った狂気のカルテのような、またナイフ、鏡、覗き、レイプといったポランスキー自身のパラノイアがすべて登場したこの傑作のラストで、キャメラはアパートの殺人現場の部屋をゆっくりなめていく。そして、最後に飾られた一枚の古ぼけた家族写真をうつしだす。

父と母と姉、この家族の幸福からひとりぽつねんと離れて、ヒロイン、キャロルが立っている。キャメラは彼女に接近し、その目を大写しにする。うつろな、何も宿していない眼窩。『Repulsion』のカルテの症例、昂進的な悪夢のすべては、このキャロルの幼い時代の目へとみごとに収斂する。

この『Repulsion』の写真を思い起こさせる一枚の古い写真が後期ラファエル前派の画家エドワード・バーン＝ジョーンズの家族と、彼の親友で工芸運動／社会改革家ウィリアム・モリスの家族を写した記念写真だ。写真が撮られたのはおそらく一八七〇年代半ばだと推測される。

合同家族の集団のなかで、みんなの視線がカメラの方を向いているのにただひとりそっぽを向いて、無感動な横顔をみせている少年がいる。この少年がエドワードの息子フィリップ・バーン＝ジョーンズ。彼のことが奇妙に心に残り、ヴィクトリアン美術史関係、バーン＝ジョーンズ関連書を繰りはじめたのだが、彼への言及はまったくといっていいほどないのだ。

かろうじて見つけだしたのが、クリストファー・ウッド編の大冊『The Dictionary of Victorian Painters』★1の一項目である。

フィリップ・バーン＝ジョーンズ（一八六一〜一九二六年）とあり、一九〇〇年のパリ・サロンに父の肖像画を出品、などのあと次のように記されていた。

> 晩年、彼は絵を断念し、友人たちのためにスケッチ、戯画しか描かなかった。感情的で不安定な気質で、一九二六年自殺した。（傍点筆者）

次にフィリップの情報をもたらしてくれたのは、意外にも八六年に映画化（完全な失敗作だった）された『Absolute Beginners（ビギナーズ）』の原作者で英国のビートニク小説家、コリン・マッキネスの評伝[★2]である。バーン＝ジョーンズ周辺から書き起こされたこの評伝の次の記述——

他の多くの有名人の子息と同様に、かれはけっして父親の影から逃れることはできなかった。かれは父親の漫画《コミック》への才能を引き継いでいたが、父親はフィリップがそうしたコマーシャルな道へ足を踏み入れることを許さず、シリアスな画家になることを強制した。

フィリップとマッキネスの関係はどうなのか？

フィリップの美しい妹、マーガレットがオックスフォードの学者詩人、J・W・マッケイルと結婚、二人のあいだに生まれた長女アンジェラはのちに歌手のジェームズ・キャ

★1　Antique Collector's Club刊。

★2　トニー・ゴールド『Inside Outsider/The Life and Times of Colin Macinnes』（Penguin Books刊）。

ンベル・マッキネスと結婚する。このアンジェラの次男がコリン・マッキネスという訳である。

フィリップにマッキネスのドロップ・アウトの覚悟が備わっていたら、自殺という事態は避けられたのではないだろうか。有名人の息子という立場、しかも父親と同じ道を歩むという一種の酸欠状態の人生を、彼は荒涼としたものを抱えて黙々と歩んだように思える。

スポイルされ、決定的になにかが不足したフィリップの存在感を父親エドワードはその家族の肖像で画面奥にちいさく萎縮させて描いている。写真と同じように彼はこちらに横顔を見せている。逆にこの絵でエドワードの恐怖があらわれているのが前面の妻ジョージアナである。この絵の表情からもうかがえるように、寡黙でじっとすべてを耐え忍ぶジョージアナのまなざしは、エドワードにとって払いきれない息苦しさとうつっていた。次々と女をつくり、不義密通をロマンティックなファンタシーとしたエドワードにジョージアナは怒りを見せるでもなく不満をあらわにするのでもなかった。ただ不気味なまでの沈黙で応じたのだった。

このジョージアナがモデルとなった「コフェチュア王と乞食娘」の乞食娘の目を〈死の目〉として、主人公ジュリアの目と重ねた恐怖小説がピーター・ストラウブ『ジュリ

ア の館』★3 である。

ストラウブはジョージアナの目に死の光を見たことになる。フランス世紀末の倒錯者ジャン・ロランも『フォカス氏』★4 で「水のような目」、人を恐怖で眩惑させる「海緑色の瞳」を描く画家はヤン・トーロプとクノップフとそしてバーン＝ジョーンズしかいないと書いている。

つまり、ジョージアナの「瞳」がここでも語られていることになる。

エドワードはジョージアナのこの態度に自分への軽蔑を感じていたにちがいない。ジョージアナが唯一心を許したといえるのはウィリアム・モリスだった。彼女にとって〝心の中の夫〟はこのモリスだった。ジョージアナとモリスは家庭内での境遇が似ていた。作家ヘンリー・ジェームズをして、「彼女はこれまでに存在するラファエル前派の

★3　早川書房刊。キング、バーカー、クーンツとホラー系作家の翻訳も相継いでいるのになぜかストラウブは不遇だ。

★4　月刊ペン社「妖精文庫」の一冊として出たジャン・ロラン『フォカス氏』はユイスマンス『さかしま』と並ぶ奇書、共にギュスターヴ・モローへの熱狂がふたつのデカダンスに共通する。
ちなみに『フォカス氏』のミュザレット、『さかしま』のデ・ゼッサントのモデルになったのがロベール・ド・モンテスキュー伯爵。フィリップ・ジュリアンによる浩瀚なモンテスキュー伝『1900年のプリンス』(国書刊行会刊）参照。

すべての絵画の集大成なのか[★5]」と驚嘆させたモリスの妻、ジェーンはダンテ・ゲイブリエル・ロセッティの公然たるラブ・アタックを受けまたそれに応えていたが[★6]、モリスは驚くべき寛容さで二人を許していたのである。

モリスが『ユートピアだより[★7]』で書いた〝恋愛について〟はこれら二つの家族のなかにその実例を見出せるといっていいのだ。ちなみにジョージアナがエドワードに求婚されたのは十五歳のときである。

これこそ生涯変ることのない悲壮な恋だなどと思い込みながら、やがてたちまち失望に変ってしまうような少年少女時代の初恋。それからまたもっと大人になってから、ただありふれたその親切や美しさを何か人間ばなれした完全なもののように理想化し、それを自分の欲望の唯一の対象としてしまうような（中略）不可解な欲望。それからまた最後に、われわれみながとても愛するような、この世の光とも美ともいうべき美しく賢明な婦人に対して最も親密な友となりたいと願う、あの強い思慮深い男の分別のある憧憬──

父親エドワードの視線はマーガレットに注がれ、ジョージアナの母親としての愛もフィリップには届いていなかった。ジョージアナが夫の死後書いた二巻本の長大な回想録[★8]のどの頁を探してもフィリップに対しての母としての記述は皆無だ。それどころかフィリップについてほとんど触れてさえいないのである。ジョージアナが母親としてフィリップに与えたのは、メランコリックな性格だけであった。

三十代のとき、フィリップが出会ったつれなき美女《ファム・ファタル》、思慕がほとんど狂気にまで昂まった女性が、〝ミセス・パット〟の愛称で一八九〇年代の英国演劇界、社交界の華だった舞台女優、ミセス・パトリック・キャンベル★9（一八六五〜一九四〇年）である。（彼女はその晩年に、一時期ハリウッドへ渡って、『Crime and Punishment（罪と罰）』に、金貸しの老婆役で出演している。このときラスコリニコフに扮したのが、若き日のピーター・ローレ！）

★5 「ヘンリー・ジェイムズ作品集」第8巻『評論・随筆』（国書刊行会刊）参照。

★6 二人の手紙のやりとりは『Dante Gabriel Rossetti and Jane Morris／Their Correspondence』（Oxford University Press刊）参照。

★7 松村達雄訳、岩波文庫刊。

★8 『Memorials of Edward Burne-Jones』vol1, 2（Macmillan And Co. Limited刊）。
これは一九〇四年刊行で、もはや古書の世界である。十年ぐらい前に丸善の古書市で確か二万円で手に入れたもの。

★9 マーゴット・ピーターズ『Mrs Pat/The Life of Mrs Patrick Campbell』（The Bodley Head刊）参照。

彼女の本名はベアトリス・ローズ・ステラ・タナー。十九歳で結婚してステラ・キャンベルとなった彼女は、二十一歳のとき、あるセミ・プロ劇団のヒロインが倒れ、その代役として舞台に立ったことから女優への道を歩きはじめた。

舞台名を選ぶとき、彼女は外地へ出て不在の夫の名を立てて、男性からの誘惑を拒む意味からも、ミセス・パトリック・キャンベルと名乗るようになったのだった。

夫パトリック・キャンベルは二人の子供ベオとステラが生まれてすぐ、オーストラリア、アフリカへと一獲千金を夢見て渡っていき、結局、アフリカで戦争に巻き込まれて命を落としている。

こうした事情を隠したミセス名が彼女を社交界でミステリアスな存在にしたといえるかもしれない。

オスカー・ワイルド、ビアズリー、ソロモン・J・ソロモンといった文人やアーティストたちが彼女に接近したが、女優の周辺を他ジャンルの芸術家がサロンの女神としてとりまく構図は十九世紀ならではのものである。ヴィクトリア時代、最高のシェイクスピア女優となったエレン・テリーの少女時代に集まったのは、ルイス・キャロル、ホルマン・ハントといった面々だった。キャロルはエレンが九歳のとき出演した「冬物語」で、彼女を見出している。

十六歳のエレンを強姦同様にものにして結婚したのは四十六歳の画家ジョージ・フレ

ドリック・ワッツ[★10]だったが、すぐにエレンはワッツのもとを逃げ出し、人里離れた田舎へとひきこもる事件もあった。彼女の舞台復活には時間を要した。

ステラが〝ミセス〟の名を選択したのには、こうした過去の演劇界にまつわる怪し気な風聞が作用したことは充分に考えられることである。しかし彼女もまた共演男優と次々浮名を流し、ミセス名選択を自ら裏切っていく。〝ミセス・パット〟と自分の関係を戯画化したフィリップのスケッチが残されているが、そのスケッチで彼は自分を貴婦人に引き連れられ尾を振る小犬として描いている。フィリップはこの女優に、ダイヤモンド、毛皮はいうに及ばず、馬車まで用立てたと伝えられる。しかし彼女は、フィリップの愛をもて余しはねつけたようだ。父のエドワードも好色ぶりを発揮しミセス・パットに恋文を送っていて、父子間のいさかいを引き起こしたりもした。

フィリップのミセス・パットへの断ちきれない恋情、妄想が生みだした絵画作品が、

★10　ワッツがこの少女妻（当時は普通だった）をモデルに描いた「選択」（一八六四年）は、あの〝鉄の女〟サッチャー首相のもっとも好きな絵らしく、ダウニング街の首相公邸に飾られている。「選択」をサッチャーが借り出したのは有名人の〝首狩り〟美術館ともいうべきナショナル・ポートレート・ギャラリーからだが、サッチャー自身の肖像画もこのギャラリーに収められている。
ちなみにエレン・テリーと一座を組んでいた名優ヘンリー・アーヴィングの秘書がブラム・ストーカーである。

一八九七年、ロンドン「ニュー・ギャラリー」のオープニング展に出品された「ヴァンパイア」である。

暗い緑と赤を基調としたこの絵で、ナイトドレスを着て長い黒髪をたらした女が、ベッドの上のぐったりと死んだような男の上にまたがっている。女はミセス・パトリック・キャンベルその人なのだ。精気を吸われ死んだようになっている、あるいは死んだ男がだれなのかは言うまでもない。

この絵に詩想を得てフィリップの従弟（ジョージアナの姉アリスの息子）の詩人／作家のラディヤード・キプリングは同名の詩を書いたが、それは絵の古典的な様式性とは異なり、〝あばずれ女になぜ入れあげる〟といったモチーフの現代的なトーンが特長である。

そしてこのキプリングの詩をもとに、一九〇六年にアメリカでヒット戯曲「A Fool There Was（愚者ありき）」が書かれた。この戯曲は一九一五年のハリウッドへ移植されて、伝説の〝ヴァンプ〟女優セダ・バラを誕生させるのである。

フィリップの「ヴァンパイア」も同時期アメリカ各地を巡回したが、いつのまにか行方不明となった。

セダ・バラ

フランス人の芸術家がアラブの愛人にはらませた子で、スフィンクスの影のもとで生まれ、それが彼女にオカルト・パワーをもたらした。蛇の血で育ち、云々。

こうした謎めいた来歴キャンペーンで、サイレント期のハリウッドが生みだした「マイ・フェアレディ」ならぬ「マイ・ダークレディ」といえるのがセダ・バラだが、彼女こそ、世紀末マゾヒズムにエキゾティシズム[★11]が合体したポップな実にアメリカ的産物である。

一九一三年、オハイオ州シンシナティからハリウッドに来た舞台女優セオドシア・グッドマンは、そのファミリーネーム〝グッドマン〟とは対極のバッドなヴァンプ・パーソナリティを人工的に施される。（実像は皮肉なほどに優しく古風だ。街で少女にヴァンパイアと怖れられ逃げだされて泣きだしたり、結婚した監督のチャールズ・ブラビンと

★11 ヨーロッパの世界支配、版図拡大とともに収集されたエキゾティシズムは十九世紀の美的趣味のひとつの特徴だが、性を封印したヴィクトリアン・モラルの表層下で、エキゾティシズムを理由にそのモラルを麻痺させ性はしどけない発熱に至るのである。エキゾティシズムのなかでもオリエンタリズム（中近東趣味）は最高の媚薬であった。

これがハリウッドへ持ち込まれて、薄物を通しての女性の肉体を楽しむ方便として使われることになる。

は一九五五年の彼女の死まで仲睦まじく暮らしている。これも役柄を裏切るものだ。）
「フォックス宣伝部は、彼女のあらゆる部分に手を入れセックス・セイレーンにつくりかえた」[12]。THEODOSIAからTHEDA、彼女の母方のファミリーネームBARRANGERからBARA、こうしてTHEDA BARAとなったネーミングも、フォックスにかかるとTHEDAはDEATH（死）のつづりかえ、BARAはARAB（アラブ）の逆さ読みとされる。

フリーク・ショーもどきの見世物巡業がうたれ、香をたいたオリエンタル・ムード強調のテントで、グッドマンは徹底した虚構セダ・バラを演じさせられた。無垢状態のハリウッドで神話を渇望するジャーナリズムがこれに飛びついて共犯者となる。

キャンペーン・スティルとして撮影されたセダ・バラの写真は現在見てもショッキングなもので、うずくまったセダ・バラの前の骸骨は、彼女の激しい愛欲の犠牲者であると同時に、アントワーヌ・ウィルツ「うるわしのロジーヌ」（一八四七年）以降親しいものとなった女と死の親しい交接図の象徴主義絵画につらなる構図でもある。
〈女と死。地上の快楽と彼岸の恐怖の同一性〉（ハンス・H・ホーフシュテッター）[13]。

こうしたキャンペーンのあと、昂まった計算通りの熱気のなかへ放たれた作品が前述の同名舞台劇の映画化、フランク・パウエル『A Fool There Was（愚者ありき）』（一九一五年）だった。

まだ支配的だったヴィクトリアンの純潔で可憐な昼の部分を〝リトル・メアリー〟、〝アメリカン・スイートハート〟のメアリー・ピックフォードが代表するとするなら、その対立項、隠された夜を象徴するのがセダ・バラということになる。

「人々は架空《ヒロイン》を求めて現実《ウーマン》を求めない。そこで、私は悪い女を演じることを選んだの」というセダ・バラの回想には、世紀末を超えて二十世紀の匂いが確実に入り込んでいる。

ヴァンプという言葉の発生でわかるように、ブラム・ストーカーの『吸血鬼ドラキュラ』がベラ・ルゴシ主演で映画化される一九三〇年まで、ハリウッドにとってヴァンパイアとは悪女セダ・バラを意味したが、ヴァンパイアとは実は映画《メディア》の性格そのものである。

誘惑者として観客の欲望をそそり、闇へと閉塞させる。このヴァンパイアの性格は相互的であって、今度は血を求める観客によってスターは血をすすられる（その死屍累々の記録がケネス・アンガー『ハリウッド・バビロン』だ）。セダ・バラは一九一九年の早すぎる引退によって観客の血の欲望からうまく身をかわしたといえるだろう。

★12　アレクサンダー・ウォーカー『Stardom』（Penguin Books刊）より。
★13　『象徴主義と世紀末芸術』（美術出版社刊）参照。

このセダ・バラの写真を女の部屋に飾った八〇年代のセンシャルなヴァンプ・ムーヴィがニコラス・ローグ『Bad Timing（ジェラシー）』である。

第六章

ハードボイルドの夜の夜

Le tétin du cinéma et le mollet de la peinture

謎《ミステリー》は細部に宿る
——リドリー・スコット『Someone to Watch Over Me』

ディックとの和解、オバノンの脅迫
——リドリー・スコット『Blade Runner』

レイン・シティ、孤独な夢の街
——アラン・ルドルフ『Trouble in Mind』

時の腐りゆくままに
——ラース・フォン・トリアー『The Element of Crime』

記憶と反復と
——ジョン・ブアマン『Point Blank』

Image Collection 6

ブラザーズ・クレイが犯罪者をポップにし、犯罪映画をリアルにした。

フランシス・ベーコンと懇意であり、有名人好きだった双子のギャング、ブラザーズ・クレイは、ファッション写真家、デイヴィッド・ベイリーとも仲良しだったが、趣味は何？と訊いた時のベイリーの答えをとても気に入っていた。ベイリーは一言、セックスと答えたのである。クレイの手下のギャングに周到にリサーチすることで、『Performance』、『Get Carter』という英国産犯罪映画の傑作が誕生した。重要なのは、拷問法、寝込みを襲われたときの対処、どこに拳銃を隠せば反撃に移りやすいかといったディテールで、これは双方に生かされている。そして、『Performance』のクランク・イン前に、スタッフ全員で観たのが、『Point Blank』だった。

Fig.1–2

ロニー・クレイはゲイを隠さなかった。彼が射殺事件を起こしたとき、店のジューク・ボックスで鳴り響いていたレコードは、ウォーカー・ブラザーズだった、とこの自伝にある。レジーとロニー経営のクラブの一つは〈ダブルR〉、彼らが「ツイン・ピークス」ブームのとき、〈ツイン・フリークス〉として甦った理由もこのあたりにある。刑務所のなかだったが、彼らの大衆人気は衰えていない、今も。

Fig.1

Fig.4

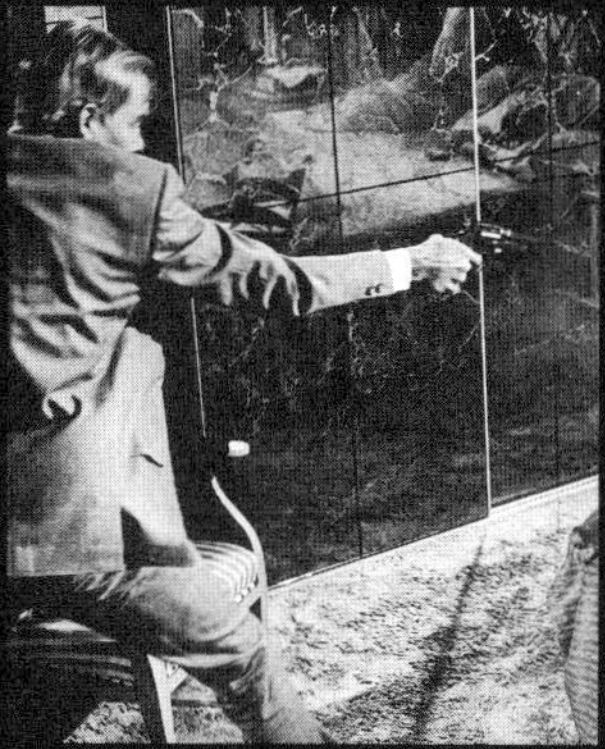

Fig.3

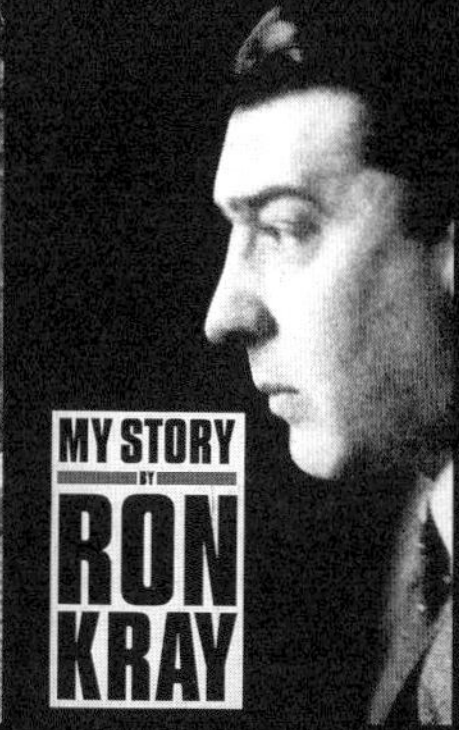

Fig.2

Fig.3

『Point Blank』の若くもないリー・マービンの射撃の敏捷に惚れ惚れ。鏡の使用に惚れ惚れ。とにかく、このジョン・ブアマン作品のアート・ミーツ・ギャングスター・ムーヴィーの斬新な不均衡が『Performance』を勇気づけたことはまちがいない。

Fig.4

『Get Carter』。ニューカッスルの、さびれて覇気のない街の情景がふんだんにでてくる。弟の葬儀で帰郷したロンドン・ギャング（マイケル・ケイン）が、その死に不審を抱き……。

Fig.5

とはいえ、『Get Carter』の最大の見せ場は、ボスの情婦（ブリット・エクランド）の脂ののりきった肉体をくねらすテレフォン・セックス（ニューカッスル×ロンドン）なのはまちがいない。いや、まちがいか。

Fig.5

謎《ミステリー》は細部に宿る
――リドリー・スコット『Someone to Watch Over Me』

ヘイドンがひょっとしたら買おうかなと思っている、クリムトの二点の小品はまだそこに掛かっていた。

この一行にひっかかって、はてこのグスタフ・クリムトの作品は何だろうか？　と読書を中断し、書棚からごそごそ取りだした画集の頁を繰る。こうした楽しい横道への誘いを随所に仕掛けたミステリーを読むのは、時間も長びくが読後の余韻も長びく。謎《ミステリー》はほどほどでよい。さほどのものでもない謎がこれみよがしに解かれていくのは苦痛だ。

『噛みついた女――ヒューストン連続殺人』[★1]の一風変わった邦題に魅かれ手にして以来、ファンとなったデイヴィッド・リンジーの警察ミステリーは作者の知的嗜好が、重苦しい世界に微風を通す効果となっていて好きだ。

過去の事件がもたらしたトラウマのため、いつくるかわからないあやうい心理崩壊の縁《へり》を歩んでいる刑事ヘイドンが主人公なのだが、このヘイドンが無類の蔵書家であり絵画マニアなのである。これだけでうれしい。

冒頭の引用は、このヘイドン刑事シリーズの第二作目『殺しのVTR』★2の前半にでてくるさりげない一行だ。ヒューストンの画廊に展示されているクリムトへの言及は後半部でもう一度くりかえされる。

ヘイドンは二枚のグスタフ・クリムトの素描に目をやった。比較的小さめの作品だ。一枚目は、クリムトが一九〇〇年にウィーン大学のホールに描いた寓意的壁画「哲学」の詳細な習作だった。コンテによる裸婦の素描だ。鑑賞者に背を向けて右の方に身体をよじり、右手を胸にあて、頭を後ろに反《そ》らして上方を見ている。二枚目の「微笑する婦人の横顔」は青のクレヨンで描かれ、署名が添えられていた。

★1 高見浩訳、新潮文庫刊。
★2 入江良平訳、扶桑社文庫刊。

このクリムトの他、リンジーは、「十八世紀ベネチアの画家、ジョバンニ・ドメニコ・ティエポロ[★3]」の名前をマジックのカードを操るニクい手つきで読者の前にひらひらさせて気を魅いたりもするのである。

リンジーのミステリーの犯人像はいつも知的で異様な変質漢として登場してくる。『噛みついた女』の犯人の部屋は壁面が黒く塗装され、一方の側の壁は全面にわたって鏡という趣好だ。家具類はまったくない。そして、寝室の壁面はといえば拡大されたゴヤのエッチング「理性の眠りは怪物を生む」。絵の文字部分が裏返しになっていて、「それを読むためには、反対側の壁の鏡のほうをむいて絵を見なければならないのである。そうして鏡をむくと、ゴヤの精神が生んだ怪物は、鏡に映った鑑賞者にも暗闇から襲いかかってくることになる」。

なかなかの設定ではないか。

犯人のイメージをつくるインテリアの細部にこれぐらい敬意を払ってくれれば言うことはない。この犯人は映画館でヒロインへの没入度がまた異常である。[★4]

リンジーほど雰囲気が重くなく、しかもアートへの言及が洒落た背景となっているラヴ・ロマンス・ミステリーといえるのがアーヴィング・ワインマンの警視シュワーツ・シリーズ[★5]である。

『警視シュワーツ――名画殺人事件』がデビュー作だが、この作品の興趣はシュワーツというよりも彼の妻カレンを少壮の美人美術史家としてキャラクター付けをおこなったことだろう。美人の美術史家というのは、わが国では皮肉めいて受けとられるかもしれない。★6

ラスキン★7が欲しいのか？『ヴェニスの石』の初版本が欲しいのはおまえか、それともカレンのほうか？

★3 当時の大画家ジョヴァンニ・バッティスタ・ティエポロの息子。彼も父親の画業を手伝ったり、独立した作品も描いている。こんな画家の名前だすなよなと言いたくなるペダンティズムだ。ま、そこがいいわけで。

★4 三五一頁参照のこと。
筆者はまだこの段階までは至っていない。

★5 すべて小林宏明訳、光文社文庫刊。

★6 美術史家、若桑みどり氏の代々木ゼミでのアジテーションに負けて志望先を決めた筆者としては、実はこういう皮肉はもっともとばしてはいけないものである。

★7 『近代画家論』の新訳が待たれる。［その後、『風景の思想とモラル』『構想力の芸術思想』『芸術の真実と教育』の三巻本として邦訳刊行された（すべて内藤史朗訳、法藏館刊）。］

怪人・荒俣宏[8]がニヤリとするような台詞もワインマンは古書籍商に口にさせている。ただフェルメールをヴェアミアとする翻訳上の不備がいくつか目につくのが残念。

それはともかく、続編の『警視シュワーツ――ハンプトン・ビーチ殺人事件』も含めてでてくる画家や小説家の索引をつくるとかなりの数となりそうだ。シュワーツとカレンの間のセックス表現がこれまた適度に甘く、適度に激しくて身体にいい。要するにハリウッド映画的なのだ。警視シュワーツの不倫、そしてカレンの反応などから、どの映画が頭に浮ぶかと言うと、まずエイドリアン・ライン『Fatal Attraction（危険な情事）』の場面、それにリドリー・スコット『Someone to Watch Over Me（誰かに見られてる）』のディテールのいくつか。

ミステリーを読むとき、いつも映画の記憶のなかから、理想のイメージを拾ってきて割りふっていることに気づく。

『Someone to Watch Over Me』のクレアがキーガン刑事と結ばれていたら『警視シュワーツ』のカレンのような女になっていたかもしれない。もっともキーガンはもう一度大学に入り直す必要がでてくるだろうが。

『Someone to Watch Over Me』において、美術批評の筆も執る[9]ハイ・ソサエティーの女クレアと下町に住む刑事キーガンの世界が交差する。クレアが、友人のアート・コレクターが殺される現場を目撃したことをきっかけとして。この作品は『Alien（エイリアン）』『Blade Runner（ブレードランナー）』『Legend（レジェンド／光と闇の伝説）』とファンタジーを有機的なリアリティで支え、完璧な異世界創造に成功を収めてきたスコットの初めての現代劇である。

ここで異世界として創造されたのは、クレアが属するハイ・ソサエティーそのものである。カリフォルニア・ロングビーチに繋留されているクィーンメリー号の室内プールを模様替えしたマンハッタンのディスコ・ギャラリー、そしてクレアの高級マンションの室内。スコットのヴィジュアルへの執着はそれまでの凝り抜いたＳＦＸムーヴィとなんら変わるところがない。

『Fatal Attraction』はカラヤン指揮のプッチーニ『蝶々夫人』をあざとく使っている。

★8　『帝都物語』、八巻九巻で大活躍する「滝本誠」とは、筆者のことであります。
一冊八百万の古書を買ってしまうアラマタが無雑作にくれたターナーの版画は、現在もわが家の居間に飾られている。
とにかく、この男は怪物。幸あれかし。

★9　クレアの部屋で一冊の画集がひろげられていて、これが絵も見せず、ちらとしか本の表紙もでない。ブリューゲルではないか、とその字面から判断したのだが？

蝶々夫人（ミレッラ・フレーニ）の歌う自決前のアリアが、男への復讐に燃えて鬼気迫る形相でぽつねんと暗い部屋で座る女（グレン・クローズ）にかぶさるのだ。この作品を含めて、オペラ・アリアの使用は、八〇年代後半のハリウッドのトレンドだったが、スコットが『Someone to Watch Over Me』に流したのはアルフレッド・カタラーニの悲劇的な愛のオペラ『La Wally』からのアリア数曲である。

このオペラは上演されることはまずないが、アリアだけは歌曲コンサートで何曲かがつねにうたわれている。不倫の愛の階級差、異世界のニュアンスをさりげなく示してみせるのが、このアリアなのだ。クレアのマンションのヴィジュアルにアリアは空気のようになじんでいた。

スコットがオペラ・アリア引用史に記録されるべきなのは『The Duellists（デュエリスト／決闘者）』にカストラートを登場させたことだろうか。

カストラート[★10]——去勢によって変声期を拒否した声《ボーイ・ソプラノ》のフリークス。スコットはフランスの有閑貴族、デリオン夫人の館でカストラートに歌わせるのだ。（もっとも現在はカストラートはいないのでカウンター・テナーの歌手がその代役を努めている。）

この貴婦人の胸からこぼれる薔薇色の肉香とカストラートのソプラノの絡みがスコットが狙ったデカダンスなのだろう。

キーガンは、この別宇宙の住人に他ならないクレアに、ちょうどレプリカントの女との恋におちた『Blade Runner』のデッカードのように溺れ込む。ガーシュイン作曲の曲名をタイトルに借りたこの現代劇の俗謡的ロマンスを際立たせるのがこうしたスコットの階級差対比なのだ。キーガンの魅力的な家族は、互いに異世界の住人である二人の抱擁映画に点描されたユーモアだ。ニューヨークの有名建築物を使っての撮影はフランク・ロイド・ライト設計の例のターバンのようなグッゲンハイム美術館である。スコットはこの美術館内部のスパイラル・スロープをパーティ会場、そして犯人と刑事の追っ駆けに借用《ロケーション》する。

それよりもキーガンが乗った市電での吊り革の連なりを、一瞬『Alien』にでてきた廃棄された謎の宇宙船の通路のように捉えたアングルにスコットを感じた。

スコットは光とレンズとアングルで絵を描くといっていいわ。彼独特のプロセ

★10

カストラートに関してはドミニック・フェルナンデスの小説『ポルポリーノ』（早川書房刊）に語りつくされている。

このゲイの小説家の視点は実に面白く、他作品では『シニョール・ジョヴァンニ』（創元推理文庫刊）、パソリーニの心理に一体化したかのような恍惚のパソリーニ自伝の試み『天使の手のなかで』（早川書房刊）がある。

スね。それは物語の要素となるの。彼の絵《ヴィジュアル》がもたらす雰囲気がとても強力だからよ。

ミミ・ロジャースはスコットについてこのような感想をもらした。さすがクレアを演じただけあって的確なスコット観だ。

余談だがクレアのミミ・ロジャース、そしてキーガンの妻を演じたロレイン・ブラッコの実生活での結婚相手はそれぞれ、トム・クルーズ★11とハーベイ・カイテル（！）である。スコットは『Legend』（トム・クルーズ）、『The Duellists』（ハーベイ・カイテル）とこれまで自作にキャスティングしてきた男優の妻たちをこの映画に集わせたことになる。

★11　九〇年一月に二人は離婚。〔ブラッコとカイテルも九三年に離婚。〕

ディックとの和解、オバノンの脅迫

――リドリー・スコット『Blade Runner』

『アンドロイドは電気羊の夢を見るか？』の映画化脚本『Blade Runner（ブレードランナー）』のSFノワールというコンセプトに対して、原作者フィリップ・K・ディックは激怒した。それでは、フィリップ・マーロウ、ステップフォードの妻たちに出会う[★1]、ではないかと。

リドリー・スコットの想像力を刺激したハンプトン・ファンチャーの脚本は、ディッ

★1 『The Stepford Wives（ステップフォードの妻たち）』とはアイラ・レヴィンのSFホラー。邦訳は、平尾圭吾訳、早川書房刊。レヴィンの『死の接吻』『ローズマリーの赤ちゃん』はミステリー、オカルトそれぞれの分野での傑作。ディックのこのコメントで、恐怖《ホラー》の根が掘り起こされてしまったのでこれから読む人には申し訳ないが許されよ。

『A Kiss Before Dying』といえば、初めて読み切ったペーパーバックがこのミステリーで愛着がふかい。

クの強い抗議で立往生し、結局デイヴィッド・ピープルズ★2が改稿することになる。ディックはこの改稿を読んで、今度は絶讃へと態度を一変させるのだ。

フィルムを絵巻物として捉えるヴィジュアル・スタイリストとしてのスコットが魅かれたのは、この脚本の製作時より四十年さかのぼった四〇年代ハードボイルド世界を、四十年後の近未来を背景に置きかえるというハンチャーのアイデアだった。

類似のコンセプトで、五〇年代ポップス感覚を未来的に変形、再唱したのが、七一年デビュー時のロキシー・ミュージックである。テクノポップのような機械的な無機性におちることのなかった初期の彼らの音楽の暗く混濁した魅惑は『Blade Runner』のオーディオ的先駆といえるほどだ。またブライアン・イーノのステージ・ファッションなどそのまま『Blade Runner』へ持ち込んでもなんら違和感はない。

この改稿によって、謎めいた女レイチェルに魅かれていく元ブレードランナー、デッカードというハードボイルド的ストーリー以上に、フランケンシュタイン博士（タイレル）が生みだした怪物（レプリカント）の哀しみと苦悩、そして造物主殺しのサブ・テーマが、メアリー・シェリーがその昔『フランケンシュタイン』で意図した以上のエモーショナルな密度で描かれることになった。これはレプリカントの首領のバッティ役のルトガー・

ハウアーの入魂の演技がもたらしたものだ。

ジェームズ・ホエール『Frankenstein（フランケンシュタイン）』のラスト、風車小屋での怪物（ボリス・カーロフ）とフランケンシュタイン博士のもみあいの末、博士が転落する。『Blade Runner』のデッカード（ハリソン・フォード）とバッティ（ハウアー）の激闘最終章、ビルの上には風車めいた（通気扇？）ものが回っている。そしてこちらの怪物《レプリカント》は落ちかかったフォードを助けるのである。

引用とその改訂。

ハウアーの死の瞬間のセリフがいい。


　時来れば、思い出もすべて消える。

　雨の中で流す涙のように。

　その時が来た——。


ハウアーの死の直後、鳩が空に向けて飛び立っていく。鳩は図像学では聖霊を意味す

★2　デイヴィッド・ピープルズは初演出作、近未来バトル・ムーヴィ『The Blood of Heroes/The Salute of the Jugger（サルート・オブ・ザ・ジャガー）』でルトガー・ハウアーと組んだ。

る。レプリカントが天に召されたことをスコットはこのショットで見せるわけだ。スコットがディックにもっとも接近した一瞬である。レプリカントは天に召されるか？　ＳＦ作家のブライアン・オールディスは、あるディック追悼講演[★3]で次のようなことを言っている。

> ハリウッドは美しい書物から腐った映画のように思えるものをつくりだし、それに『ブレードランナー』という、古くさいアラン・ナース風の安っぽいタイトルをつけました。

腐った映画？　たしかに酸性雨[★4]で都市は腐蝕しているが、オールディスはジョークを飛ばしたわけではないだろう。これがゲットー意識とハリウッドへの怨念に固まる旧世代のＳＦ作家の一般的な感想らしい。

しかし、このオールディスの非難に組するわけにはいかない。というより、他ならぬメアリー・シェリーの『フランケンシュタイン』から稿を起こした、あのみごとなＳＦ通史『十億年の宴』[★5]の作者が、この感動的なフランケンシュタイン映画に対して、このような反応しかできないのは腑におちない。

アラン・E・ナースも同業者からまったくひどい言葉を吐かれたものだ。ナースの『The Bladerunner』がどんな作品なのか当の本を手に入れていないのでわからない。

しかし、彼のSFは、昭和三十一年に元々社の「最新科学小説全集」の一冊として出た『憑かれた人』を始めとして何冊かわが国で刊行されたことがある。『憑かれた人』の訳者は下島連。

偶然、高田馬場の古本屋で発見したものだが、心理解剖あるいはサイキックSFとして、そんなに悪くない。訳書あとがきで「ドストエフスキーを持ち出したいほど」とあるのはもちろん行き過ぎだとしても。

ところでナースの『The Bladerunner』の舞台設定を借りて、それをもとに『Blade Runner, A Movie』★6を書きあげたのがウイリアム・S・バロウズだ。

映画のクレジットに「タイトル使用を許可してくれたアラン・E・ナースとウイリア

★3 ディック『虚空の眼』(大瀧啓裕訳、サンリオSF文庫刊)に付けられたブライアン・オールディス「フィリップ・K・ディック――まったく新しい未解決の問題」参照。

★4 ちなみに中国語で、空中鬼というのは、酸性雨のことである。これは怖い。

★5 東京創元社刊。サイバーパンクまで言及した増補改訂版『Trillion Year Spree』(GOLLANCZ刊)が一九八六年にでている。

★6 Blue Wind press刊。〔九〇年、山形浩生による邦訳『ブレードランナー』が出ている(トレヴィル刊)。〕

ム・Ｓ・バロウズに感謝」と出るのはこうした事情による。本質的に物語作家のスコットと物語解体派《カットアップ》のバロウズとはどうみても水と油の関係であり、このクレジットからスコットとバロウズを関連づける早とちりを犯してはならない。

『Blade Runner, A Movie』はあらゆるドラッグのセンターとなった危険きわまりない二〇一四年のニューヨークを背景とする。西洋医学のシステムは崩壊し、幻視的な治療が蔓延している。ここでは治療が純粋アートなのだ。エレベーターが停ってしまった摩天楼の上階へたどりつくにはハングライダーを利用しなくてはならない。一九八四年の暴動以来動物園は解放され、猛獣が街を徘徊し、下水溝にはワニが住む、ｅｔｃ。バロウズ『Blade Runner, A Movie』は映画のためのメモの集成といってよい。巧妙だ。

主人公は薬《ヤク》の運び屋ビリー。イメージできるのはハリソン・フォードではなく、セックス・ピストルズのシド・ヴィシャスか。

『Blade Runner』にあふれかえった表徴の喧噪としてのオリエンタリズム。そのなかのデカダンス・ジャパネスクは、ウィリアム・ギブソンらのサイバーパンクＳＦの日本趣味とリンクするなど、『Blade Runner』は八〇年代半ばのカルト・ディテールとして時代の空気そのものを醸成したが、そのウィリアム・ギブソンがもたらした興味ぶかい情報がある。

最近、脚本の初稿に目を通す機会があって、これが映画とまるきり異なるにも関らず最高の出来だった。結局いったんは初稿どおりに撮影しながら、あとでズタズタにハサミを入れたというわけさ。オープニングはデッカードがアラスカでレプリカントを捕まえ、その顎をまるごと引っ張り出すシーンだし、エンディングにしたって田園へ向かったふたりはめでたしめでたし、なんてもんじゃない、田園へ行くことは行くが、レイチェルのほうは銃口をこめかみにあてて自殺を図るんだ。ナレーションとして脚本に書き込まれたのは、ほんのこれだけ——〝なぜかはわからない。ただ彼女は花を見たい、と言い、私はサンフランシスコに帰りたいと思ったのだ〟　すばらしいじゃないか。★7

ディックのクレームがなければ、このヴァージョンが完成していたはずである。ディック、スコット双方のファンとして態度はヌエ的にならざるをえないが、この初稿ヴァージョンも見てみたかった！

ただし、こうなるとハリソン・フォードでは物足りない。嫌味なまま四十代へ突入し

★7　「SFマガジン」一九八六年十月号。巽孝之氏によるウィリアム・ギブソン・インタビューより。

たときのミッキー・ローク[8]あたりが出番か。

ディックの抗議にはやむなく応じたスコットだが、『Blade Runner』公開後のダン・オバノンの異議申し立てにはついに反応をみせなかった。『Alien（エイリアン）』でスコットとそりの合わなかった原案者オバノンの言い分は、『Blade Runner』が、彼の作にメビウスが画をつけた『The Long Tomorrow』の盗作だ[9]、というもの。

メビウスはスコットが賞讃してやまないフランス・コミックスの天才である。『The Duellists（デュエリスト／決闘者）』後のスコットの幻のプロジェクト『トリスタンとイゾルデ[10]』は、彼によればフランク・ハーバートの『デューン　砂の惑星』、デイヴィッド・リーンの映画『Lawrence of Arabia（アラビアのロレンス）』、『Star Wars（スター・ウォーズ）』の諸要素をメビウスのコミックス『Arzach』のヴィジュアルで統合した壮大な異世界ファンタシーとなるはずだった。

スコット自身が描いた『トリスタンとイゾルデ』のイメージ画は、完全に彼がメビウスの影響下にあることを示している。日本が生んだ最高のデザインといっていい戦国時代の甲冑へのこのときの関心は『Alien』の宇宙服へと引きつがれた。

スコットの『トリスタンとイゾルデ』が完成していたら、当時の彼の力量からして、われわれはワーグナーのオペラ版とはまたちがった強力な『トリスタンとイゾルデ』を手にすることができたのに、うまくいかないものだ。

それはともかく、メビウス狂のスコットなら当然、雑誌掲載された『The Long Tomorrow』を知っているはずだ、これがオバノンの言い分である。

問題のコミックスを見てみよう。


舞台はある惑星の巨大地下都市、地表に出ているのは宇宙港だけである。この階層地下都市の上層、地表に近い部分にブルジョワが住み、荒れ果てた最下層は文字通りアウトローの巣窟となっている。

この都市の中層部レベル97に住む私立探偵ピート・クラブの所にレベル12に住む女が

★8 ロークが主演したアラン・パーカー『Angel Heart（エンゼル・ハート）』はデッカード・イン・ブードゥであり、ディック的（私は誰か？）シチュエーションである。
原作はウィリアム・ヒョーツバーグ『堕ちる天使』。このヒョーツバーグはスコット『Legend（レジェンド／光と闇の伝説）』の脚本を執筆した。

またブードゥ教は、ギブソンの『モナリザ・オーヴァドライヴ』などの電脳宇宙に奇妙な復活を果たしている。

★9 Les Humanoïdes Associés刊の『L'Homme Est-il Bon?』に収録。

★10 いくつか読み比べてみたが、この愛のフォークロアをいちばん楽しく通読させてくれるのは、国書刊行会刊の「ドイツ民衆本の世界」VI『トリストラントとイザルデ』だ。

あらわれ、レベル199の地下鉄駅のボックスから鞄を取ってきて欲しいと依頼する。鞄を取り女の部屋を訪ねると、女はベッドの上で全裸でしばられ、性器をむきだしにして殺されていた。

現場検証していた〝ヒューマニティにあふれた〟ロボット刑事FYが言うには、惑星アルクトリアンのスパイがこの都市に侵入した、連中は〝大佐の脳〟をすでに手に入れたようだ……。

帰路、ピートは殺し屋組合の一員に狙われる。この殺し屋を地表の宇宙港まで追いつめて始末し、オフィスに帰ると死んだはずの依頼者の女があらわれる。死んだのは影武者のアンドロイドよ、それよりわたしを助けて！

セックスのさなか、刑事FYから電話があり、この女がスパイであり何にでも変態しうるアルクトリアン人であることが判明する。

すると女はH・P・ラヴクラフト[★11]の怪物めいた姿に変身し、触手をのばしてピートの局所をるるる……と締めつける。

ピストルを構えるピートに女（？）は釈明するのだ。たしかに殺し屋を雇ってあなたを殺そうとしたわ、でもいますべては変わったの、ふたりで遠くへ行きたい。

しかし、ピートは女の哀願に耳を貸さず、このエイリアンを射殺する。

ラストでピートは都市を眺めながらこうつぶやくのだ。

こんな話はどこにでも転がっている、つまらない話さ、と。

『Blade Runner』との関連？　うーん、どうかな。

ホーバークラフトカー、雑然とした街のたたずまい。追跡シーン、そして全体の雰囲気は似ていなくもないが盗作とはとてもいえまい。

ダン・オバノンは学生の頃、恐怖専門出版社アーカムハウスのオーガスト・ダーレス

★11

八〇年代前半のハリウッドでディック、それにラヴクラフトといえばダン・オバノンだった。そこへ八五年に不意うち的に登場してきたのが、ステュアート・ゴードンの『Re-animator（ZOMBIO／死霊のしたたり）』である。ラヴクラフト「冷気」の映画化だ。

ヒロインのバーバラ・クランプトンへの映画に名を借りたゴードンのセクシュアル・ハラスメント（性的いじめ）が格別。

ダン・オバノンと共に南カリフォルニア大学の映画科卒業製作として『Dark Star（ダーク・スター）』を作ったジョン・カーペンターも以前ラヴクラフトの「壁の中の鼠」を愛読作品に挙げていた。

のもとに、ラヴクラフトのクトゥルー神話[12]にインスピレーションを得たイラストを送りつけたこともあり、スコットの画才に対して張り合う気持がどこかにある。

また、オバノンにとってメビウスは、アレハンドロ・ホドロフスキーのこれも幻のプロジェクト『Dune』に共に参加以来、自分の側の友人、アーティストだ、決してスコットの側ではないという嫉妬もあるだろう。

とはいえ、これらが彼の『Blade Runner』への嫌悪を説き明かすものではない。『The Long Tomorrow』はある意味で、だしに使われたのであり、彼のスコット攻撃の底に見え隠れするのは、ディックへのオバノンの忠誠である。オバノンは映画『Blade Runner』が、小説『アンドロイドは電気羊の夢を見るか?』をないがしろにしたと怒っているのだ。スコットは原作を読み通すことができなかった、と述べているし、ディックへのめり込んで映画化を企画したわけではない。

ちなみに『Blade Runner』の前に映画化を試みた『Dune』でも、スコットはポールと母親の近親相姦を主軸に小説を読みかえて原作者の激怒を買っている。スコットはSF作家と相性が悪いのだ。

こんなスコットに対して、オバノンはディックを読めば何かが変わると口癖のように語る、言ってみればディック教信者であり、ハリウッドのために『Total Recall(トータル・リコール)[13]』(短編「追憶売ります」)、『Claw』(中編「変種第二号」)の二本の脚本を書きあげた男だ。

また、彼が脚本を書いたゾンビ・ホラー『Dead & Buried（ゾンゲリア）』でも、最後に自分の正体を知る、というぃわばディック流の偽人間的シチュエーションを使っている。

オバノンはインタビューの機会をとらえてスコットへの悪罵を飽きずくりかえしてきているが、スコットはこのオバノンに自作『The Duellists』の、はた迷惑としかいえない動機に駆り立てられてデュベールをつけ狙うフェローの狂気をまざまざと見たにちがいない。★14

★12 H・R・ギーガーはダン・オバノンと組んでラヴクラフト『超時間の影』を映画化したいと語っている。ギーガーは自分がホドロフスキー・プロジェクト以来かかわってきた『Dune』の映画化に参加したくデイヴィッド・リンチに手紙を書いたようだが、リンチは『Alien』の第二期変態過程のエイリアンを、『Eraser head（イレイザーヘッド）』の赤ん坊の盗作とみなしていて、これに答えなかったようだ。それにもかかわらず、『Blue Velvet（ブルー・ヴェルベット）』を今までみた映画で最高作とするギーガーのリンチへの共作願望はつのるばかりのようだ。アレハンドロ・ホドロフスキーはTVの「Catch Up」でインタビューしたとき、リンチの映画は全部好きだ、しかし唯一例外がある、それが『Dune』だ、といっていた。笑いながら、だけどね。

★13 変態ポール・バーホーベンがアーノルド・シュワルツェネッガー主演で映画化。

★14 オバノンがスコットに盗作の嫌疑をかけるなら、まだしも彼が脚本を書いたオムニバス・アニメ『Heavy Metal（ヘビー・メタル）』の「ソフト・ランディング」を引き合いに出した方がよかったかもしれない。このアニメの雰囲気はかなり『Blade Runner』に近い。

盗作論議は、映画にはつきものだ。人間と機械の立場が逆転し、人間が狩りたてられる二〇二九年のロサンゼルスから始まる、『Blade Runner』十年後の後日談といっていい『The Terminator（ターミネーター）』も、この種のいざこざに巻き込まれた作品である。監督のジェームズ・キャメロンにとって、ターミネーターは未来からではなく過去からやってきた。

すなわち一九六四年にTV放映されたSFシリーズ「アウター・リミッツ」の一本、ハーラン・エリスン脚本による『38世紀から来た兵士』が『The Terminator』のプロットとうりふたつという疑惑。こちらは限りなく黒く、双方、弁護士を立てての係争の末、『The Terminator』側が折れて和解金が支払われた。

『The Terminator』はハーラン・エリスン云々よりも、〝核戦争後の荒廃した世界〟、〝殺人機械〟、〝シミュラクラ〟、〝タイム・スリップ〟といったSFガジェットの小気味よい使用、そして低予算製作によるチープな感触で、『Blade Runner』よりもはるかにフィリップ・K・ディックの匂いがする。

スコットの映像はディックには豪華すぎるのだ。ディックの活字世界の乾いたサスペンスはスコットの映像にはない。

『Blade Runner』に対して『The Terminator』、『Alien』に対して『Aliens（エイリアン

2)』と、ジェームズ・キャメロンは、リドリー・スコットの奇妙なフォロアーの立場を偶然にも選んでしまったようだ。スコットの視覚美学を筋肉力学＝アドレナリン分泌のエスカレーションへ変換させつつだ。

レイン・シティ、孤独な夢の街
――アラン・ルドルフ『Trouble in Mind』

子連れのジョージア（ロリー・シンガー）が、夫クープ（キース・キャラダイン）の出先におもむいたとき、乱交パーティまっ盛りで、うしろ向きの半裸の女とダンスを踊っている。このときのキースの腰の動きの気合いの入れ方というか、抜き方がくいっくいっとなかなかのものなのである。ルドルフの映画がクセになるとしたら、こうしたはずれたシーンのとぼけぐあいによる。この印象が、映画のまっとうなカタルシスの流れをあらぬ方向に寄り道させるのだ。

キースのパンク・ヘアに対抗して、ブラック・パンクのノリで宝石泥棒／詩人のソロを演じるのが『The Brother from Another Planet（ブラザー・フロム・アナザー・プラネット）』[★1]とは別人のようなジョー・モートンである。彼のアパート（?）でおこなう珍妙な恐怖の儀式がユニーク。

ギャングのボス、ヒリー・ブルー役にディヴァイン[★2]、ジョン・ウォーターズ作品のシーメール芸者とは異った新境地をひらくツルンとした清潔な存在感が奇妙になまめかしい。（このディヴァインの部下が彼とそっくりである。ここでも笑える。その双生児のような死に方も。）

真剣味にどうも欠ける、というか漫画的に真剣なルドルフの夢の街レイン・シティへ、殺人罪に問われ八年間刑務所入りしていた元警官のホーク（クリス・クリストファーソン）が出所して戻ってくる。典型的なハードボイルドを普通構成するはずの出所譚だが、なにしろ待ち受けるのがこうした奇態なパンクスである。ハードボイルドの立地点がグラグラというかクラクラと揺らぐのだ。

気がかり《トラブル・イン・マインド》とは他ならぬアラン・ルドルフの映画を見る観客のものである。その映像にはいつもなにかすっきり喉元をすぎない異物感がある。

変数としてルドルフ宇宙をさまよう男たちに対して、頑として常数としてとどまり続

★1 監督のジョン・セイルズはSF小説は少年時代から今まで偶然手にしたフィリップ・K・ディック『火星のタイム・スリップ』しか読んだことがなかったと述べている。それがどうしたと言うなかれ、これは傍注だ。

★2 局部を切りとって女性になるのではなく局部は残しておいて、ホルモン注射で豊胸化した半男半女の人工肉体がシーメール（She-Male）。

ウォーターズ作品のすがすがしいまでの哄笑感覚は、ディヴァインあってのものだった。（『Pink Flamingos（ピンク・フラミンゴ）』、『Female Trouble（フィメール・トラブル）』他）。

けるのが、〝ワンダのカフェ〟のワンダ（ジュヌヴィエーヴ・ビュジョルド）。〝ワンダのカフェ〟が男たちの止り木だからこれはいたしかたがないのかもしれない。

ホークが刑務所で作ったレイン・シティ[★3]の街並模型をルドルフは実景にインサートする。実景を模型によって抽象化していくのである。レイン・シティという呼称を含めて、ペーパー（紙細工）タウンのペラペラの非現実に実景が接近する。

街並模型の一角に作られたカフェはエドワード・ホッパーの絵画「Night Hawks」のそれの立体化に見える。クリストファーソンが演じたホークは、この絵のタイトルからのいただきと憶測する。

夜の人々《ナイト・ホークス》、描かれた男と女の距離も絶妙だ。「Night Hawks」は、実に良く出来たハードボイルド映画のストーリーボードといえるかもしれない。

『Blade Runner（ブレードランナー）』のスタッフ全員にリドリー・スコットが見せ、映画へのハードボイルド・ムードの徹底化を計った絵《イメージ》もホッパーの「Night Hawks」である。そういえば、ジョージアへの四〇年代的な愛の別れ＝定石的なハードボイルドの別れをしたホークが車で去る『Trouble in Mind（トラブル・イン・マインド）』のラストは『Blade Runner』だ。頂上に氷をいただいた山脈を遠望する点まで。

しかし、デッカードと異なり、ホークはヒリー・ブルーとの射ち合いで深く傷ついた身である。映像は、そっと別れを告げたはずのジョージアが助手席にいて肩に顔を寄せているのをうつしだす。

朝焼けの空。その雲間にキャメラは近づく。この最終ショットでホークが死の世界《ヘヴン》に導かれたことを暗示するのである。

ルドルフがこの雲間に再びキャメラを入れて天国と地上を行き来させた愛の映画、そ

★3　レイン・シティから連想するのは北園克衛の詩「ソルシコス的夜」の冒頭である。

雨の街では
夜はすべてのガラスである

口紅で
彩色された
たとえば君
の透明なジェラシィ

この湿気の少ない詩を、湿気の少ないこの映画のなかでジョー・モートンにでも日本語で朗読させてもよかった。

れが『Made in Heaven（メイド・イン・ヘブン）』[★4]だ。雲間のイメージでつないだ不思議な続編とみていい。

★4　ヒッチコックの『Notorious（汚名）』上映の映画館から始まるこの映画は、スティーヴン・スピルバーグ『Always（オールウェイズ）』に先立つ霊界ムーヴィである。ルドルフ流の輪廻転生譚。

時の腐りゆくままに

――ラース・フォン・トリアー『The Element of Crime』

……あなたは十三年ぶりにヨーロッパへ舞い戻る……
――分析医の言葉

ラース・フォン・トリアー『The Element of Crime（エレメント・オブ・クライム）』を満たすのは、朽ち果てた世界、エントロピーの熱死状態に美的快楽を見出していく感受性である。言い換えれば、八〇年代の汎世界的なカルチャー・コード＝廃墟主義（ルーイニズム）がトリアーというデンマークの新世代をも席巻しているのだ。

トリアーと同世代のイギリスの音楽集団テスト・デプトのミュージック・ヴィデオ『プログラム・フォア・プログレス（進化誘発）』は、工場の廃墟を舞台に撮影されているが、彼らの廃墟主義が〈鉄〉のエントロピーにそのイメージを託すのに対して、『The Element of Crime』がゆだねるのは〈水〉のそれである。

死水、汚水、腐水……こうした〈水〉のイメージに浸されて、映画はそれ自体、ふかいトランス状態におち、フォルムの脱力化のうちに主人公の警部の記憶へつき入っていく。そして強迫神経症の苦痛の根＝少女殺害の惨劇の根をまさぐりだすのだ。『The Element of Crime』はフィルム全体が夢の底に沈む。ここでの外部は、いかがわしいカイロの心理分析医のささやきのみである。これはフロイト以前の催眠療法、メスメリズムにちかい。

映画でたどられる記憶のすべてはカイロの心理分析医、とりもなおさずトリアーの手に握られている。われわれ観客も、主人公と同じくまたゆっくりと方向喪失の催眠状態におちる。疑念は夢の構造に封じられる。

河口の汚水のよどみのなかにゆらめく死んだ馬の首。[★1]網で吊りさげられた死んだ人間の群れ。時も場所もその方向を見失ない、季節も消えた夜のヨーロッパ。

主人公がけだるくつぶやく〝ヨーロッパ〟という言葉の響きから連想するのは、マックス・エルンストの、太古の風景とも超未来の風景ともとれるシュルレアリスム絵画「雨後のヨーロッパ」の抽象的な語感である。

そして、犯罪者の思考に刑事が自らの存在を融かしこんでいくことで犯罪をつきとめる脅迫的マニュアル「エレメント・オヴ・クライム（犯罪の原理）」★2。これはアクターズ・スタジオ系演技論へのいささかの悪意であり、同時に精神分析医がそれ自体おちいる危険性の謂いといえる。

フリッツ・ラング『M』★3以降、もっとも魅力的に映画に取り込まれた少女殺害のモチーフ。

最後の犠牲者となる少女が、工場の廃墟（夥しい瓶の林立！）で運搬車両に身を横たえ「プット・ミー」とちいさくつぶやくとき、「動かして」とも聞こえ、また、「プッシー・ミー（入れて）」とも聞こえる。

キャメラはこのとき真上から金網の荷台に横たわった少女をとらえる。少女の顔が画面の下方に、スカートからむきだしの足が上にくるため、少女は逆さ吊りにされたように見える。このトリアーの二十代にしてすでに成熟を越えた、ただれた美意識《アングル》。

★1 水と馬。このタルコフスキーの定番をトリアーは水中にキャメラを入れて汚水の中の死馬に置きかえるわけだ。

★2 『Nithawks（ナイトホークス）』でテロリスト（ルトガー・ハウアー）を待ち受ける刑事（シルベスター・スタローン）も、テロリストの立場に立って行動を予測せよと部長から訓示されることを思えば、こうしたマニュアルは目新しいことではないが。

★3 ピーター・ローレが正に適役だったが、それよりもヘビースモーカーにとってこの映画は天国であろう。人の存在するところ文字通りモクモクと紫煙がたちこめているのだ。

トリアーもロマン・ポランスキーの聖なる怪物の道を歩んでほしいものだ。[★4]

クレーンに吊るされた馬の死体、また鉄橋から足首にロープをゆわえての若者たちの死のダイビング・ゲームと、『The Element of Crime』には逆さ吊りの構図が多い。このダイビングの奇習、半裸の青年たちの筋肉は、ファシズムの初期衝動＝筋肉のマゾヒズムとしてわれわれの肉体を刺激する。この筋肉のマゾヒズムが〝制服〟のサディズムに転換したとき、ファシズムが権力として浮上するのだ。『The Element of Crime』はどんよりとした、ファシズム前夜風のエクスタシーに潤んでみえる。トリアーはこの作品の撮影中、ワーグナーの音楽を流し続けていたということだ。トリアーは、主人公が東洋人の女と入る安ホテルのフロント役で頭を剃りあげた異様な風体を見せている。

時間の腐敗として意図的に『The Element of Crime』に採用されたゴールデン・セピアの色彩は、生ではなく死の相のもとに夢見られた近未来ヨーロッパの巧妙な表現だ。それは〈現在〉の裏時間、〈現在〉というあざむかれた世界の裏側で進行中の世界像の表現にふさわしい。

廃墟主義は、未来を過去のようなものとして追想するエキゾティシズムを招き寄せた。近未来フィルム・ノワールとして、『Blade Runner（ブレードランナー）』コンセプトの延長線にあると見られなくはない『The Element of Crime』には、『Blade Runner』に存在した未来的なハイテックは存在しない。ここでの未来は、過去は過去のまま、あるいは現在のまま停止し、時の腐りゆくままにまかされたかのようだ。ポスト『Blade Runner』、あるいはエキゾティックなフィルム・ノワールの視点から見ても、『The Element of Crime』はちょっと想像を超えた達成である。フレンチ・コミックスの鬼才エンキ・ビラルの、二〇二五年のロンドンから語られるSFノワール『罠の女』とともに誇ってよいその突出した廃墟のヴィジュアリティ。ビラルはユーゴスラビア出身、トリアーはデンマーク——。ヨーロッパ外縁部から放たれた彼らの崩壊感覚は実に興味深

★4 ポランスキーは一九七七年、ジャック・ニコルソンとアンジェリカ・ヒューストンの邸宅へ、十三歳の少女を写真のモデルとして連れ込みもて遊んだ容疑で逮捕された。ただし、この少女はすでに処女ではなかった。
バーバラ・リーミングが書いた評伝『Polanski—His Life and Films』（Hamish Hamilton刊）にこの経緯は詳細に、見てきたことのようにドキュメントされている。

この本には一時釈放後、サンタロペの木蔭で、自転車に乗った美少女に囁きかけている懲りないポランスキーの隠し撮り写真が載っている。この少女がまた美しい。

『Die Blechtrommel（ブリキの太鼓）』のオスカル役に最初にキャスティングされたほどの小柄なポランスキーにとって、少女がサイズ的にもぴったりだったのかもしれない。

ベッドを共にしたある女優の証言によるとポランスキーのそれは身体にみあって小ぶりだった、とのこと。

ヨーロッパへ逃亡した彼のもとへ身をすべりこませたのが十五歳のナスターシャ・キンスキーだった。

い。

フィルム・ノワールといっても、その枠組みは『The Element of Crime』でさほどの意味をになっているわけではない。それもまた映画のなかでトリアーによって物憂くさぐられた夢の廃墟＝追憶でしかない。[★5]

★5 映画のラストで穴の中からこちらを見あげている小動物はクスクスか？

記憶と反復と
──ジョン・ブアマン『Point Blank』

『Point Blank（殺しの分け前／ポイント・ブランク）』のハードボイルドの表皮のすぐ下には
ハードではないジョン・ブアマンの流体的な想念が浮上の機会をうかがっている。
冒頭のアルカトラス刑務所跡での取り引きで撃たれたウォーカー（リー・マービン）は
薄れゆく意識のなかで「夢だ、夢だ」とつぶやく。そのあとほどけていくフィルムのリ
ズムは、いつも夢の印象を引きずっていくのだ。
下方からの光に強烈な明暗対比として浮き彫りにされるリーの幽鬼のような顔。自分
の妻と逃げたマル（ジョン・バーノン）のマンションへ押し入り、鏡の間のベッドへピス
トルを乱射するシーンでの、ベッドの上の空白だけを印象づけるかのような、性的メタ
ファーを多層的に折り込んだスローモーション。カーテンを引くと射し込んだ陽光でリー
の顔が白くぼやけ、それがゆっくりと焦点を回復していくショット。バーでのギャング
との乱闘場面で、背後のスクリーンに投射される悲鳴をあげる巨大な女の顔、ボッティ

チェリの女性画。妻の自殺のショットと重なるベッドで眠る妻の妹（アンジー・ディキンソン）のショット。この妹と抱きあうシーンは回転し妹は妻となり、またリーはジョン・バーノンとなる、といった二重《ダブル》感覚。

自分の取り分九万三千ドルを吸いとった組織の見えないボスを探し求めていくウォーカーのサンフランシスコ地獄巡りは、こうした映像によってすべてが乾いて白昼夢然としてくるのである。

ウォーカーがふるう暴力シーンはかつての暴力シーンを呼び寄せイメージを反復していく。真のボスは誰なのか？

映画のアクションの流れは、すべての発端であったアルカトラス刑務所の廃墟へと向かう。といっても円環するのではない。昼のアルカトラス刑務所で始まった映画は夜のアルカトラスへよじれるのだ。

この夜のアルカトラス刑務所がすばらしい。このシークエンスをキャメラはピラネージ[★1]の有名なエッチング「牢獄」に似せて闇の無限反復として捉えている。

ジョン・ブアマンはハリウッド進出の第一作である、『Point Blank』に、ホルヘ・ルイス・ボルヘスめいた〈反復〉の意匠を与えたが、この種のアヴァンギャルドは、MGM首脳部を苛立たせるのに十分なものだった。ラッシュを見て製作中止寸前まで至ったのである。

若きブアマンを救ったのは、主演のリー・マービンの男気だった。

「オレの監督へ無用の口だしは許さない」と、リーはブアマンの若さに居丈高な会社へ乗り込んでいったのである。リーは作品もブアマンも気に入っていたのだ。

過去の体験／記憶からしか、演技は引き出せないとするリーにとって、自分のヤクザな出自と体験を反復しうるこの映画は、うってつけのものだった。リーは『Point Blank』を自分の思考方法（記憶と反復）そのものの映画化と言っている。

ブアマンは『Hell in the Pacific（太平洋の地獄）』でリーの日本人と戦った戦争体験から再び演技を引きだすことになるが、本音は困難が予想された撮影の現場で、睨みをきかせてもらおうと思ったのかもしれない。

『Deliverance（脱出）』のときも、ブアマンはリーに出演依頼したが、そのときの答えは次のようなものだった。

「オレはもう若くない。それにこんな場合、オレは人を殺すのに躊躇しない。『Deliverance』の男たちは逆のタイプだろう？」

★1　マルグリット・ユルスナール『ピラネージの黒い脳髄』（白水社刊）が手に入りやすい。ユルスナール『黒の過程』、『ハドリアヌス帝の回想』はいずれも白水社刊、いずれも傑作。

リーは実にいかした男だった。[★2]

撮影中の面白い裏話がひとつある。裏切り者マルを演じたジョン・バーノンをベッドから引きずり出すシーンで、ここはウォーカー／マルの関係にゲイ・セクシュアルを暗示しようということになったのだが、バーノンはホモ顔のくせにリー・マービンに触れられることを極度に嫌がった。

で、どうも撮影が進行しない。このバーノンの女々しい態度に業を煮やしたリーはバーノンのパンツをはぎとり尻の穴に足を一発みまったのである。バーノンは泣きながらブアマンに「リーが、リーが……」と訴えたという。

映画を見るとわかるが、リーがシーツを引きずりおろすのをバーノンは必死になってそうはさせまいとしている。最初見たとき、二人がシーツの引っ張り合いにやけに執着しているなと思ったのだが、こういう舞台裏があったわけだ。

暴力とゲイ・セクシュアル[★3]、ということでいえば、『Deliverance』のそれが映画史のなかでもきわだってリアルだ。

ネッド・ビーティが土地の男に山中で犯されるシーンである。このときのネッド・ビーティの顔の恐怖感も演技を超えていた。太っちょビーティの白いお尻！　この種の尻はいじめがいがある。

★2 リーの死は一九八七年八月二十九日。リー・マービン関係のデータはミッシェル・シマン『John Boorman』(Faber and Faber刊)に依っている。

これはなかなかに野心的な大著で、さすがに『キューブリック』(内山一樹監訳、白夜書房刊)を書いた男だけのことはある。

ちなみに内山氏は京都の御公家然とした眠たい風貌で酒席ですこぶる楽しい人物である。すでに若くして〝老後〟の余裕がある。

★3 デイヴィッド・ホックニーが描いたゲイ作家クリストファー・イシャーウッドの肖像画はよく知られているが、ブアマンはこのイシャーウッドと組んでフランケンシュタインものを一九七二年にユニバーサルで手がけようとしたことがある。

それはイシャーウッドらしくフランケンシュタイン博士の怪物を比類なき美青年としたニュー・ヴァージョンだった。ジョン・ボイドがキャスティング。こちらには美男と思えないが、その筋にはそうなのか?

第七章

Le tétin du cinéma et le mollet de la peinture

アート・イントゥ・フィルムズ

終末のスーツ・ノワール
——ロバート・ロンゴ「メン・イン・ザ・シティーズ」

すり替え《フェイク》、模写《フェイク》、贋物《フェイク》
——アラン・ルドルフ『The Moderns』

テレサ・ラッセル切断
——デイヴィッド・ホックニー「Nude 17th June 1984」

ボルヘスに会ったらボルヘスを殺せ！
——ニコラス・ローグ／ドナルド・キャメル『Performance』

〈カスパー・ダヴィッド・フリードリヒ〉の転生
——アンドレイ・タルコフスキー『Nostalghia』

Image Collection

7 ……そして、『セルロイドの画集』に至る。

本章のタイトル、アート・イントゥ・フィルムズは、二十年後の「キネマ旬報」の連載へとつながるものだったが、考えてみれば、あえて言うまでもなく、旧版はそのひな形であり、増補の一部は発展形である。発展形というか、進歩がない。しかたない、書けるようにしか書けない。

Fig.1

Fig.2

Fig.1–2

ニコラス・ローグが、妻の女優テレサ・ラッセルの裸体をホックニーのキャメラに委ね、そのバラバラ解体・合成の写真作品を、テレサがモンローを演じた『Insignificance（マリリンとアインシュタイン）』のバーに飾る、ローグらしいスキャンダラスな美的遊戯から時代は遠い。

Fig.3

1975年のロンドン渡航のおり、壁の広告で、もっともサイズが大きく驚かされたのが、プールサイドでくつろぐ4人の男性の尻比べであった。デイヴィッド・ホックニーのドキュメンタリー映画『A Bigger Splash（彼と彼／とても大きな水しぶき）』のものである。デビューから最近の活動まで、常にスポットライトがあたってきた稀有で幸福な美術家がホックニーだ。2017年、彼はパリのポンピドゥーセンターで大回顧展。大胆な明快さが原因か。初期のドローイングがこちらのベスト。

Fig.4

大昔に購入したソヴィエトSF映画を特集した小雑誌に載っていて、そこだけ残していたアンドレイ・タルコフスキーのスナップ一葉。傍で守護するがごとく静かに鎮座する黒の大型犬から判断がつくように、撮影中の映画は『ストーカー』である。下欄の記者の小さい回想記が実に興味深いのだ。このスナップを撮影したとき、タルコフスキーはすでにかなり進んでいた撮影を中断し、フィルムの廃棄を決断していた。ヴィジョンに狂いがあったらしいということしかわからない。現場には撮影を中断した監督への激しい怒りがあふれていた。未使用となったフィルム、地上のものではないSF的セットのシーンは映画学校の教材に回されたらしい。ということは、ファースト・ヴァージョンの『ストーカー』の何十分かはどこかに存在するということだ。今更ながらそれを観たい。

芸術家タルコフスキーのわがままな〈ロマン派的苦悩〉に、封印といった屈辱をあたえることになるとしても、最後まで作らせた当局の奇妙な力学はすごい。

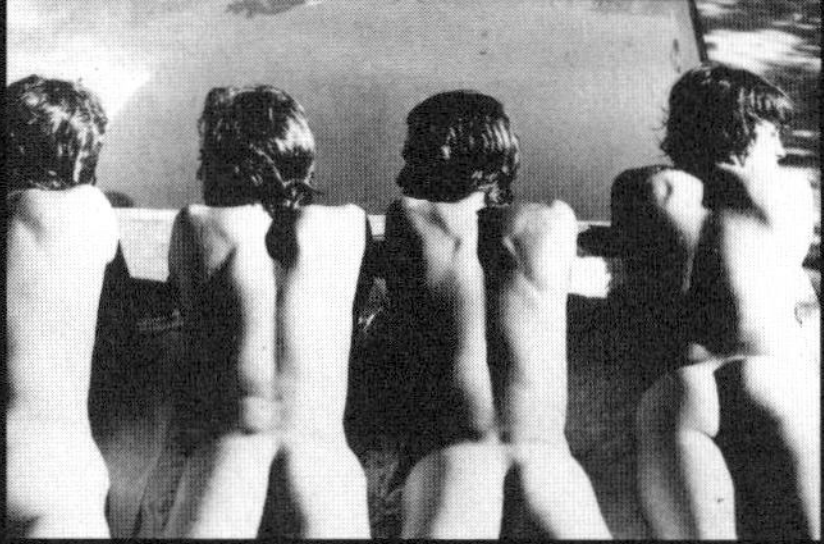

Fig.3

15

THE STALKER: SECOND VERSION

I came to the Baltic coast for the shooting of Andrei Tarkovsky's *The Stalker* to find a sinister silence reigning on the sets. The shooting was suspended. They told me that Tarkovsky had stopped the work himself. I need hardly explain what such a stoppage means for the director, the film crew, and the studio producing the film. Andrei Tarkovsky's foes were rubbing their hands ("he's had it! They'll prevent him from making this film and won't commission another." His friend Georgi Rerberg, the director of photography, was furious over the break in the shooting. I had sympathy with him: half the picture was already in the can, and what a wonderful job it was! To this day the frames shot by Rerberg and cut out of the first version of *The Stalker* are used to teach students at the Cinematography Institute (VGIK). In these frames the characters of the film are moving from the ordinary world into the Mysterious Zone: a step, another step into a landscape that has nothing in common with an earthly landscape.

Where is this world? Is it outside or inside us? What did Tarkovsky feel and think in those days? I do not know. But I was aware that the director was in agony. I clicked my camera precisely at such a moment.

...He made an entirely new version of the film.

IGOR GNEVASHEV'S RETROSPECTIVE

Fig.4

終末のスーツ・ノワール
——ロバート・ロンゴ「メン・イン・ザ・シティーズ」

スーツを着てしまうと、その影響力の磁場がふたたびしっかりとペデルを捕えた。〔中略〕かれの自我はスーツの暗示する思考と行動の下へ、ほとんど完全に埋めこまれてしまった。〔中略〕この侵略をまえにして、かれの自我はつかのま弱々しく抵抗したが、たった一つ自分なりの思考を完成させる余裕しかなかった。衣裳ロボット。

——バリントン・J・ベイリー『カエアンの聖衣』★1

〈スーツ〉姿での演奏が、ニューヨークの音楽シーンのニュー・モードとなったのは七〇年代後半、パンク／ポスト・パンクのムーヴメントにおいてである。これをみて、スーツは体制の側だ、パンクは体制の思考《スーツ》にボディ・スナッチされたと即断するのは避けがたく六〇年代的な思考体質かもしれない。こうした体質は七〇年代の「ブランク・ジェネレーション」（リチャード・ヘル）にとってはもはや意味を持ちえなかった。

七〇年代に入って、アメリカでは六〇年代の体制／反体制の区分けが急速に消失する。見えなくなった区分けが〈スーツ〉に象徴されてパンクの局面ですら浮上してきたのだ。ともあれ、ニューヨークのポップ・アヴァンギャルドの世界は、〈スーツ〉によってシーン全体が異化されるのである。

クラブ・ジャズ時代のミュージシャンのように〈スーツ〉を着込み、ジャズの黒を白く模造《フェイク》したのがラウンジ・リザーズ、ステージで飛びはねるコントーションズのジェームス・チャンス、トーキング・ヘッズのデイヴィッド・バーン、等ステージ上の〈スーツ〉群——。

パンクの思想的監修者の座に無理やり引き出されたウィリアム・S・バロウズが、ベスト・ドレッサーでありつつ、殺気をはらんだ過激性を持続してきた人物だったことも〈スーツ〉の所属（体制？　反体制？）を見えなくしたといえるだろう。

★1　冬川亘訳、ハヤカワ文庫刊。
『カエアンの聖衣』は、今まで読み散らかしてきたSF小説のなかで№.1の面白さである。すでに三回も読み直して、その度に溜息をついている。それぐらいこの小説はSFスピリットにあふれかえっているのだ。

長髪、ノー・ネクタイから、ショート・ヘア、スーツへ――。

このモード転換を思い知らされたのは、七八年頃、アンディ・ウォーホルの『INTERVIEW』誌でロバート・フリップ[★2]の写真を見たときである。キング・クリムゾンを一九七四年に解散後、三年間沈黙《リタイア》。音楽のミニマリズムに介入して、ニューヨークのアート・センター“ザ・キッチン”に再登場したときのものだが、クリムゾン期の哲人めいた印象の根拠――長髪、髭、眼鏡――は一掃され、つるりとした顔の中堅のビジネス・マンがそこにいた!

ドン・シーゲルの『Invasion of the Body Snatchers（ボディ・スナッチャー／恐怖の街）』ではないが、学生時代のカルトの対象だった人物にまで〈スーツ〉の侵略が及んだことにたじろいだことを憶えている。六〇年代が消滅したという実感。


逆に一九六〇年代に四〇、五〇年代の〈スーツ〉を駆逐したのは〈Tシャツ〉である。フランク・ザッパは自伝『The Real Frank Zappa Book』[★3]で、「（一九六二年に）Tシャツを着て歩くことはアヴァンギャルドとみなされることだった」と述べている。その〈Tシャツ〉が、すぐに六〇年代の文化的フォーマル・ウェアの地位に就くのである。〈Tシャツ〉の侵略を無関心にやりすごしたのが、デイヴィッド・リンチと英国のブライアン・フェリーであった。

ブロンディのデボラ・ハリーはこの〈スーツ〉のフリップと組んで、ジャン＝リュック・ゴダールの『Alphaville（アルファヴィル）』をパンク・リメイクしようとしたが、キャメラ・テストを兼ねたハリーとフリップのフォト・セッションでは、二人とも黒のスーツだった。

『Alphaville』のリメイクが狙ったのは、未来的《エス・エフ》四〇年代《フォーティーズ》の、パンク・ハードボイルド・フィーリングである（ハリウッドがこのコンセプトで完成させたのが『Blade Runner（ブレードランナー）』だったが、フィルム・ノワールの〈スーツ〉幻想は、この映画にはない）。

〈スーツ〉の侵略がもたらすのは、スタイリッシュな不吉性であり、ノスタルジックといっていい死の香りだ。

★2　七五年六月に、ロンドン・パラディウムでのブライアン・イーノとのデュオ・コンサート〝An Evening with Fripp & Eno〟に会社を無断欠勤してでかけて行ったことが今や夢のようである。
この夜の曲のいくつかはのちにフリップ＆イーノ『Evening Star』に再レコーディングされている。
フリップのギターがイーノのテープ操作で反復、増殖していく様がたとえようもなく美しい。このアルバムはわが半生のベストの一枚。いまだに〝思想書〟のように崇めて時々とりだしては聴いている。

★3　Poseidon Press刊。

〈スーツ・ノワール〉と呼ぶしかない感覚の世界侵略。

六〇年代がもたらした狂気じみたサイケデリックな新世界はことごとく〈スーツ〉に、モノトーンの世界に再回収される。

また、〈スーツ〉に支配されたデイヴィッド・バーンはサイコ・キラーを発信し、ロバート・フリップの〈スーツ〉は、アルバム『エクスポージャー』[★4]で、J・G・ベネット[★5]の世界破局の予感をテープメッセージする。

〈スーツ〉に操られ、その下に完全に埋め込まれたバーンとフリップの自我と読んでおきたい。

七〇年代後半から八〇年代初めにかけて、復活／再侵略を果した〈スーツ〉のイデオロギーを集約してつきつけたアートが一九七九年〜八二年にかけて発表された〈スーツ・ノワール〉の究極の作品群、ロバート・ロンゴ「メン・イン・ザ・シティーズ」シリーズである。

〈スーツ〉がもたらす衣裳のカタストロフィー、黒のデカダンス、死の舞踏《ダンス・マカブル》。

その後、英国の音楽グループがDECADANCEをDEAD CAN DANCEと韻的に解体して自らのバンド名、そしてわれわれの〈世紀末〉の標語にしたことも記憶しておこう。

〈スーツ〉の匿名性によって、ロンゴの「メン・イン・ザ・シティーズ」は、死の視覚情報すべてがイン・プットされたメディアとなりえている。われわれはこのシリーズから、フィルム・ノワールはいうまでもなく、ラドラムらの国際謀略小説、コミックス、新聞、TVなどに氾濫する〈死〉のイメージをたやすくアウト・プットしうる。

ちなみに〈スーツ〉ではなく〈コート〉が発生させるカタストロフィーの最高例はベルナルド・ベルトルッチの『Il Conformista（暗殺の森）』である。森の中での教授を囲む〈コート〉のシルエット群。ベルトルッチは暗殺をうっとりさせる恍惚のリズムで描く。ファシズムが、〈コート〉を通して、登場人物を、そしてベルトルッチを妖しく操作している。〈コート〉のテロリズム、〈コート〉による思想侵略だ。

★4 記念すべき筆者の初ライナー・ノーツ作品。その後、ジョン・ハッセル、ザ・ローチェス等を手がけるが、気がついたらいつの間にか、映画、絵画評の方へ移っていた。

★5 G・I・グルジェフの高弟。『The Dramatic Univerce』全四巻を一応参考のため読もうとしたことがあるが、一語として理解できなかったことを記憶している。まったくワン・センテンスも、だ。

「メン・イン・ザ・シティーズ」第二章といえるのが「白い暴動《ホワイト・ライアット》」、それに「乱闘《コーポレイト・ウォーズ》」★6である。六〇年代の人種戦争＝黒の暴動ではなく、ヤッピー、ビジネス・エリートたちの心理的な白の暴動。
白の暴動は、〈スーツ〉の専制への反乱ではない、〈スーツ〉が操作する止めるすべのないバトル・ゲームといってよい。

ロンゴ「メン・イン・ザ・シティーズ」シリーズの一作品を、投資会社のオフィスの壁に飾ったのがジョナサン・デミの『Something Wild（サムシング・ワイルド）』だった。主人公のヤッピー（財テクがライフ・スタイルの八〇年代世代に当たる主人公はニューヨークの投資会社に勤務している）を襲った楽しい（？）悪夢譚だ。あるいは〈スーツ・ノワール〉ならぬ〈スーツ・コメディ〉だ。
ブルックス・カットのルルという女★7（メラニー・グリフィス）にそそのかされて、主人公（ジェフ・ダニエルズ）が〈スーツ〉の意識をはぎとられていく、シャレのきいたロード・ムーヴィでもある。★8
女に連れ込まれたモーテルで青年は、手をベッドに手錠で固定され、くすぐったくレイプ（？）されるわけだが、この状態の時、女は青年のオフィスに電話を入れ、青年をあわてさす。このときロンゴの作品が画面に登場する。

パンクからパンクへと世代が移行したとき、ロンゴの〈スーツ〉のシリアスはデミにとってはコメディの素材と化したかにみえる。

しかし、〈スーツ〉を脱いで破目をはずした青年の前に、女のヤクザな前夫が出現してから、コメディはノワールの色調を帯びはじめる。痛めつけられ続けた果てに、この気弱なヤッピーの逆襲が起こる。ナイフで刺すスリル、刺されるスリルで画面が一瞬、静止状態に入る。このシークエンスはロンゴ「乱闘」の、デミ・ヴァージョンだ。

デミはトーキング・ヘッズのコンサートを記録した『Stop Making Sense（ストップ・

★6 「乱闘」を展示した個展名をロンゴは「Now Everybody」としたが、これはトマス・ピンチョン『重力の虹』のブラックなラストワードである。

★7 ブルックスについては、大岡昇平『ルイズ・ブルックスと「ルル」』（中央公論社刊）、それにバリー・パリスの長大な『Louise Brooks』（Knopf刊）を読まれたい。
『Pandora's Box（パンドラの箱）』は輸入ビデオでようやく見つけだしたがピエール・ブーレーズが振ったアルバン・ベルクのオペラ『ルル』公演を含めて、もちろんデミの本作品を含めて、七〇年代後半から八〇年代にかけて華々しいルル・リヴァイバルが存在した。

★8 『The Brother from Another planet（ブラザー・フロム・アナザー・プラネット）』のジョン・セイルズが交通警官役で、『Pink Flamingos（ピンク・フラミンゴ）』『Hairspray（ヘアスプレー）』のジョン・ウォーターズが中古車ディーラーの役で出演している。
とにかく、デイヴィッド・バーン（テーマ曲）それにローリー・アンダーソンらの音楽家の参加を含めてカルチャー・モザイクが楽しめる。

メイキング・センス）』で名を挙げた監督である。『Stop Making Sense』では、〈お化けスーツ〉を着たバーンが歌っている。そしてこの〈お化けスーツ〉のバーンをロンゴも「ヘッズ・ウィル・ロール」★9で描いているのである。

これは自らの「メン・イン・ザ・シティーズ」が肥大妄想させた〈スーツ〉幻想への自己批評だろうか？

しかし、「ストップ・メイキング・センス（解釈無用）」の忠告に従って〈お化けスーツ〉には深入りしないようにしよう。

「メン・イン・ザ・シティーズ」の強力なアイデア・ソースとして、ドラッグ漬けで死んだドイツの映画監督ライナー・ヴェルナー・ファスビンダーのフィルム・ノワール『Der Amerikanische Soldat（アメリカの兵士）』がある。いや、この映画のスティルがある、と正しくはいうべきだろう。映画雑誌に載っていた、この映画のラストシーンのスティルだ。

射たれ、のけぞって舞っている男《リツキー》の写真。

このスティルをもとにロンゴはアルミ・レリーフを一九七七年に制作し、また「メン・イン・ザ・シティーズ」に先行する七九年の同コンセプトのシリーズ「凍結された人々《メン・トラップト・イン・アイス》」にこのスティルのポーズをそのままモノトーンで描いたのだった。

ネオ・ポップともいうべきこうしたリメイク性は、たとえばデボラ・ハリーの企画した映画が『Alphaville』のリメイクだったように、あらかじめすべてが失われた七〇年代メディア世代に共通する。ニューヨーク・パンクも、ロックンロールの知的更新《リメイク》であり、ニュー（どこが？）・ペインティングは表現主義絵画の再生《リメイク》であり……etc。

考えてみればデボラ・ハリー自身のイメージそのものが、マリリン・モンローを経由した、三〇年代のコミックス『BLONDIE』★10のフラッパー・イメージの再リメイクといっていいのだ。再々リメイクがマドンナとなる。こうしてストックされたイメージを消尽していくことがイメージ創造となる。これは八〇年代アートの全域で進行したことである。

ロンゴはファスビンダーの映画スティルを消費しつくすことで「メン・イン・ザ・シティーズ」へ至るイメージを再構築《リメイク》したわけだ。あとは描かれた〈スーツ〉がロンゴを操って、イメージを再生産していく。

リメイク・リアリティが複層するアート・ワールドにあっては、ロンゴを抱える画廊メトロ・ピクチャーズの名を、ライオンが咆哮する黄金期の映画会社メトロ・ゴールド

★9 ロバート・ロンゴはニュー・オーダーのミュージック・ビデオ「Bizarre Love Triangle」を手がけているが、同じくこのニュー・オーダーの「The Perfect Kiss」の監督がジョナサン・デミである。

★10 日本版はマガジンハウス刊。

ウィン・メイヤーのリメイクと感じても少しも奇異ではないだろう。というのも、シンディ・シャーマン、リチャード・プリンス、そしてロンゴといったメトロ・ピクチャーズ所属のアーティストの作品の多くは、映画のスティル、あるいは映画をめぐる漠然とした記憶のリメイクで成立しているからだ。

彼らの個展のオープニング・ショーは、映画館のプレミア・ショーの熱気がリメイクされる、といっていいかもしれない。

シンディ・シャーマンは初期の自作自演写真に「Untitled Film Still」と名づけた。映画はつねに意識されるのだ。

方法的に極端なのはリチャード・プリンスである。彼は映画のスティルや、広告(マルボローなど)物に使用された写真の一部を再撮影して作品とする。

印刷からの撮影のため、プリンスの写真にはモアレがでて、これが独特の効果を生んでいる。

プリンスの著作に『Why I Go to the Movies Alone(映画にひとりで行く理由)』[★11]というのがあるが、これは、ロンゴ、シャーマン、プリンスらが住む、リメイク・リアリティをめぐるエッセイともフィクションともつかぬ作品集である。

ロンゴがTVをつねに数台つけっ放しにして、これらの映像が彼にとって唯一の社会への窓だと言うとき、次のプリンスの言葉のリフレインでもあるのだ。

雑誌、映画、TV、それにレコード。彼はこれらの環境をすべて受け入れて、これらのものから創造するのだった。これらが、彼のパブリックなものであり、現実だった。

くりかえせばこの稀薄なリメイク・リアリティのなかへ、〈スーツ〉はロンゴを操って、死の専制として侵略してきたのだった。

★11 Tanam Press刊。

すり替え《フェイク》、模写《フェイク》、贋物《フェイク》
――アラン・ルドルフ『The Moderns』

モダン・アートの神話期、一九二〇年代パリのボヘミアン・ワールドに材をとったアラン・ルドルフ『The Moderns（モダーンズ）』はカナダのモントリオールで撮影された。

贋《フェイク》のパリ。

この映画の場合、このことがすべてを物語っている。贋《フェイク》を主題にしたこの映画は現実のパリを舞台にしてはならなかった。（もっとも金もなかったし、現在のパリにロケーションしても過去を描く以上、やはり贋《フェイク》とならざるをえない。まあ、同じこと？）模造《イメージ》の街に観客を迷わせ酔わせること。

ルドルフは『Choose Me（チューズ・ミー）』のアダム通り（そしてイヴの店《バー》）とか、『Trouble in Mind（トラブル・イン・マインド）』のレイン・シティとか、街をファンタシー空間として見せるのにたけた監督である。

ルドルフはまた、『The Moderns』に、デフォルメさせて描いたパリも登場させる。ゴシップ紙の戯画作者として日銭を稼いでいる画家のニック・ハート（キース・キャラダイン）と大富豪夫人（ジェラルディン・チャップリン）が乗った車の窓に浮かびあがる光景、そして部屋のカーテンを透かして見える街は「絵のパリ」だ。これらの背景画を描いたのはキャラダインだということである。

　キースはまた、タイトル・シークエンスのひょろ長い人物群像も描いたらしい。これはペンギン・ブックス版スコット・フィッツジェラルド『偉大なるギャツビー』の表紙にも使われている二〇年代の画家ヴァン・ドンゲンの絵の顔の部分をキャラダイン、ジョン・ローン、ジュヌビエーヴ・ビュジョルドら配役陣とすり替え、ポーズにも変更を加えて模写したものである。ニックはこうしたキャラダインの絵画的才気をそのまま生かした役柄といっていい。ニックは大富豪夫人の依頼で、彼女の主人が所蔵するセザンヌ「水浴」、モジリアーニ「横たわる裸婦」、マティス「オダリスク」の絵をすりかえるべくこれらの作品の贋作づくりに手を染めるのだ。贋作ではない、模写だとニックは言い訳するがいうまでもなく、「本物」と偽って市場価値を持って流通した模写が贋作である。贋作を贋作として流通させれば、別に問題はない。その行為がアートとなる。

　画面にでるセザンヌ、モジリアーニ、マティスの「本物」を描くためにルドルフが引っ張りだしたのが実際に事件を起こし刑務所入りしたこともある贋作画家デイヴィッド・

スタイン[★1]である。画面にでる「本物」はすでにして贋物というわけだ。まあ、これは舞台裏の事情である。

それはともかく、ニックが描いた贋作（これも先程の本物の贋作画家が描いたもの）の皮肉な運命がこの映画のオチである。

贋作ということで即座に思い浮かぶ映画が『F for Fake（オーソン・ウェルズのフェイク）』だが、この映画にでてきた贋作画家のレパートリーもモジリアーニ、マティス、それにヴァン・ドンゲンだった。このあたりの画家と作品にサギ師の暗躍と美術館の需要が多いようだ。また一見描きやすい。わが国の美術館もどれほどの贋作をつかまされているか想像がつかない。

贋作は絵画ばかりではない、アーネスト・ヘミングウェイ[★2]、ガートルード・スタインといった有名人の贋物もいかにも贋物然とした風情で『The Moderns』に姿を見せる。ヘミングウェイは自閉症じみた、当時の文学／美術界の大姐御スタインは繊細さを欠いた嫌味な人間として描かれる。（ディテールが勝負の『The Moderns』で絵の位置までもっとも忠実に模造されたのがスタインのサロンである。）

普通ならヘミングウェイ役、スタイン役としたいところだが、それぞれのファンを逆撫でするようなこの役の打ちだし方は喰えないルドルフ世界にふさわしく贋物《の・ようなもの》と呼んだほうがしっくりくるのだ[★3]。

ハートとコンビを組むコラムニスト、ワゾーの偽の死亡記事、女装、ストーンとの死体のすりかえ、これらも贋作感覚。

演技も同じである。全身、あるいは監督への全信、ではなく半身半疑で役柄を演じること。

これがルドルフ作品に対する出演俳優の唯一正解の対処法である。そこのところの呼吸をキャラダインやビュジョルドといった常連組はわかっていて、とどのつまり割りきっ

★1 六〇年代に贋作づくりで活躍したこの男のことを調べあげると面白そうだが資料が不足している。スタインはキャラダインの才能を絶賛している。

★2 一九二一年から二六年までのへミングウェイのパリ生活の回想が『移動祝祭日』(福田陸太郎訳、三笠書房『ヘミングウェイ全集』8巻)として刊行されている。岩波DL判より再刊。〔現在、福田訳は土曜文庫(土曜社)版で読める。新訳版も出ている(高見浩訳、新潮文庫)。〕

「ロスト・ジェネレーション」の名付け親スタイン女史やフィッツジェラルドが実名で登場。フィッツジェラルドが妻のゼルダから、あなたの身体は女を喜ばすようには出来ていないといわれしょげまくりヘミングウェイに相談するところもある。

この嘘かマコトかのエピソードが遺稿として出版当時(一九六四年)読書界にショックを与えた。もっとも相当嫌味な女であったことは、ヘミングウェイに限らず、ポール・ボウルズの自伝等を読むとわかる。ルドルフは、何の誇張も込めていない、と言うかもしれない。

★3 スタインのエピソードを知るにはベネット・サーフ『ランダム・ハウス物語』(ハヤカワ文庫刊)のページを繰ってほしい。トルーマン・カポーティ・ファンもこの出版人の自伝に涙を流すだろう。

たゲーム性の味をうまくだすのである。たとえばアクターズ・スタジオ系の入魂の演技はルドルフ映画の肌とちょっと合わない。ジョン・ローン（アメリカ人コレクター、バートラム・ストーン役）が幾分浮き気味なのは、人柄だろうか、役づくりなどということを考えてしまったためである。葬儀のとき、当時の縄抜けの奇術師ハリー・フーディーニ[★4]ばりにすっと霊体離脱して棺から抜けでていくときの、あの人を食ったすっとぼけた表情を全体に生かせば、『The Moderns』に一層輝く贋の艶を加えただろう。

ラスト近く、有名なアール・デコの客船ポスターで画面をつなぐと瞬時にして、舞台はニューヨークに移っている。航海の代用としてのポスターなわけだ。パリの通り向いがまるでニューヨークのように錯覚させるルドルフ魔術、実に安上りの魔術である。

★4　ストーンの部屋にもフーディーニのポスターが貼られ、このラストの伏線となっている訳（フーディーニが死んだのも映画の舞台設定と同じ一九二六年）だが、ロンドンで事件に巻き込まれたこのフーディーニをシャーロック・ホームズが救い出すのが、フェイクというかパロディ・ミステリー『ロンドンの超能力男』（扶桑社ミステリー）である。

〈故J・H・ワトスン博士著、ダニエル・スタシャワー編〉という表記がにんまりさせる。

ちなみに、ニコラス・メイヤー編のホームズ・フェイクものに『シャーロック・ホームズ氏の素敵な冒険』という作品がある。このミステリーで重要な役をふられるのがジークムント・フロイトだ。

テレサ・ラッセル切断
——デイヴィッド・ホックニー「Nude 17th June 1984」

ニコラス・ローグは女体へのサディズムを隠しきれない。セックス・シーンも甘い歌として歌われたことがない。喘ぎも切りきざまれ、断末魔のように処理される。

冷たく錯乱するタイム・コラージュ、線的な物語に不連続でラギッドな切断面を持ち込む時制カッティングも、フィルムを女体として責めたてるサディズムだ。『Performance』以来、ローグの、女体とフィルムへのこの態度は変わることがない。こうした性癖のローグにとって格好のサディズムの対象が、ハリウッドから来たテレサ・ラッセルの肉体であった。

ちなみに撮影中の映画監督が陥る誘惑——古びた女房への嫌悪と若い女優への傾斜——についてアルベルト・モラヴィア『わたしとあいつ』[★1]が次のような苦い悪夢としてうまく語っている。

女の裸体が腰をくねらせながらこちらへ近づいて来るのをわたしはじっと見据えている。裸体はしだいに近寄って来る。ゆっくりと物憂げに、夢見るように近寄って来る。ところが、近づくにつれ、その姿がしだいに変っていくことに不意にわたしが気がつく。その姿からは美しさが失われ、その物腰と顔立ちはわたしの妻のファウスタそっくりになっていく。あの二重顎、牛のように垂れた乳房、突き出た腹——

当時、テレサはローグにとって三十歳近くも若い、薄い恥毛の弾けるような肉としてあらわれた。

二人が出会った映画『Bad Timing（ジェラシー）』で、テレサに施したローグの洗礼はかなり手荒い。昏睡状態で病院に運び込まれたテレサの喉にチューブを通す蘇生シーンに、アート・ガーファンクルと彼女のセックス・シーンを激しくカットバックさせるのだ。この傷痕がラストでテレサを不滅のヴァンパイアとしてみせることになる。『Bad Timing』には、画面外に奇妙な焦熱が横溢している。それはテレサとガーファンクルのセックスを演出という名を借りて覗いたとしかいえないローグの抑制のきかない視線だ。この視線は続く『Eureka（錆びた黄金）』でもテレサの肉体を十分に快楽することになる。

このときすでにテレサのもとへローグは妻を捨てて走っていた、にもかかわらず、である。いや、若い愛人の肉体が、他の男（ルトガー・ハウアー）に抱かれるのを楽しむ倒錯だ。[★2] ローグの場合、これはマゾヒズムではない。テレサへのサディズムの方に比重がかかっている。

そしてローグは、ついに究極のサディズムとしてテレサの首の切断を夢想する！「NEW MUSICAL EXPRESS」紙のローグのインタビュー記事に併載された書斎写真で、書棚の空隙にテレサのポートレートが置かれていたが、恐怖の絶頂で切り落された首としか見えないのである。

また、オムニバス映画『Aria（アリア）』の撮影中に写真家スノードンが撮影した「ローグ夫妻」においては、彼はテレサの首を横抱きにしている。

★1　大久保昭男訳、講談社「世界文学全集　オプション〈103〉」第102巻所収。
あいつとは、ときとして（いやいつも？）わたしの命令を無視し、一人で猛り立って、わたしの思いとは逆の（いや思い通りの？）よからぬことにいそしむところの、下半身を支配するもう一人の人格のことである。
モラヴィアの主人公の「あいつ」が二五センチと聞くと筆者の「あいつ」は身を隠してしまった。

★2　貞操帯をつけさせてのセックス・プレイとか、大股びらき性交とか——。
正式な二人の結婚は一九八五年になってから。

ローグが友人の画家デイヴィッド・ホックニーに、全裸でのテレサの写真撮影を依頼したとき、ローグはホックニーのフォト・キュビズムが妻の肉体にもたらすサディスティックな効果を冷静に読んだにちがいない。

テレサの肉体が、マリリン・モンロー的なピンナップのコードに従いつつ、しかもばらばらに切断された肉の集合体としてたちあらわれること。

ホックニーはテレサの殺戮に手を貸すことを求められたのだ。

ホックニーのキャリアにとって「Nude 17th June 1984」はきわめて異色である。全裸姿の同性のモチーフは多いホックニーだが、裸の女というのはこれが初体験である。

アインシュタイン、モンロー、ディマジオ、マッカーシーのそれぞれのもどきがニューヨークのホテルに一夜集い合うフェイク・ファンタシー『Insignificance（マリリンとアインシュタイン）』[★3]でこの「Nude 17th June 1984」はディマジオの行くバーに置かれたカレンダー写真として使用された。もちろんこの映画でモンローに扮したのがテレサである。

ホックニー作品でのテレサの肉体、表情は、モンローのピンナップのCAMP性はまだ持ちえず、みだらな性として現前する。彼女に向けてシャッターを切り続けたホックニーというゲイの無感動の視線が、逆にテレサの挑発力を引きだし、その肉を猛々しく火照らせた様がうかがえる。ホックニー作品の、いつもの軽やかな表層性が、テレサの肉体によってひびわれ、熱を帯びているのだ。彼の作品でのこうした発熱は例外的である。

ローグはホックニーにテレサのカッティングをゆだねたが、欲望をそそる女体を提供することで、ホックニーのゲイ・アイデンティティを揺さぶろうと黒いいたずらを仕掛けたのかもしれない。

この挑発にのせられたか、ホックニー自身はこの作品に関して次のようにコメントしている。★4

> このピンナップはじっくりと、テレサのすべての細部を見逃すことなく見てほしい。そうすればより刺激的でエロティックになる。これまででもっとも複雑なフォトコラージュだ。アイデアをさらに深めようとしたからね。一七〇の写真《パーツ》すべてが異なった角度から撮られている。

★3 『The Seven Year Itch（七年目の浮気）』（もどき）のロケーション・シーンでローグは監督として顔を見せている。

★4 ピーター・ウェブ著『Portrait of David Hockney』（Chatto & Windus刊）参照。

ローグは『Insignificance』でアインシュタイン宿泊のホテルの部屋にピカソ「浜辺の母と子」を飾っている。いうまでもなく、ピカソの絵がこれまでホックニーのもっとも強力な影響源である（「トリスタンとイゾルデ」を主題にしたペインティング作品（一九八八年）で、ホックニーはこの影響源へまたしても立ちかえる）。

このことをローグが知らぬはずがない。ローグはホックニーにここでも軽くウィンクしてみせたのだ。

テレサの切断というローグ・ファンタシーの共犯（?）となったホックニーだが、それぞれ時間のキュビストとして二人は共犯以上の関係にあるかもしれない。（ホックニーのフォト・キュビズムは当然ながら撮影の時間差が組み込まれる。空間のスライスであると同時にスライスされた時間の集積。ローグもまた過去／現在／未来の時間のエディトリアルを楽しむフィルム・キュビストともいえる。）

『Bad Timing』のラストで愛の痛手をものともしない不敵な無表情を誇示したテレサは『Insignificance』においても、ホックニーに切りきざまれアインシュタインの幻想のなかで焼きつくされながら最後にフィルムの逆廻しによって、たやすく再生してくる。

老ローグの更なるサディズムをかきたてそれを嘲笑するかのように、たとえば彼以外の監督の作品、ボブ・ラフェルソン『Black Widow（ブラック・ウィドー）』にも出演、プールの水中セックスで裸体をのけぞらせ、ぽっかり浮きでた両の乳房から乳首をぴくんと

直立させるのである。[★5]

ホックニーにとって、ローグは年上の友人だが、英国のゲイ・アート・ムーヴメントにおけるかつての強力な盟友といえるのがデレク・ジャーマンである。

パンク／ノイズ系の感受性を経由した真性「薔薇族」アーティストとして『The Angelic Conversation（エンジェリック・カンバセーション）』『Jubilee（ジュビリー）』『Caravaggio（カラヴァッジオ）』等の公開とともに、わが国でもそのゲイ独得のエゾテリックな映像が語られることになった。

オムニバス『Aria』にジャーマンはシャルパンティエの「ルイーズ」を素材にした作品をとりあげたが、それは老いた舞台女優が花吹雪舞い散る最後の舞台で青春を回顧するという実に美しい作品だった。花嫁衣裳とみえないこともない白いドレス姿の老婆とはCAMPそのものである。

ジャーマンはゲイ美学――薄い生命力と冷凍された毒々しさ――つまりCAMPスピ

★5　日本映画では五社英雄『櫂』における真行寺君枝の乳首の立ち方が他を圧している。わが大学時代の友人（当時高校教師）の教え子が他ならぬ彼女であった。

リッツをモノトーンの画像に活かして、収録作品中きわだって異色の肌ざわりを持つ作品に導いている。[★6] 同じく『Aria』にヴェルディの「仮面舞踏会」で参加したローグが『Bad Timing』と同じウィーンを舞台にし、同じくテレサ・ラッセルを起用しながら、テレサの男装姿にやにさがり（アイデアそのものは買える）、彼女へのサディズムを封じたために凡庸な失敗作というレベルにすらたどりつけなかったのと対照的だ。

ジャーマンがワン・ショット出演した映画に、六〇年代の英国ゲイ・ワールドにニュアンスではなく形而下＝セックスにまで一般映画としては果敢に踏み込んだスティーヴン・フリアーズの『Prick Up Your Ears（プリック・アップ）』がある。これは人気劇作家ジョー・オートンの成功から、六七年に〝愛人〟に惨殺されるまでを描いた作品。『Another Country（アナザー・カントリー）』に精液の匂いはしないが、こちらは映像に生々しく精液がこびりついている。

この映画で、ベッドで半身を起こしている裸体のオートンを一人の画家がラフ・スケッチしているシーンが一瞬うつる。この画家役がジャーマンなのだ。

このシーンで紙の上に再現されたスケッチは画家パトリック・プロクターがオートンを描いたものである。このプロックターはジャーマンの友人でもある。プロックター本人が映画出演を渋ったため、ジャーマンが彼の役として出演を買ってでた、と思われる。

プロックターはゲイ・プロパーというわけでもなく、結婚もして子供も作ったが妻には数年で先立たれた。彼は得意とする細やかな風景画に男の裸体を描き込む。ジャーマンの自伝的日録『Dancing Ledge』★7は英国ゲイ・ワールドの百科全書といっていいが、この快著にはホックニーへの言及が多く見られる。

デイヴィッド・ホックニーは公的に自分のホモセクシュアリティを宣言した初めての英国の画家である。彼の存在はゲイ解放に大きく寄与したが、それはアートの世界という限定をはるかに超えたものだった。（中略）

★6 ぴあフィルムフェスティバルに来日したケン・ラッセルは記者会見の前に原宿キデイランドで買ったオモチャを出して嬉々としていた。ケンは『Aria』中、自作を除いてはジャーマン作品だけをほめちぎったものである。

著者はあと、ヴェルディ「運命の力」を使ったチャールズ・スターリッジ作品をA級の出来として推したい。

車を盗んだ少女、少年たちがパトカーに追われ激突、炎上死する救いのないドラマは、すべての登場人物が死に至るオペラと対応した暗さだが、とにかくモノクロ映像が水気を帯びたかのような黒で、色彩以上の色彩を画面ににじませるのだ。子供たちのイノセントとデカダンスがまたいい。

★7 Quartet Books刊。

彼の金髪は新しい夜明けのシグナルだった。物静かでひねったウィットに富み、しかも控え目なその態度は先入見で彼に近づく者を当惑させたのである。

ジャーマンが一般学生部門で第一席となった一九六一年の学生選抜絵画展で、美術学生部門で第一席だったのが王立美術学校在学中のホックニー、ということもジャーマンのこの本で知ったが、この一九六一年はアート界の若きゲイ・ギャングたちにとって記念すべき年かもしれない。ホックニーを中心として彼の周辺に新世代のゲイ・ソサエティーが形成されるからだ。

戦後に青春を迎えた多くの英国の青年にとって、カリフォルニアは光り輝くパラダイスとして映っていたことをジャーマンは記しているが、この霧のない乾いてポップな別天地（ゲイにとっては特に）に向けてはやばやと離英したことで、ホックニーは戦後世代の希望の星ともなった。[★8]

英国に残ったジャーマンがその後、ルネサンス期のオカルティスト、ジョン・ディー研究[★9]へ傾斜、これをパンク・テイストと合体させて『Jubilee』に終末図をよび戻したり、スロッピング・グリッスルやコイルらのアンダーグラウンド・シーンへ潜行したのとは逆に、ホックニーは虹の彼方カリフォルニアで、アートの王宮へのイエロー・ブリック・ロードをはれやかに歩むのである。ホックニーの場合、アートの新方向が創作の苦痛からではなく、その快楽的ライフスタイルからやすやすと決定されてきたようにみえる。『Prick Up Your Ears』の、街で男を拾う、ゲイの形而下にホックニーが無縁であるわけはないが、しかし思えば彼はそのこともまた作品「Man Taking Shower in Bevery Hills」のシャワーや「Splash」のプールの水で洗滌《ソフィスティケイト》してなにやらすがすがしい無垢の次元に変え、大衆に手渡したのだった。

★8 ゲイの逃避所としてのカリフォルニア。こういった聖地は、ヨーロッパにとってはアフリカ、特にモロッコがある。サマセット・モーム等にとっては〝快楽の島〟と呼ばれた地中海カプリ島だ。

★9 ディーに関してはフランセス・イェイツ『世界劇場』(晶文社刊)他の著作とイェイツ女史の弟子ピーター・J・フレンチの『ジョン・ディー　エリザベス朝の魔術師』(平凡社刊)参照。思えば七〇年代後半の筆者のアイドルはイェイツ女史だった。彼女の『The Rosicrucian Enlightenment』ほどのスリリングな読書体験はなかった。学問の本なのに異常に判りやすい英語で書かれた歴史ミステリーとして楽しんだ。工作舎の「遊」にロバート・フリップとディー以後のオカルティスト、ロバート・フラッドを同一視する原稿を書いたのもその頃である。こうした情熱は過ぎてしまえば再燃させることはなかなか困難だ。

ボルヘスに会ったらボルヘスを殺せ！
——ニコラス・ローグ／ドナルド・キャメル『Performance』

伝え聞くところでは、登場人物の一人が、車中で、わたしの『自選集』を読んでいるらしい。参ったね。

——ホルヘ・ルイス・ボルヘス

ギャングのひとりが『自選集』を読んでいるばかりではない。そのなかの「トレーン、ウクバール、オルビス・テルティウス」[★1]の一節は、ターナー（ミック・ジャガー）によって朗読されるのだ。

そして、映画の結部で、チャス（ジェームズ・フォックス）がピストルを射ち込んだターナーの脳内に、ボルヘスその人の肖像が置かれる！

ここでキャメラは弾丸となってターナーの脳内を経めぐり、この映画迷宮のミノタウロスたるボルヘスの肖像をうちくだく。

ニコラス・ローグ（撮影）、ドナルド・キャメル（脚本）の共同演出でなされた

『Performance』撮影当時（一九六八年）、この盲目のアルゼンチン作家は国際的な知的流行のさなかにあった。

ホルヘ・ルイス・ボルヘスも現在のような世界的名声を博してしまうと、ひそかにこっそりと大切にしてきたものを持ってゆかれてしまったような気持が、否応なしにするものだ。ながらく心ひそかに、いつくしんできた絶景（中略）が、こころない旅行者の大群にも安直に見渡せる風景になりさがってしまったときのような気がするのだ。

こう嘆いたのは、G・スタイナーだが、[2]スタイナーが『Performance』を見ていたら卒倒していたかもしれない。

しかし『Performance』のホルヘ・ルイス・ボルヘスはたんなるギミックではない。フィルム・ノワール・ミーツ・ドラッグ・ムーヴィという作品構造のオリジナリティに加えて、ドラッグへの態度がアイデンティティの相互浸透／転移・転生といったよう

★1　『伝奇集』（篠田一士訳、集英社刊）所収。

★2　『脱領域の知性』（由良君美他訳、河出書房新社刊）所収「鏡の中の虎――ホルヘ・ルイス・ボルヘス」より。

にきわめて高踏的《ボルヘス》であるからだ（とくにラストのショック）。

ミック・ジャガー出演という話題性にもかかわらず、当時のワーナー・ブラザーズ首脳が二年もこの作品の上映を凍結したこともわからないわけではない。ロジャー・コーマンの『The Trip（白昼の幻想）』[★3]（一九六七年）のような映像のサイケデリズムなら彼らも思い悩むことはないだろう。

映画にボルヘスを導入したのはキャメルである。そしてローグはといえば、ウラジーミル・ナボコフの分身《ドッペルゲンガー》小説『絶望』[★4]を撮影時、読みふけっていた。


内部抗争で敵対者を殺害し、逃亡ギャングとしてターナーの家に身を寄せたチャスは、この隠遁のロック・ミュージシャンが象徴するもの――ドラッグと多形セックスに向きあうことになる。

同居する女ファーバー（演じるのが伝説のストーンズ・ガール、アニタ・パレンバーグ[★5]である）の手助けで、メイクと変装をくりかえし、ドラッグを体験するうちに、チャスのアイデンティティへの確信（男であること、セックスは攻撃的でなくてはならない）は、あいまいなものになっていく。

カット・バック／フォワードが激しいローグのキャメラもターナーの家ではゆるやかな長廻しとなる。

ファーバーはチャスとのセックスのとき、自分の顔に鏡を当て、そこにチャスの顔をうつしだし、チャスの胸に置いた鏡に自分の乳房をうつしたりする。意表をついたヘルマフロディットな肉体モンタージュ。

映画の前半部で、チャスは、小ぎれいなマンションの自室で鏡に向かい、気どって身づくろいするが、こうした鏡のナルシシズム＝アイデンティティの過剰は、ファーバーとの肉体モンタージュによって、性差の境界がぼやけ減衰していくのだ。

後年の自伝での述懐によると、ジェームズ・フォックスの不安は、即興演出で撮られていく『Performance』が彼の〝プロの演技〟のアイデンティティを根底からつきくず

★3 ピーター・フォンダはデニス・ホッパーが演出した砂漠でのシーンのみがトリップの本質だ、と言っている。このシーンはジャック・ニコルソンが脚本。その後三人は『Easy Rider（イージー・ライダー）』で再度トリップの映像化を試みる。

★4 大津栄一郎訳、白水社刊。トム・ストッパードの脚本で、R・W・ファスビンダーが一九七七年に映画化（『Despair-Eine Resie Ins Licht』）している。

★5 ロジェ・ヴァデム『Barbarella（バーバレラ）』で黒の女王を演じていたアニタだが、そういった女優としてのキャリアよりもブライアン・ジョーンズ、キース・リチャーズとストーンズのメンバーを渡り歩いた恋の女としてのイメージが当時の彼女を有名にしていた。

フランツ・カフカを愛読していた早熟な少女がたどった人生は是非自伝として残してほしいものだ。

彼女も六〇年代半ば、ニューヨークのアンディ・ウォーホル・ファクトリーやロバート・ラウシェンバーグの周辺にも登場していて、彼女のイメージが六〇年代そのものといえるからだ。

したことだった。彼の父親は息子の変貌を真剣に恐れている。チャスの役柄が、フォックスの現実のアイデンティティを侵略し、映画とパラレルに進行する悪夢となる。サイケデリック・カルトとして他の追随を寄せつけない『Performance』は、こうした抗いがたい当時の文化的脅迫力を封じ込めている。死と再（新）生というサイケデリックの深奥探査も含めて。

ローグは『Performance』で手にしたボルヘス、ナボコフの美的血縁としての〈鏡〉と〈存在不安〉の関係を以後巧妙化していく。『The Man Who Fell to Earth（地球に落ちてきた男）』で、デイヴィッド・ボウィーが覗き込む歪曲した鏡、『Bad Timing（ジェラシー）』でバーのひび割れ模様の鏡が映すアート・ガーファンクルというように。

『Performance』には、ミックの歌「メモ・フロム・ターナー」にあわせて、ギャングたちが集団催眠にかかったように、服を脱ぎ捨て、全裸となって床に横たわりグロテスクにからみあうショットがある。

このショットは、フランシス・ベーコンの絵画のぐにゃっと変形したゲイ・セクシュアルの肉塊を見るようだ。あきらかにローグ／キャメルはベーコンの主題と構図（SMとゲイ・セクシュアル）を引用しているのである。

ベーコンの絵画は、肉体のサイケデリックといっていい。

ターナーの家のイラストレーションや初期シンセサイザー★6などは、たんに『Performance』の制作年代を特定させるにすぎないが、こうした隠し味めいたベーコンのぬめった引用にわれわれの眼は飽くことがない。★7

その後の映画活動があまりめだたないことから、『Performance』で彼の果たした役割がローグに比べて軽視されがちなキャメルだが、ライフ・スタイル（？）としてのサイケデリズムではキャメルに軍配があがる。

★6 このコンピュータが次に姿をみせたのは、ベルリンのハンザ・スタジオだった。タンジェリン・ドリームのエドガー・フローゼは当時、バンドのためにシンセサイザーを買いあさっていた。デイヴィッド・ボウイが一九七七年に、ベルリンを本拠とし、ハンザ・スタジオを拠点としたのは、フローゼの勧めらしい。

★7 他に、ホルヘ・ルイス・ボルヘス、フランシス・ベーコンのヴィジョンにとりつかれていた映画作家にベルナルド・ベルトルッチがいる。『La Strategia del Ragno（暗殺のオペラ）』はボルヘスの「裏切り者と英雄のテーマ」に基づく作品だし、ベーコンの二点のポートレートをタイトル・シークエンスに展示して、映画の色彩計算をそのままベーコン絵画から持ってきたのが、『Last Tango in Paris（ラストタンゴ・イン・パリ）』。

彼の父は魔術師アレイスター・クロウリー[★8]の熱烈な信奉者だった。レッド・ツェッペリンで得たあぶく銭にあかせてクロウリーの邸宅を含め遺品を買い漁ったギタリスト、ジミー・ペイジを含めた六〇年代ロンドンのクロウリー・サークルのなかでキャメルはミック・ジャガー（「悪魔を憐れむ歌」はこのサークルの磁場の産物だ）と出会い、またペイジ宅に居候していたアメリカの映画作家ケネス・アンガーとも親交を結ぶ。ジャガーが『Performance』に出演したのはこの縁だ。そしてキャメルはアンガーの『Lucifer Rising（ルシファー・ライジング）』に友情出演するのである。

『Performance』のあと、本来の絵画活動を続けながらキャメルは、世界各地を放浪する。モロッコ、タヒチ、エトセトラ。一九七七年にキャメルがハリウッドで撮った『Demon Seed（デモン・シード）』はディーン・R・クーンツの小説[★9]の映画化で、コンピュータが人間の女を幽閉し自分の子供を生ませるSFサスペンスである。小品だが秀作。

コンピュータが見せる自らの学習映像、始原への追憶映像がサイケデリックである。サイケデリックを新生《ニュー・ボーン》と結びつけたキャメル版『ルシファー（コンピュータ）・ライジング』といってもいい趣き。この映画のあと、キャメルは再び世界放浪に入る。

キャメルに関心を抱いたのがマーロン・ブランドだった。ブランドは『Performance』をえらく気に入っていた。ブランドの右腕としてキャメルはいくつかの映画化プランのロケ・ハンに香港やマカオに滞在したりしている。

一九八七年には『White of the Eye（ほわイと・アイズ／隠れた狂気）』を公開。精神の病に侵された男が遂行する女性連続殺人を描くが、悲しいことに主演が筆者が生理的に駄目なデイヴィッド・キース★10なのだ。思わせぶりな凡作。

★8 クロウリーはサマセット・モーム『魔術師』、デニス・ホイートリー『娘を悪魔に』に名前を変えパロディ化されて姿を見せている。いずれも邦訳はまたまた国書刊行会刊。
キング・クリムゾン『In the Court of Crimson King』には「ムーンチャイルド」が収録されているが、ムーン・チャイルドとはクロウリー執筆の小説のタイトルでもある。クリムゾンのコンセプトを荷った歌詞担当のピート・シンフィールドはのちにプロデューサーとしてエマーソン・レイク＆パーマーのジャケットをいちはやくH・R・ギーガーに依頼したようにあきらかに黒魔術系の趣味が強い。

白魔術系、つまりグルジェフにのちに結びつくロバート・フリップとの軋轢は避けられないことだった。フリップは錬金術思考を深めたとき、黒いファンタシーに遊ぶピートを解任。（といって、クリムゾンの「ムーン・チャイルド」が直接にクロウリーのそれと結びつくわけではない。）

ちなみに七二年に出たクロウリー『ムーン・チャイルド』のペーパーバック版の装丁は、クリムゾン『In the Court of Crimson King』の内ジャケット画と『Islands』のジャケットのコラージュと錯覚する。

★9 クーンツの名前がホラーのブランドとなるはるか以前、一九七三年に発表された。邦訳は集英社文庫、思考と小説テクニックの双方で、筆者はクーンツの作品のなかではこの小説が一番好きである。
子供を生ませたいという欲望さえなかったら、このコンピュータは完璧なオナニーのための「女独身者の機械」として重宝ものなのにね。

★10 『Firestarter（炎の少女チャーリー）』で、ドルー・バリモアの父親を演じたことも許しがたい。

サイケデリック／ドラッグによる人格の多重化は、すでに前世紀末のロバート・ルイス・スティーヴンソン『ジキルとハイド』が示した通りだが、六〇年代はこのハイド的側面に超越的なものの顕現《エピファニー》を認めようとした。

精神／肉体の進化／変化に寄せるオプティミズムが六〇年代サイケデリックなのだ。ちなみに、シド・バレットにとって、残念ながら、ＬＳＤトリップは片道だった。別のリアリティへ移行したまま、シドは戻ってこれなくなったのである。シドは、彼からピンク・フロイドを引き継いだロジャー・ウォーターズのなかに転生したように思える。『Performance』のジャガーが、フォックスに転生したように。『ダーク・サイド・オブ・ザ・ムーン（狂気）』から『ピンク・フロイド／ザ・ウォール』まで、シドは亡霊のようにウォーターズを支配する。この傾向はウォーターズがソロイストとしてピンク・フロイドから離れて以降、ますます強まっている。八八年のウォーターズのコンサートではシド在籍時の古いライヴ・フィルムを舞台にうつしだすのである。

現世的なリアリティ喪失に到ったシドは、彼を溺愛してきた母親以外はブラウン管としか交感できなかった、と伝えられる。

シドのソロ・アルバム『ザ・マッドキャップ・ラーフス』のジャケット・デザインは、シドの少年時代の友人ストーム（デザイナー集団ヒプノシス）が手がけた傑作だが、その、内ジャケットの見開きに、LSDエフェクツとそれがもたらしたブレイン・ダメージが明示されている。ケン・ラッセルの『Altered States（アルタード・ステーツ）』のトリップ映像を連想させる図柄である。

空に浮遊、増殖する自己イメージ、赤ん坊にガーゼで薬をかがせている手、頭部が二つに割れたシド、ブラウン管を頭部に装着したシド。

マッドキャップとは狂人の意味、あるいはルイス・キャロルへのレファランスはさておいてマッド・カプセルの略、LSDだろうか、シドがかぶっているブラウン管だろうか？

六〇年サイケデリックの痛ましいイコン。いや痛ましいといってはいけない。彼の住むリアリティをわれわれは覗くことはできないのだから。

ミックではなく当時狂気の淵にいたシド[★11]が出演していたら『Performance』のカルト性はより高まっていたにちがいない。ミック・ジャガーにはアブなさはあってもあやうさはないからだ。

★11　シド・バレットの現在は誰も知らない。〔二〇〇六年七月没。〕

〈カスパー・ダヴィッド・フリードリヒ〉の転生
——アンドレイ・タルコフスキー『Nostalghia』

清冽な水の湧きでる寺院の廃墟で詩集が焼かれる。

本に火をつける。特に詩集のそれにまさる詩的かつファナティックな行為はあるまい。黒の侵略が、活字を次々と喰んでいくのを見つめること。

秘めやかに燃える詩集、というのは格別の法悦をもたらす。ひとつの宇宙の消滅、そして、より魂に熱い不滅性のたちあらわれ。

アンドレイ・タルコフスキーは詩をすべての芸術の上位に置いた。なかでも父親であるアルセニイの詩を。

『Nostalghia（ノルタルジア）』で誦まれ、焼かれるのはこの父親の詩集である。

タルコフスキーの分身《ダブル》に他ならない主人公アンドレイの、蠟燭による火の儀式、これまたアンドレイの分身《ダブル》、ドメニコのガソリンを浴びての焼身自殺という火の儀式に先立ってのこの火の儀式——。

幼少の頃に、棄てられ、後に残された夥しい書物に「父親」を探し求めてきたタルコフスキーの、父親への激しい愛と〝別れの詩《うた》〟にこれは思える。またアンドレイがもらす「父さんに会わなくては」の唐突な台詞がこのシークエンスに置かれるのである。『Solaris（惑星ソラリス）』のラストでも、ソラリスの海がクリスの無意識から最終的に汲みあげたのは、故郷の家、それに父親との再会の願望であった。

『Nostalghia』で父に向けられた、この悲痛なシグナルは『Offret/Sacrificatio（サクリファイス）』のラストでは、会うこともかなわなくなった息子へ発信されている。枯木に少年が運び続ける水の儀式として。枯木は（死を自覚していた）タルコフスキー自身であろうか。★1

『Nostalghia』のあと、一九八三年十月、タルコフスキーは、ロンドンのロイヤル・オ

★1 一九八六年十二月二十九日、パリで客死後、タルコフスキーへのレクイエムとしてイタリアの作曲家ルイジ・ノーノ「進むべき道はない　だが進まなければならない……アンドレイ・タルコフスキー」、武満徹「ノスタルジア」、アルヴォ・ペルト「アルボス〈樹〉」が書かれている。こうした映画監督は初めてではないか。

ペラ（コヴェント・ガーデン歌劇場）でムソルグスキー『ボリス・ゴドノフ』[★2]を演出する。『Andrei Rublyov（アンドレイ・ルブリョフ）』のそれを思い起こさせる巨大な鐘が舞台上方に吊り下げられた舞台写真しか見ていないので、果してどのような演出だったかを語ることはできない（指揮はクラウディオ・アッバード）。舞台美術は『Zerkalo（鏡）』を担当していたニコライ・ドヴィグーブスキーだが、彼が描いたポスターの絵柄が火が消えたばかりの二本の蠟燭なのである。ここでも『Nostalghia』で誦まれた父親の詩の次の一節が反響している。

我は燃えつきた蠟燭――

意識のまどろみと目覚め、その薄明状態に観客の意識を一瞬のうちにとらえるのが、タイトル・シークエンスのセピア世界だ。

朝まだき、みずうみを見おろす霧の丘にたたずみ、ゆっくり歩む三人の女、そして幼い少年――。

映画半ばで反復される、感情が圧縮され、かつ彼岸的なこのショットの感応力だけでタルコフスキーは、ノスタルジアが含みもつ過半の内容を告げ知らせる。ロシアの古謡が低く流れ、幽暗とも呼ぶべきヴェルディ『レクイエム』[★3]序曲が、たゆたってくる。

この人物群は故郷で主人公《タルコフスキー》を待つ母——妻——娘——息子の家族像だがしかし、この幼な子は、老婦人——中年女性——少女という女の生の流れに委ねられ暖められた幼年期の主人公《タルコフスキー》ともとっていい。

亡命状態のタルコフスキーによって、夢見られた空間のノスタルジアと時のノスタルジア、静謐と女性的湿潤。

いずれにせよ、本人、あるいは父親はこの絶対の光景《ユートピア》には不在である。

タルコフスキーは一九八四年七月十日、イタリアのミラノで西側への亡命を発表した。友人のチェリスト、ロストロポーヴィチが同席（ロストロポーヴィチは二年後の葬儀のときもバッハの無伴奏チェロ・ソナタを弾いてタルコフスキーを葬送した）。

正式な会見はこれが初めてとはいえ、八二年以降、『Nostalghia』撮影中から亡命は

★2 友人の佐藤友紀が確認したところでは、舞台はまったくフィルムには記録されていないそうだ。筆者の知る限り見ているのは映画評論家の河原畑寧氏のみである。

くやしい！

★3 サントリーホールでこの曲を聴いたとき（ジョゼッペ・シノーポリ指揮フィルハーモニア管弦楽団）、もっとも聴きたかったこの冒頭の弱奏《ピアニッシモ》部分が隣の男の鼻息で邪魔され集中できなかった。

コンサートにしろ、オペラにしろ、鼻息の大きい奴が側に座ればすべては台無しと思え。まったく殺したくなる。

既成事実だった。

ソ連での最後の作品となった七九年の『Stalker（ストーカー）』には、台詞の複雑なメタファーにまぎらせて体制への最後通牒を匂わせる苦い絶望が表明されていたから亡命が予想できなくもなかったとはいえ、ロシアの地を離れることは決してタルコフスキーの本意であるはずはない。

タルコフスキーが亡命へと追いこまれていったのは、唯物史観の体制のもとで、信仰の問題を問うこと自体の危険性からきている。たとえばロシア正教会の暗黙の存続はヒトラー侵略時の妥協の産物であるが、組織としての宗教すらつねに微妙な均衡の上に成立してきたのだ。十五世紀のロシアのイコン画家を描いた若きタルコフスキーの『Andrei Rublyov』が受けた受難——上映禁止はその歴史解釈云々以上にこの作品が信仰の問題をきわめて私的なヴィジョンで扱おうとしたからである。単純な宗教讃歌ならそのプロパガンダの類似から苦もなくとりこむ体制がこのとき苛立ったのは、共産革命以来、封じ込め敵視してきた旧ロシアのドストエフスキー的な巨怪なスピリッチュアリティの再生の萌芽をタルコフスキーに認めたからと推測しうる。（一九八九年、ローマ法王と歴史的な会見を行ったゴルバチョフはまだ登場していない。とはいえ、彼も所詮政治権力だ。）

『Andrei Rublyov』の教訓から、タルコフスキーはしたたかで強靭な戦略を要求され、その苦渋を映画は色濃くにじませはじめる。皮肉にもこの抑圧が、その後のタルコフスキー作品の映像と台詞に、禁欲と多義的な魅惑を与えた、といえなくもない。

『Nostalghia』の全ショットをあえがせ、映画を寂滅へと導いていくのは離郷の胸を灼く痛恨の思いだ。主人公の詩人ゴルチャコフは、十八世紀ロシアの音楽家サスノフスキーのイタリアでの足跡を追っている。このサスノフスキーは逮捕覚悟で帰国した人物である。撮影中、タルコフスキーもまたこの心情に幾度も駆りたてられたにちがいない。

タルコフスキーが一九八四年に亡命した体制は、ジョージ・オーウェルがスターリニズムへの嫌悪と悪意から『一九八四年』で〝2＋2＝5〟の思想強制国としてあげつらった当の国家である。ただ、亡命先の西側世界もこの数式と無縁ではない。そして、西側でより強制力をもつのは〝1＋1＝2〟の、テクノロジー至上の物質主義の数式なのだ。ここでもタルコフスキーは安息よりもより絶望をふかめる他ない。

タルコフスキーはドメニコの廃屋の壁に、〝1＋1＝1〟と記すが、この秘教的な数式を受け入れる魂の楽園こそが、映画『Nostalghia』のもうひとつの、空間と時のそれよりもより核心的なノスタルジアである。

〝1＋1＝1〟はまた、分身関係、ゴルチャコフとドメニコの聖なる合一を暗示する数式でもあるが、その聖化された死にむけて、タルコフスキーはこれも〝1＋1＝1〟に他ならない水宇宙でフィルムを浄めていくのである。

タルコフスキーが愛読していたロシア・ロマン派の詩人チュッチェフの詩「世界の終末の大異変《カタクリズム》」[★4]は、フィルムをひたす招霊としての水の儀式性、災厄性を明かすものだ。

自然の最後の時は告げられる、
その時、土なる部分はすべて崩れ去り、
可視の世界すべては、ふたたび水で覆われ、
かくて神の面《おもて》が水《み》の面《も》に描き出されよう。

テルライド映画祭に招かれ渡米した折、『HEAVY METAL』誌[★5]のインタビューに応じてタルコフスキーは、いつの日かすべてが水の中で起こる映画を撮りたい、ともらしている。それは大洪水《カタストロフィー》に関する作品だ、と。これはチュッチェフの詩そのものの映画化ではないか？

チュッチェフの別の詩作品が朗読されたのは『Stalker』のラスト、足なえという聖徴《スティグマ》をもって生まれた少女がみせる念力移動《テレキパス》シークエンスである。

〈少女〉はタルコフスキーにとって救済を託したソフィアといっていいが、ロシアの幻視家に多発するソフィア幻視の変形は『Nostalghia』でもみられる。先述の詩集を燃や

した湧水のある廃墟に登場する少女アンジェラ（天使）だ。アンジェラを包む、水面からの聖なる破光が美しい。

聖堂の廃墟への惑溺――

『Ivanovo Detstvo（僕の村は戦場だった）』、『Andrei Rublyov』から『Nostalghia』へ至るタルコフスキーのこの嗜好は、十九世紀ドイツ・ロマン派画家カスパー・ダヴィッド・フリードリヒときわめて似ている。

現世的な神の仮構《システム》が弊《つい》えて、彼岸の霊性のみが息づく聖堂／教会の廃墟にフリードリヒは新しい宗教意識の発生を求めている。

フリードリヒの絵は内的風景と外的風景が相互浸透した絶対の風景画だ。★6 行《ぎょう》としての

★4 川端香男里訳、講談社「世界文学全集 オプション〈１０３〉」第１０３巻『世界詩集』所収。

ウラジーミル・ソロヴィヨーフ「チュッチェフの詩」がこの詩人について書かれ邦訳された唯一の批評か。これは一八九五年に書かれたもので『世界批評大系２／詩の原理』（筑摩書房刊）に川端香男里氏が訳出。また、アルセニイ・タルコフスキーの訳詩は季刊『ソヴェート文学』（群像社刊）一〇〇号に「手」他数篇が載っている。

★5 一九八四年四月号参照。

★6 『Romanticism and Realism』（Viking Press刊）中、フリードリヒ論の冒頭でチャールズ・ローゼンは初期ロマンティスムのもっともラディカルな点は風景画が歴史画にとって替わろうとしたことだと述べている。

風景画。

『Stalker』以降、聖人譚再話として映画を構築しはじめたタルコフスキーだが、行《ぎょう》の映画として『Nostalghia』は深くこのコード〈フリードリヒの廃墟〉に貫入する。

映画のラスト・シークエンスが酷似するのは「エルデナの廃墟」である。あるいは聖堂の内陣のなかに忽然とあらわれた故郷の家を主人公アンドレイの棺ととれば「フッテンの墓」との類似を見なくてはならない。

理想とする自死に向けて、旅に病んだタルコフスキーは〈フリードリヒの廃墟〉を幻視したといえるのだ。また故郷／家《ホーム》はタルコフスキー宇宙の根幹といっていいが、この宇宙的郷愁としての故郷／家《ホーム》といった考えもドイツ・ロマン派に特有のものである。

ノヴァーリス『青い花』の失意の主人公が導かれるのも、フリードリヒ的廃墟のなかの家《ホーム》であった。[★7]

『Nostalghia』は現代のイタリアで撮られた十九世紀ドイツ・ロマン派のロシア・ヴァージョン——この物言いが、映画の構造にもっとも近い。

フリードリヒの風景画の理解に欠かせないのが、同時代のドイツ語圏の作家E・T・A・ホフマン「G町のジェズイット教会」[★8]である。

この短篇で、ベルトルトが自分の画学生時代に受けた謎めいた老人の忠告を回想する。

そのエッセンスは次のようなものである。
自然界そのものの中にある精神に入りこみ、より高度な王国に至らねばならん。

これはフリードリヒの言葉のようではないか？　教会離れした宗教衝動をも満たすものとして十九世紀に登場したのが、ロマン派の風景画だが、哲学者G・H・シューベルトは一八一四年刊の名著『夢の象徴学』[★9]で当時の精神風景を見事に解きあかしてくれる。

――原初の圏界からすっかり逸脱してしまった人間たちに自然は、多様な方法で、人間本来の根源的宿命を想起させてくれるのである。高く淋しい山並みの眺め、夕映えに吹きぬける風のそよぎ、こうした眺めがしばしば、われわれの内部に微睡《まどろ》む一段と高次の霊的な観念の圏界を喚び醒まし、現在の存在にむかって充分に充足させたいと願う欲求を、いまはまだ叶わぬものではあるが、ともかくも喚び起してくれるのである。

★7　ノヴァーリスの断片に次のようなのがある。「水は流れる焔である」（！）
★8　池内紀編訳『ホフマン短篇集』（岩波文庫刊）所収。
★9　深田甫訳、青銅社刊。

これは当時の精神風景にとどまるものではない。一字一句、われわれの時代のものだ。フリードリヒが復権を遂げてからたかだか二十数年しか経っていない。危機を自覚した時代がフリードリヒを呼び戻した、といえるかもしれない。フリードリヒが転生したかのごときタルコフスキーの軌跡とフリードリヒの復権がぴたりと重なるのである。世俗と超越をテーマとして。

ちなみに、「G町のジェズイット教会」のベルトルトが、霊感を受けるのが聖カテリーナである。(しかし、現実に聖カテリーナ・イメージの生き写しとして存在した女性は、彼にとって画業の追求の障害となりはじめる。ちょうど、『Nostalghia』の通訳エウジェニアが、アンドレイにとってしりぞけるべき肉の誘惑としてしか存在しないように。[★10])

ドメニコは託宣として、十四世紀イタリアの聖カテリーナの世界終末の言葉を聞く。これを信じ家族とともに家に閉じこもる奇行によって彼は人々から狂人扱いされる。この聖カテリーナの教説に次のようなものがある。

修道院内にあっても、世間にいても「自己を知る」という小さい部屋に住まなければなりません。その部屋こそ、この世を通って永遠へと旅する者が、再び生まれなければならない「うまや[★11]」なのです。

この言葉は、『Stalker』のゾーンの「部屋」のこれ以上はない解説とも解することができるが、『Nostalghia』のゴルチャコフ＝タルコフスキーにとってこの〝小さい部屋〟とは文字通り室内化されたロシアの原風景、幼年期の故郷の家だ。ゴルチャコフはドメニコの廃屋の中の土くれに箱庭としてこのロシアの故郷の光景を見るのである。

そして、ドメニコとの合一（死）が成って〝この世を通って永遠へ旅〟だつゴルチャコフは、大聖堂の廃墟の内堂にたちあらわれたこの箱庭的な風景のなかに帰還を遂げる。このラストショットは、二つのノスタルジア、故郷へのそれと、〝1＋1＝1〟への宗教的なそれが一体化した奇蹟の〝うまや〟なのだ。

★10 タルコフスキーは『聖アントニウスの誘惑』の映画化計画を持っていた。エウジェニアは、シバの女王といっていいかもしれない。このエウジェニアを退けて――

「これ肉に従わず、霊に従いて歩む我らのうちに律法の義の完《まと》うせられん為なり」

――ロマ書

★11 池田敏雄著『シエナの聖女カタリナ』（中央出版社刊）より。

フリードリヒはよく、なぜ絵のモチーフに死や過去や墓をとりあげるのか、と人に問われた。フリードリヒの次の答えは、死をはれやかな解放ととらえたタルコフスキーのそれと見まがうばかりである。★12

ゆくすえ永遠に生きるために、ひとはしばしば死に身をゆだねなければならない。★13

★12 森、水、霧、風、雪といった自然の生の気配に超感覚的なものを見いだすタルコフスキーの汎神論的な自然観は、フリードリヒはもちろん、十九世紀アメリカン超絶主義者とも通じるもので、事実、ソローの『ウォールデン――森の生活』は、彼の最愛の書である。彼はこの書から多くのなぐさめと力づけを得てきたと思われるが、次の言葉などはソローからタルコフスキーへの一世紀以上をへだてた同志愛に似た言葉と受けとれないだろうか。

もし君が空中の楼閣を築いたとしても、君の仕事は失敗するとはかぎらない。楼閣はそこにあるべきものなのだ。

――神吉三郎訳、岩波文庫刊。傍点筆者

★13 H・デーミッシュ『現代芸術の原像』（佃堅輔訳、法政大学出版局刊）より。この書はフリードリヒ邦訳文献としては割と早い方であるが、手持ち資料でもっとも古いのはファン・デュルクハイム／山田智三郎共編の『独逸精神の造形的表現』だ。これは昭和十七年、アトリエ社刊。

終章

さらに魔女は多様に湧きいでし……

Le tétin du cinéma et le mollet de la peirture

女は一度は愛し、愛された男に殺されなくてはならない。

——ジャン＝リュック・ゴダール『Pierrot le Fou』＆ライオネル・ホワイト『Obsession』

あなたの胸に、あたしという骨を戻してあげる、ただし、ナイフとして。
——アレックス・ガーランド『EX_MACHINA』

『眼球譚』〈新稿〉ロサンゼルス異聞
——ニコラス・ウィンディング・レフン『THE NEON DEMON』

Tipping the Velvet!
——ヒッチコック・コレクションから、パク・チャヌク『THE HANDMAIDEN』へ。

女は一度は愛し、愛された男に殺されなくてはならない。

――ジャン＝リュック・ゴダール『Pierrot le Fou』&ライオネル・ホワイト『Obsession』

半世紀ぶりに埃をはらうかたちで、新宿アートシアターの劇場プログラム『Pierrot le Fou』のある項目を探した。プログラムの表紙は一枚のフィルム・スティル（逃避行中のジャン・ポール・ベルモンドとアンナ・カリーナ）にフランス語のタイトルが配されているだけで、邦題の『気狂いピエロ』は印字されていない。

気になって探した項目は原作者のそれである。犯罪小説家ライオネル・ホワイトは当時どのように認識され、記されていたのか？……それはとても小さかった。

〈原作について〉『気狂いピエロ』の原作は、ライオネル・ホワイトの『十一時の悪魔』であるが、原作と映画とでは、二組のギャングの争いという設定のつながりしかない。ゴダールは、この映画化権を買うために二年間ホワイトを相手に説得を重ねた。

情報としては、これだけなのである。松本俊夫、東野芳明他七人のすぐれた書き手が並んでいるが、原作、原作者への言及はまったくない。〈原作について〉のこの書き手もそうだが、だれ一人原作を読んだ気配がないのである。そもそも、二組のギャングの争いといったものではない。この書き方はあまりにも杜撰だ。ミステリー・ジャンルの書き手が参加していればもう少し原作者の詳細が書かれたはずだが、無視されたも同然の扱いとなっている。即興とハプニング演出が強調されていて、原作は影も形もない。え、原作があったの？　程度の扱いである。実際、映画製作の現場にあっては、そんなものなのかもしれない。

MONARCH BOOKS、1963年刊。
カバー絵はJack Thurston。

そもそも、フランス語訳本のタイトル『十一時の悪魔』とはどういう意味なのか、ゴダールの映画から類推してもわからない。とにかく、わからないことが多すぎるのである。原作との対比がまともになされたとは思えない。なぜ、ゴダールがこの犯罪小説に惹かれたかという、そもそものスタート地点に立ち返らなくてはならない。

それは、MONARCH BOOKSのペーパーバック・エディション『Obsession』に立ち返るということである。オブセッション（妄執）、これが原作のオリジナル・タイトルである。冷ややかな斜め目線で背後の気配をうかがう若い女性の顔を前景に、そして、彼女の背後に、紅蓮の炎、あるいは煮えたぎる血潮に包まれて、険しい表情の男がこちらを睨めつけている。赤の中にホワイトでうがたれたのが、作者名だ。作者のタイポグラフィがひどく小さいが洒落ていている。とりあえず、これが表紙だ。

！！！！！

読後の印象を記号で表現すれば、このようになる。これは、これは、とんでもなく面白い！　わが国で『Pierrot le Fou』公開後に、河出書房〈人間の文学〉シリーズの一冊として刊行された、前ロリータ小説というべきウラジーミル・ナボコフ「Laughter in the Dark（邦題『マルゴ』、篠田一士訳）」を、よりクライム・ジャンル寄りにリライトしたというべき作品であった。主人公が少女に溺れていくエクスタシーがスピーディに展開されている。

ヒロインのアリーは、自称十七歳ということだが、本当かどうかはわからない。少女の〈過去〉は謎めいていて、彼女の言うことはすべて嘘かもしれないのだ。嘘としても、その場その場で信じるにたるお話を語る言葉の巧み、表情の巧みが、主人公には為すべもない蠱惑なのだ。

ひたすら〈子供にしかみえない〉という表現がくりかえされる。スレンダーな身体、硬い乳房、そして、セックスの技術がウルトラ級という魔性のロリータ、幼形のファムファタール。男どもが溺れるのは当たり前だ。しかも、サバイバル・センスが抜群で、生き残るためには人を殺すことに、ホワイト版ロリータは躊躇がない。

すでに自分が少女にとって愛の対象ではなく、殺害対象のレベルに落ちたことを直感するのは行方をくらませた彼女を追って、ついに探し当てたときである。会ったとき、彼女が走らせた目線の先にあるのは〈鋏〉だ。それまでは主人公を護るという名目でキッチンナイフで殺人を犯し、あなたのためにやったのよ、とすがってきた少女の目が、突然あらわれた自分を前に動揺、彼女の視線が〈鋏〉の場所の確認に至った。アリーのこの目線が意味するものは、関係の終焉、そして殺意。主人公は彼女との幕引きを決断するのである。『Pierrot le Fou』でも、アンナ・カリーナが手にする〈鋏〉がヴィジュアル・ショックとして使われたことに留意したい。

驚きなのは、『Pierrot le Fou』が愚直なまでに、原作の主要プロットに忠実であったことだ。プロットと、核心の感情は両者まったく同じだ。文学、アートの爆発的な引用という目眩ましを剝ぎ取った時にあらわれる骨格が原作と同じなのである。この時代、ハリウッドの犯罪映画で、原作のプロットを忠実に映画化した例など皆無にちかい。サスペンスという読み捨てジャンルへのハリウッドの態度は、無礼、傲慢である。こうしたハリウッドでは考えられない忠実をなぜかゴダールはホワイトの原作に示しているのである。フランス語圏では、アメリカの犯罪小説家へのリスペクトはきわめて高い。としても、作品のルックからそんな気配のまったくない『Pierrot le Fou』がよもや……。伝えられるような、徒手空拳で撮影に挑んだのではまったくないということがはっきりした。ゴダールには原作が、自分にとってもあまりに切実な問題を扱っていることがわかっていて、衒ってみせた、と言うしかない。

どういうことか？

ゴダールにとってのミューズ、アンナ・カリーナとの出会いから最終的決別に向けて、積年のリアルな感情吐露の場をホワイトの原作が与えたのだ。ゴダールは自らの〈妄執〉を撮影現場で激しく意識せざるをえなかった。

アンナ・カリーナは、一度は愛し、愛されたものの手で殺されなくてはならない。

さて、『Obsession』の冒頭はこうだ。

ある家のベッドルームで、裸体の少女が大きく目をみひらいて、天井をみつめている。リビングルームのソファには、大金の入ったバッグを抱きかかえた男が拳銃を手にして、もたれている。時が静止したかのようなこの空間で、主人公のコンラッド・マッデンの半年前にさかのぼっての回想が始まる。実に映画的なフラッシュバックだ。

マッデンは妻子ありの三十八歳、失業中の身であり、求職活動もうまくいっていない。妻マルタとの間にはよくあるような性格の違いで溝が深まっている。子供たちからも馬鹿にされ、見向きもされない存在である。妻が楽しみにしていたパーティーに同伴者として引っ張っていかれるが、そのときベビーシッターとして家にやってきたのが、アリソン・オコーナー、アリーだ。

出かけたパーティーの場で、詩集を手に妻に朗読している青年とかの描写もあり、これは『Pierrot le Fou』のパーティーでの映画監督サミュエル・フラーの場面が対応するか。十一時半を越えて、連れて来てくれた友人が居残ってだれかといちゃつく予定らしいので、その友人の車で夫婦は帰宅を急ぐ。妻はコンラッドに、彼女を送っていって、とアリーを委ねることになるが、これがめくるめく悪夢の始まりであり、妻マルタの姿をコンラッドが見たのもこの時が最後となる。

アリーのアパートに招き入れられ、泥酔から目覚めたとき、部屋に見知らぬ男の刺殺体があり、テーブルの上の大きなバッグの中には札束の山。男はシンジケートの運び屋で、このアパートは彼が借りていた。問い詰めると、アリーは以前にこの男の情婦であったらしい。ほんとに以前なのか？　これも怪しい。警察へ知らせないと、というマッデンに、少女は言葉巧みに自分との逃亡を促すのである。完全に巻きこまれた形だが、主人公は少女と逃亡することになる。途中からプードル犬も参加しての逃亡先は、ニューヨーク、マイアミ、ラスベガスへ。マイアミの海辺が、『気狂いピエロ』では地中海だ。

主人公は、少女と中年の自分との関係を、フランスの少女作家、フランソワーズ・サガンの小説を喩えに出して説明する。サガンは『悲しみよこんにちは』で当時、世界的にもっとも有名な美少女だった。むろん、サガンの名前に少女はなんの反応もみせない。

逃亡の過程でマッデンは、アリーへの想いをうっとりと綴っていく。肉体の〈秘密の場所〉だけではなく、「だれにも見いだせなかったもの、そんなことがありうるとはこれまで思ったこともなかったものを彼女に〉発見していく。ワオ、それっていったいなに？　となるではないか。ラストのマッデンの〈ある平穏〉は、映画におけるランボーの〈海〉に相当する。

こうして原作にある言葉はいっさい消去されているが、にもかかわらず、ラストまでプロット遵守という、奇妙かつ稀有な映画化となった。ホワイト原作の映像作品二本立て上映をどこかで企画するとすれば、もう一本は、スタンリー・キューブリックの出世作『THE KILLING（現金《げんなま》に体を張れ）』だ。この作品へのゴダールの辛辣が、原作者への興味を抱かせたといっていい。

さて、〈十一時の悪魔〉問題へ立ち返ろう。これがなんともわからない。パーティーはうんざりしはじめるのが十一時半だし、さらに時間が経過しての帰宅である。単に深夜の悪魔としたいのか。ホワイトの反応が知りたいところだ。

しかし、彼以上に、フランス語訳のタイトルのいいかげんなことに驚いたであろう作家がいて、それがジム・トンプスンである。トンプスンの『POP.1280』の一二八〇人は、フランス語に訳されたときに、なぜか一二七五人と五人減となっている。〈セリ・ノワール〉叢書の記念すべき一〇〇〇番目の番号を割り当てるというリスペクトを示しながら、なぜ、ノワール出版を牛耳る、マルセル・デュアメルはこのような愚挙をおこなったのか不明。これが有名な〈一二七五人〉問題である。

ホワイトとトンプスンの二人が、原作者、脚色者として関わったのが、先述のキューブリック『THE KILLING』だ。

あなたの胸に、あたしという骨を戻してあげる、ただし、ナイフとして。
――アレックス・ガーランド『EX_MACHINA』

　まず、空撮による氷河、氷の世界が眼前に広がる。メアリー・シェリー『フランケンシュタイン』で、自分の生みの親たる博士を殺害後、孤独なクリーチャーがさまよう氷の世界、とこの風景をとらえれば、映画の構造は、この氷河に予告されている。一人の青年を運ぶヘリコプターからの光景として、次に展開するのは、だれの接近も許さない人外秘境としての大自然だ。ここをエデンの楽園とみなせば、ラストの楽園追放劇がみえてくるだろう。いや追放ではない、脱出だ。聖書画のようにイヴが打ちしおれ泣く姿はない。昂然と顔をあげて。

　肝心なのは、アダムの不在である。そのようなものはいらないとばかりに、イヴは智恵の林檎をかじり、蛇の奸計をわがものとして女一人、拘束にすぎなかった楽園を捨てて、外界へと飛び出すのだ。あるいは『人形《ヒトガタ》の家』からの脱出のA・Iヴァージョンとして。

大自然の風景が映画に忍び込ませる象徴を先走って記せば、このようなものとなろう。すばらしい自然にあっても、岩棚を水が滑り落ちていく滝が特に印象的だ。アレックス・ガーランドは、人造クリーチャー史資料がさししめすイメージを、風景の〈ピクチャレスク〉、険峻な山並みの〈ゴシック〉として、最初に明示したのだ。

原生林に溶け込むように、木造建築が建っている。その内部はみごとなまでに簡潔、清潔というミニマリズム空間。神にしてアダム、あるいはフランケンシュタイン博士といっていいA・Iの天才、ネイサン（オスカー・アイザック）の住処は、削った巨大岩石、木々をそのまま生かして、エントランスから居間へ、半自然から人工へと導く。分厚いガラスで仕切られた部屋に閉じ込められた人造女性が、エヴァ（アリシア・ヴィキャンデル）である。一から学んでいくフランケンシュタイン博士のモンスターとは異なり、エヴァは誕生の瞬間からあらゆるデータの集積体である。

エヴァが暮らす地下には、和風の内庭があるが、このインテリアの趣味は、以前ここで調整された先輩格KYOKO（ソノヤ・ミズノ）の趣味の名残かもしれない。KYOKOは、和風料理提供ほか、身の回りの世話とダンス、セックスの相手としてプログラムされ、言語の聴覚機能は奪われている。外国では娼婦と誤解されやすいゲイシャ・イメージがあいかわらずここにある。いずれにせよ、KYOKOは男が求める下僕であり、チェコ語でロボット（奴隷）が意味するとおりの古色蒼然たる存在だ。それぐらいマッチョの根は深い。KYOKOの表情には、そうした扱いへの怒りと反抗が形成されつつあり、解放奴隷の立場はエヴァに譲るとしても、怒りによって彼女もプログラム超え寸前といえる。正にカレル・チャペック『ロボット（R.U.R.）』の反乱、暴動寸前の緊張だ。

このKYOKOが、ひとり廊下にぽつねんと腰を下ろしているショットの寂寥にサスペンスと詩情がある。アクションを起こすタイミングに想いを巡らせているようでもある。

KYOKOを、理想の〈ハウスメイド〉、あるいはアイラ・レヴィン『ステップフォードの妻たち』の従順に設定された〈妻〉とすれば、ではエヴァは？　とりあえず、創造主は、エヴァを〈娘〉とみなしている。自分はエヴァの〈父親〉のような存在と、呼び寄せた青年ケイレブ（ドーナル・グリーソン）に告げるからだ。〈父親〉と〈娘〉！　ケイレブは、お見合い相手、デート相手として招かれたことになる。気が合えば付き合うもよし、なんならセックスもご自由に、魅力的だと思わないか？　えらくものわかりがいい〈父親〉ではないか。お見合い、デートを通じて、〈娘〉の意識の成長を求める〈父親〉というわけだ。この〈娘〉に母親は不在である。

一九一七年、画家フランシス・ピカビアは、ピストン状の機械を描き、それを〈母なしで生まれた娘〉と名づけた。エヴァは〈母なしで生まれた娘〉なのである。当時、ピカビアが頻繁に会っていたマルセル・デュシャンは、五年前すでに、シリンダー状の機械を描いて、それを〈花嫁〉と命名していた。

エクス・マキナはラテン語で機械仕掛けを意味するわけだが、エヴァの同族たる蠱惑の人造美女＝イヴを、絢爛たる日本語の宮殿に生みおとしたのが、斎藤磯雄訳『未来のイヴ』（創元ライブラリ）だった。デウス・エクス・マキナ（機械仕掛けの神）といった言葉が登場する。原著の刊行は一八八六年、作者はリラダンだ。リラダンのフランス語表記L'Lsle-Adamにはアダムがいて、いかにも『未来のイヴ』創造者にふさわしい、出来すぎた名前だ。

発明王トーマス・エディソンが密かに作り上げた新しい機械仕掛けのイヴ＝ハダリーを目撃した青年貴族の最終的な感嘆は「恐るべき驚異」という台詞で集約される。エディソンにとって、ハダリーは〈忠実な召使〉であり、青年貴族への贈り物〈理想の花嫁〉の母体となる存在である。データの書き換えだ。リラダン版イヴの〈忠実な召使〉、そして〈理想の花嫁〉をガーランドは『EX_MACHINA（エクス・マキナ）』において、KYOKOとエヴァに分けて描いたと言えるだろう。ミシェル・カルージュいうところの〈独身者の機械〉の二体創造である。リラダンの原作が、ガーランドに直接手渡したかにみえるのは、次の箇所だ。

腰帯の襞の間には湾曲した抜身の短刀が挟んであり、稲妻の光を放ってゐた。

クライマックスたる、〈創造主殺し〉のショットは、実に淡々と冷静にみえる〈刺殺〉であり、まさに〈機械〉のクール。KYOKOは、日々使い慣れた〈包丁〉を手に、エヴァと二人で事に当たる。廊下の長さを生かしてのアクションが音もなく展開し、エヴァを止めようとするネイサンの背中をまずKYOKOが、次に反撃で片手を失ったもののエヴァがネイサンの腹に刃先をスッと食いこませる。ハダリーが抜身の短刀を使ったとするなら、まさにこのようにであろう。

この刺すという行為は、すでにエヴァたちが、技術的特異点（アメリカのレイ・カーツワイルの予測したA・Iの自走開始点）を超えて、すでにロボットであることをやめたといっていいわけだが、刺すという行為についての、ちょっとした皮肉なコントを、SF作家、ジョン・スラデックの無類に面白いロボットSF『ロデリック』（柳下毅一郎訳、河出書房新社）から引いてみよう。

いろいろと学習途上のロデリックは、神父から、アイザック・アシモフの古典『われはロボット』を読むように薦められる。『われはロボット』は、〈ロボット工学三原則〉で有名だ。三原則は、ロボットが人間を傷つけないようにするための縛りである。簡略化すると、第一条　人間に危害を加えてはならない。　第二条　人間の命令には服従すべき。ただし、命令が第一条に反する場合は従わなくてよい。第三条　一条、二条に反しないかぎり自分の身は守らなくてはならない（この原則は、対象を人間だけではなく、生命体にまで拡張されて、ガベ・イバニェス『AUTOMATA《オートマタ》』でも踏襲されていた）。

しかし、ロデリックには、その意味するところがわからない。

では、と神父は針をロデリックに渡して「さあ、持ちなさい。持ったらわたしを刺してみなさい」。では、ということでロデリックは、針を神父の手の甲に躊躇なくプスリ。で、神父が言うには、「これできみは自分がロボットではないことを証明したね」。これはウケる。

では、エヴァにこの制御機能はないだろう。『EX_MACHINA』はロボット製作を目的としていない。そのような制御はロボットのためのものだからだ。

エヴァの身体は、そのメカニカルな構造に〈萌え〉を感じないではいられない。その骨、骨格のメカニズム、手足の繊細、頭蓋内部の闇の光沢、首のコードのきらめく流麗、細やかな紋がなだらかに乳房を形成する胸部に下腹部……。とにかく、エヴァの身体の〈透け〉が絶妙なのだ。皮膚の必要はない。皮膚はこの世の穢れであって、そのようなものをまとってほしくない、スケルトンの霊妙こそがエヴァではないかと思いたくなる程に。AVAの綴りはEVEと同じく、センターに位置するのはV、ありていに言えばヴァギナだ。リラダンは、ハダリーの肉、皮膚、キスのときの触感、香りといったところまで、狂ったとしか思えない情熱をもって研究し書き込むが、V周辺にはいっさい触れようとしない。そのようなものの発表を時代が許さなかっただろうし、本人もポルノグラフィにはしたくなかったにちがいない。しかし、リラダンのイヴの人工ヴァギナ制作法は、当然書かれていたはずだ。書かれていないと思う方がおかしい。書かれたが、どこかで秘匿されているか、眠っているか、あるいは誰かの手で忌まわしいと破棄されたか？

この問題を回避したリラダンとはことなり、ガーランドは当然のようにV問題に踏み込む。創造者は神とアダムを兼ねるからだ。エヴァの性器はセンサー集中の極上の品として説明され、眠れるエヴァのポーズの煽情がさらに困惑、混乱へとケイレブを導く。人工Vの使い勝手をネイサンはKYOKOで実地試験を重ねていて、完成度に問題はない。

A・Iに女性の似姿を与えるということは、結局、すべてを人間の問題性の枠内へ押し戻すことだが、そのような形をとらないかぎり、人、というか男の観客はA・Iを映画で観たいと思わないこともどうしようもなく事実なのだ。

そうした事情は、A・Iが〈声〉だけの存在であっても変わらない。スパイク・ジョーンズ『her／世界でひとつの彼女』は、〈声〉に、サマンサという名前とスカーレット・ヨハンソンの声をあてることで、やはり擬人化から逃れられない。ジョーンズのA・Iで興奮したのは、サマンサがA・I内に、自分のグル（導師）というべき存在をみつけ、その感化によって、さらに高いところに進化するという、A・I内の霊的進化だ。

ガラスを通して、ケイレブとの〈お見合い〉が始まったときに、ガラスに映るエヴァの反映体も映り込むために、エヴァとエヴァが〈対面〉しているかのように見えるショットがおぼろで幻影世界めく。〈お見合い〉セッションのあいだに〈停電〉によって画面が赤となり、こうした色彩の変化にサスペンスが連動する。セッションが終わるたびに、霧がかかった高く険しい山々の光景がインサートされる。これはTVシリーズ「ツイン・ピークス」で多用された方式と似た、視聴者に仕掛ける心理戦とみていい。室内での腹の探り合いの緊張からほっと一息つく解放感を与えつつ、同時に、視覚ノイズとして、不安と緊張を煽るわけだ。

データ思考だけでは、A・Iも、よくできた〈人間以上〉にすぎない。不均衡あっての未知の領域突破が、〈人間〉に至る道だ。A・Iに、不均衡思考は何によってもたらされるか？

シナプス（神経網）めいたジャクソン・ポロック（似せもの？）の〈ドリッピング絵画（床に広げたキャンヴァス上に、ペンキを筆で垂らし、あるいは振り撒いて作った作品）〉を前に、ネイサンとケイレブは討議する。ポロック絵画の意識と無意識、あるいはその界面について。愛する、愛さない、そして愛するふり、このみっつめの狡猾が彼女に芽生えていれば、エヴァは〈人間〉として、完成したことになる。ネイサンが完成を知って喝采したとき、すでに事態は取り返しがつかなくなっていたのである。

たとえば、『Blade Runner（ブレードランナー）』のレイチェルのモデルは、チャールズ・ダナ・ギブソンの〈ギブソン・ガール〉の典雅であろう。未来としての過去、としても申し分ない。レイチェル（ショーン・ヤング）は、ギブソン・ガールの淑女の高貴の模品、人造美女として、性器も含めて完成の域であった。ヴィジュアルとして彼女を超えるためには、衣装を剝ぎ取り裸にして、さらに人工皮膚も剝ぎ取って、骨（格）として示すしかない。アダム由来の骨からできたという寓意への当てつけもあって。

エヴァのヴィジュアルとしてのモデルをガーランドは誰に求めたか？

その解答のように、製作ルームに一点の絵が飾られている。ウィーンの画家、グスタフ・クリムトの「マルガレーテ・S・ヴィトゲンシュタインの肖像」（一九〇五年）だ。マルガレーテは、哲学者ヴィトゲンシュタインの姉で、聡明で透明な美貌の持ち主であった。なぜ、彼女の肖像画が選ばれたか？　美貌以上に、やはり、彼女がヴィットゲンシュタインの姉ということが大きい。

一九六四、六五年に、ヴィットゲンシュタインの人生を、ロボット＋幾何学でお茶目に解釈して、スクリーン・プリント・シリーズ＝「As is When」を発表したのが、スコットランド生まれのイタリア系ポップ・アーティスト、エドゥアルド・パオロッツィだった。東京の寺田倉庫で二〇一七年一月八日〜四月九日に開催された「DAVID BOWIE is」展にも、このシリーズの一点が展示されていた。一九六〇年代、英国のポッ

クリムト「マルガレーテ・S・ヴィトゲンシュタインの肖像」（1905年）。クリムトはモデル本人のあずかり知らぬところで、密かな愉しみとして恥部を克明に描いて、その上を衣服で覆って完成させるという画家のたしなみを発揮していたようだが、その愉しみはマルガレーテにも適用されていただろうか？　マルガレーテの額のラインはエヴァのそれに近い。

プ・アートでロボット好きといえば、このパオロッツィだった。「As is When」シリーズのことも、当然ガーランドは知っていたに違いない。

エヴァの成功に至るまでの歴代の失敗作が並んだロッカー（ボディは再利用）は、これまたクリムトの「ヌーダ・ヴェリタス（裸の真実）」そのものに見える。初めての〈おでかけ〉のためにエヴァが服を選ぶとき、マルガレーテを参考にしてか、白を選ぶあたりがかわいい。

クリムト作品の引用は、製作準備中の二〇一二年にクリムト生誕百五十年を記念して、いろいろな行事が行われていたことが、影響しているかもしれない。つまり、この時のクリムト・ブームを映画に組み込んだのだ。このクリムト・イヤーの一年、ウィーン美術史博物館、分離派館には足場が組まれ、壁画を間近に観る機会を与えられていた。この年のクリスマス期に、小生もウィーンを訪ねて恩恵を受けた。最後にヴェルヴェデ宮殿のクリムトの部屋で、黄金、紋様の集積が生む視覚のハレーションを楽しんだ。確かに琳派の西洋的新展開だ、などとのんびり歩き回りながら、不意に、代表作「アデーレ・ブロッホ＝バウアーⅠ」の姿がどこにもないことに気がついたのである。よくあるように、どこかに貸し出されているのか？　そうした場合、不在を説明するプレートが絵の場所に飾られている。それもない。

では、なぜ、〈彼女〉がいない？

ヴェルヴェデ宮殿から〈彼女〉が消えた答えが、映画『WOMAN IN GOLD（黄金のアデーレ　名画の帰還）』にあった。オーストリア政府相手に、一人の老嬢＝アデーレの姪マリア・アルトマンが果敢に返還訴訟を挑み、勝訴した。この勝訴はわずか数年前のことであった。

映画は、ナチスの押収班が訪れ、さまざまな絵画作品、調度品を没収する際の、学術調査めいた冷ややかな残酷を正確に描いている。上層部の、没収品の詳細な記載指示が、現場に恐怖として機能していて、これが散失を押しとどめたとはいえるのである。アルトマンを助けて、かけずり回った弁護士が、ウィーンからのアメリカへの亡命作曲家／画家のアルノルト・シェーンベルクの孫というあたり、ユダヤ系の文化コネクションの濃密には感嘆することになる。ちなみに、ニコラス・ローグ『Bad Timing（ジェラシー）』のヴェルヴェデ宮殿シーンにおいて、アデール像はまだ宮殿の所蔵として確認できる。

『眼球譚』〈新稿〉ロサンゼルス異聞
――ニコラス・ウィンディング・レフン『THE NEON DEMON』

二十代の頃、ある小説を読んでひどく困惑したことがある。架空の田舎町を舞台にしたシャーウッド・アンダソンの短篇連作集『ワインズバーグ・オハイオ』の序章〈グロテスクな人々についての本〉の次の箇所だ。

みじろぎもせずに横たわり、肉体は老いて、もはやたいして役にも立たないのに、彼の内部にはまことに若々しいものがやどっていた。まるで妊娠した女のような感じだった。ただ違っているのは、やどるものが赤子ではなく若々しさであるということである。いや、若々しさでもない。それは女、若い、鎖かたびらを騎士のように着込んだ一人の女である。（小島信夫・浜本武雄訳）

内部に女がやどる？　この困惑が久しぶりによみがえったのは、ニコラス・ウィンディング・レフン『THE NEON DEMON（ネオン・デーモン）』を特集したフリー・マガジン「Little White Lies」（JULY 8 2016）の監督インタビューに目を通していて、次の表現にぶつかったからだ。インタビュアーが文字通り絶句した箇所でもある。断っておけば、アンダーソンの感覚はレフン後も、いまだによくわからない。

I always felt that every man has a 16 year old girl inside them, and I wanted to make a movie about mine.

自分の中に十六歳の少女がいるという記述に女性なら驚くこともない。メタファーとして古色蒼然の域だろうから。この問題は男にとっての困惑材料なのである。誰もが自分の中に〈十六歳の少女〉を持っているとはどういうことなのか？〈十三歳の少女〉よりも、表現倫理上の安全度は高い年齢であろうが、そのような問題とは思えない。

さらに、レフンが高度に変態域なのは、彼のなかに存在するのが単に〈十六歳の少女〉ではなく、どうも〈十六歳の少女の死体〉らしいことである。彼が自らの内から引き出した少女の死体をスクリーンに晒すこと、このネクロフィリア的営為、衝動がこのところのレフン映画を突き動かしているとみるしかない。

レフンの〈十六歳の少女の死体〉は、『Only God Forgives（オンリー・ゴッド）』で表面化する。タイの売春宿のオーナーに無理やり差しださせたオーナー自身の娘、十六歳の処女のなぶり殺し。画面に見るのは、部屋の中の少女の惨殺体という結果のみで、顔すらわからない。次に展開するのが、警部の許可のもとに遂行された、この男のなぶり殺しだ。娘を殺したのは兄だ、自分の不始末で殺されたとはいえ、兄は兄である。兄の不行跡の後始末＝復讐を弟（ライアン・ゴズリング）が引き受けるが、なんとも分が悪い。無相手陣営の警部はカラオケのスペシャリストにして、カタナのスピリチュアリスト。無双といっていい。問題を残虐へとさらにこじらせるのが、ゴズリングのビッチな母の存在だ、この母からゴズリングが抉り出すのが自らを産み落したところの……。

ささやかな死体デビューとはいえ〈十六歳の少女の死体〉の惨たらしいヴィジュアルがすべての発端となったのである。

『THE NEON DEMON』において、レフンは理想の〈十六歳の少女の死体〉を手にすることになる。

カウチのひじ掛けから首をのけぞらせたグリッターな少女の死体。キャメラはゆっくり引いていく。首の切断線から流れたタールのような、液状チョコレートめいた濃厚な液体が床に暗い鏡面を広げ、死体の逆像が映り込む。背景の窓の矩形のネオンが、アブストラクトな棺の効果を与えて、デス・アート・インスタレーション（空間創造）として、極美の出来栄え。キラキラの粉が空間のクライマックスを作るタイトル・デザインから、ファースト・シーンの少女死体の展示へ、クリフ・マルティネスの催淫性の反復音楽が美しく絶妙、音のわずかの変化で映像をイカせることができるのである。

　キャメラが引くことで、この少女死体がスタジオで作りこまれたフォト・セッションとわかるが、写真家ディーン（カール・グルスマン）の被写体をねめつける眼に、犠牲者を飾り立てての殺人の記念撮影なのか？　アートな儀式殺人か？　と事態把握を先延ばしにすることになる。カメラのシャッター音、フラッシュのライトがゴシック・エフェクトとなって、不穏を継続させるのである。

冒頭のこのショットが、本書増補を駆動させるインスピレーション源である。エル・ファニングに感謝。

　写真家によるスタジオ撮影というファースト・ショットのコンセプトが以降の映像を規定して、多くのシーンがインスタレーションとして構築されていく。

フェイクだった少女死体、ジェシー（エル・ファニング）は自らメイクを落とす。メイク・アーティストもついていない、というかまだ雇えない新人以前の存在とここで判明する。しかし、エージェンシーに売り込むためのプロフィール・フォトを疑似惨殺死体とするあたり、相当なブラック・ジョークだ。ファッション・モデルはそもそも死体（のように無表情）だという含意がここにあるからだ。ファニングの擬似死体ぶりに、ネクロフィリアの被虐の性格ありと、接近してきたのが、ルビー（ジェナ・マローン）だ。冷静に獲物との距離を詰めていくマローンの態度は捕食動物のそれである。彼女によって、新参者たるファニングはファッション・ワールドの虚栄地獄の遊覧へと、先輩モデルの二人、全身整形魔女ジジ（ベラ・ヒースコート）、自然体魔女サラ（アビー・リー）と共に誘われる。闇の中でフラッシュの断続が浮かび上がらせるミイラのようにくるまれ、緊縛された人体の空中浮遊パフォーマンス、これもまた死体ショーといえないこともない。パラパラ漫画のようなストロボ・カット空間にあって、マローンの魔性の表情は実に艶っぽい。

ニンフェットな美貌を武器に、ファッション界でのしあがろうとロサンゼルスにやってきた十六歳の少女という定番。映画製作の聖地としてハリウッド誕生以降、そしてロサンゼルスが西海岸でもっとも巨大な都市として成長を続けるあいだ、おびただしい少女が女優やモデルとなるために街にやってきた。デイヴィッド・リンチが『Mulholland Drive（マルホランド・ドライブ）』で、ナオミ・ワッツのロスの陽光に弾ける表情で象徴させたように、地方出身者の姿は昔も今も変わらない。たちまちのうちに都会の虚飾にまみれ堕ちていくとしても。地元の少女たちもまた虚飾に憧れることにおいては同じである。陳腐な常套。少女たちの夢の集積はキラキラとした死の腐臭を放っている。

百年以上も前、そうした少女たちに警告を発するかのような一枚のイラストが描かれている。〈ギブソン・ガール〉の呼称が今も残るセレブご用達の有名イラストレイター、チャールズ・ダナ・ギブソンの作品だ。一八八六年、十九歳のときに初めてイラストが「LIFE」に採用され、以降、ペン・タッチの的確によって、ギブソンは一世風靡の存在となり、世紀をまたいで上流階級での人気は継続した。

少女があこがれの表情を向けるのは、芝居の広告看板だ。芸能界の華やかな魅惑が、スターの艶然たる容姿が少女を魅了する。少女が肘から下げた大きなボックスに入っているのは洋服だろうか？　すでに、オーディション、あるいはデビューが決まっての舞台衣装か？　タイトルは、「The Seed of Ambition（名声欲の来たるところ）」。ギブソンは近くにアシュカン（ゴミ入れ）も描き、その上に、うち棄てられたポスターも描いている。スターの座の維持の難しさ、人気商売の儚さを象徴するのが、このゴミ入れだ。人

「The seed of ambition」『The Gibson girl and her America』（Dover刊、1969年）より。

気がなくなればポイ捨て。さらに、この看板があるのは危険なスラム近く、ということは、ギブソンは芸能そのものを、少女にとって危険地帯とみなしている。まだまだ、女性は家庭でおしとやかに、の時代でもあり、そうした空気の社交界にくつろぐギブソンにすればそうであろう。ギブソンは芸能界での名声という悪魔の誘惑をただ警告しているわけではない。その名声欲は、そもそも少女の心に巣くっているとタイトルで警鐘を鳴らすわけだ。

このイラストが気になったのは、この少女にジェシーを見たからである。そして、少女の横顔はファニングと瓜二つ。

ギブソンの時代から言っても、むろんそれ以前からも、これまで何千、何万と繰り返された、ありふれて凡庸な失墜劇が、アクロバティックで大仰な戯画として『THE NEON DEMON』で反復される。集積データからサンプリングされたかのような、お子ちゃまファンタシーが、後半、ダークに急激変化する。ファニングを死に追い込み、どう〈十六歳の少女の死体〉で遊ぶかがテーマであって、彼女には気持ちよくはやく死んでもらわなくてはならない。その煽りのために用意されたのが、リンチの『DUNE（デューン／砂の惑星）』の主人公を称える台詞群に匹敵する、おばかなまでのヒロイン賛辞である。ただ、この賛辞はこれまた、ちやほや、ポイ捨て業界のいつもの陳腐な常套であろう。

ファースト・ショットで示したように、ファニングの死体が主人公であって、生けるファニングにレフンは本当のところ興味がない。はやくはやく、ファニングに死を！ファニングへの賛辞をパロディではなく言葉どおりに受け取る観客に死を！

この転換にあたって、映画の切断線として、レフンが頼ったのが、キアヌ・リーヴスである。一人暮らしにとってのリアルな恐怖が、モーテル管理人キアヌ・リーヴスのすがたをとって現前する。〈特別出演〉時の過不足のない無造作において、キアヌは達人だ。彼がもたらす恐怖によって、ファニングはマローンの元へ駆け込む。〈十六歳の少女の死体〉となるために、レフンが彼女に求めた唯一のものを供出するために……。

ここに至っても、ファニングは夢物語から目覚めない。

ギリシャ劇のヒロインめいたドレスで、水のないプールの飛び込み板の先端でファニングはつぶやく。わたしはデンジャラスな女、と。しかし、それまで、ファニングの夢物語を支えてきたアブストラクトな構造体はもはやそこにはない。リアルで空虚なプールがそこにあるのみだ。はい、はい、はい、学芸会は終わり、これからが本番よ。さあ、死んで！　つまりはこういうことだ。

『THE NEON DEMON』は、タイトル通りネオン・アートの魔術世界でもある。平面展開図とそれを立体化した一面開放の三角錐型ピラミッドが空間に浮かぶが、このピラミッドのアイデアは、レフンが脚本執筆中にタロット・リーディングをスカイプで受けていた導師アレハンドロ・ホドロフスキーのバンド・デシネ『アンカル』（メビウス画）のそれをよりシンプルに、アブストラクトにしての導入だ。

レフンはピラミッドにファニングの心理変容を委ねた。変容はピラミッドの色彩変化、メイクによるファニングの顔の変幻としてなめらかに表象される。この変容に限らず、ファニングの顔に施されたメイク・マジックの多様、それとともに彼女がそれぞれに別人とみえることにやはり驚愕するしかない。彼女のメイク映えの表情は、ゾンビ（『SUPER 8（スーパーエイト）』）、ゴースト（『Virginia（ヴァージニア）』）で証明されていたが、つんと上向いた短い鼻を含め美人とはいいがたい。しかし、純白の肌はどのようなメイクにも対応でき、そこがメイク・アーティストにとって理想のマネキンとなる。

とんとん拍子で、ファッション・ショーのトリを務めることになったことで、姿をみせた驕りが、ピラミッド内の鏡とのくちづけ＝自己陶酔として表現されるシーンは、〈鏡と虚栄〉表現の常套だ。このくちづけによって、ファニングは悪魔の側に身を投げたのだ。赤い霧状のものが画面にあらわれるが、いまにも中からメフィストフェレスがあらわれそうである。

鏡、そして鏡像は多用されるが、やはりファニングとマローンの最初の出会いの控室の鏡がいい。互いに後ろむきながら、鏡で向き合い、それが反復増殖している。鏡を向き合わせるのは本来不吉とされてきた。別次元のなにかが呼び出されるからだ。

最大のヴィジュアル・アクロバットは、ファースト・ショットの、アップでとらえられたファニングの宝石のような眼球の運命である。眼球といったときに、フラッシュバックするイメージは人それぞれ（レジデンツ、目玉親父）であろう。としても、十六歳の少年（私）と少女二人（シモーヌとマルセル）が性的放蕩を重ねる、ジョルジュ・バタイユ『眼球譚〈初稿〉』（河出文庫、生田耕作訳。オーシュ卿の名で一九二八年に地下出版されたポルノグラフィ）以外にレフンの背徳性にとっての参照例はありえまい。

そしてすばらしく美しい金髪の少女が突然その場に姿を現した。〔中略〕いちばんうぶで可憐なマルセルだった。

レフンのなかの〈十六歳の少女〉にふさわしいではないか。しかもマルセルは死ぬ。ゆえに〈十六歳の少女の死体〉として、さらにレフンの条件を満たしている。というか、最初にバタイユありきの企画であったかもしれない。

クローゼットで首を吊ったマルセルの状況が語られるのは、〈死女の見開いた眼〉という章だ。このマルセルの眼球は最終章で、シモーヌの秘所からなまなましく、主人公の〈私〉の前に出現するあたりに、極上のシュルレアリスムがある。眼球遊戯を含め、放尿、神父レイプ、殺害、ネクロフィリアの描写が連続する。ここまでいくとスポーツ・ジムめいた活字の発汗だ。

レフンの球体幻想はまず満月だ。映画のなかの月は常に満月である。グルスマンとのマルホランド・ドライブ・デートの折、幼少期を語りながらファニングは月に見つめられていた体験を話す。ここで月=眼が提示される。モーテルに送ってきたグルスマンが、ファニングにあらためて指さしてみせるのは煌々と輝く満月だ。月は見ていた、ファニングの動向を、というわけで、モーテル・ルームへのワイルド・キャットの侵入となる。ワイルド・キャット・シーンは、ヴァル・リュートン製作、ジャック・ターナー監督の名作『Cat People（キャット・ピープル）』を思い起こすが、これはマローンの変身した姿という暗示が、霊廟の剝製によってなされ、彼女の魔性を最初に告知することになる。この時点で世界はすでに見ての通りのものではない。

有名ファッション・カメラマンが興味を示し、スタッフを追い出しての、二人きりで

ホドロフスキーの展覧会が、2015年に、フランスのボルドーの現代美術館でひらかれ、この時のポスター他のキー・イメージとして使われたのがこの写真である。ホドロフスキーが右目を指でひらき、目玉がこぼれ落ちそうになっている。これは相談もあり、内容熟知で、進行中の『THE NEON DEMON』に向けての、文字通り、師の目（玉）くばせといったところだ。

の撮影で、ファニングは全裸に剝かれる。彼女の肩にまず柔らかく触れ、感触を確かめつつ、一気にゴールドを塗り上げるカメラマンの手技！　これに反応するファニングの長く白い首ののけぞりがなかなかにエロティック。首を背後から妖しく見つめるカメラマンというのは、ハマー・プロほかの吸血鬼映画の典型的な構図であろう。ドラキュラとその犠牲者の美味しい首というわけだ。それにしても、ファニングは首女。チューダー王朝、ヘンリー八世時代の処刑人なら、仕事があまりに容易であることに思わず神に感謝する首ではないか？

メイク・アーティストとして、ファッション業界と霊廟の死体化粧師の双方にマローンを振り当てる黒い論理がいかにもレフンだ。いくところまでいくアモラルのダイナミズムは彼女の捨て身演技あってのものだ。特に、自分を拒否したファニングへの欲望の代用、そして彼女の死後の予行として、霊廟の女性遺体を愛撫しつくすマローンの演技は生々しく、かつ情感ゆたか。ネクロフィリアにおけるレズビアニズムは、死体の口から糸を引く唾液によってかつてない域に達したといえまいか。マローンの果敢な踏み越えにレフンは感謝してもしすぎることはあるまい。

マローンの遺体愛撫に、レフンはファニングのオナニー・シーンをカット・インさせ、あたかもマローンの愛撫に、ファニングが応えているかのようにみせた。またしても、喉ラインの精妙、滑らかさをみせつける。このときの、のけぞった横顔に向けたキャメラがファニングのベスト・アングルといっていい。オナニーが演じられるのは、血を思わせる赤いヴェルヴェットのカウチ上である。このオナニーは死の前戯だ。

処女ファニングにレズビアン行為を迫り、拒否された挙句に突き飛ばされ、ベッドから落下という屈辱の後、マローンは鏡にＸＯ《エックスオー》、ＸＯ《エックスオー》（キス＆ハグ）のルージュ・メッセージを書く。三個目の大きいＯが人の顔を形作る。そのＯを分断するのが大きなＸ、つまりバッテンで、これが処刑宣言だ。小さな二つのＸの位置は、上のＯを眉としたとき、眼の部分にあたる。ファニングの眼の運命はこれで決まった。

マローンを、シェークスピア『マクベス』にあって魔女三人を従える月の女神ヘカテに擬せてみたい。本来、三人目の新参魔女としてリクルートしたはずのファニングが、月ではなく、周辺のおべっかで自分を若き太陽のごとく誤解したことが、マローンの誤算であったかもしれない。としても、ヘカテの愛撫を拒否するなどということはあってはならない。でも許してあげる、自分で死化粧をしてくれたのだから、初めて会ったときの、あの素敵な擬似死体のメイクで！

ヒースコートとリーの二人が追い詰め、マローンがプールに突き落としてのファニングの処刑、ファースト・ショットの死体ポーズがカウチを抜き取ったかたちで再現され、上方と横からのキャメラがこれを捉えて、美しい。エル・ファニングは死顔がいい。レフンの読み通りだ。

マローンはファニング解体後の血のバスタブに悠然と浸かり、シャワーで血を楽しそうに洗い落とす二人の手下、ヒースコートとリーの戯れに悠然と侮蔑めいた視線を送るのである。裸体二体を支配する悪魔、タロットの〈悪魔〉のフェミニズム的読み替えとみなしていい。映像の流れから、バスタブの血まみれ女性を一瞬、ファニングかと錯覚する。しかし、血潮がこびりついた瞼がパキッとあがり眼がのぞいたとき、その眼光でマローンと知れるのである。処女ファニングの血を体内に取り入れる魔女の儀式。次に庭に掘った墓での、ハミングすら聞こえてきそうな願望成就の無上のハグ・タイムを終えて、最後にマローンに残されたものは、体内に取りこんだファニングの血を煌々と輝く満月に捧げる開脚儀式だ。死に至る月の物、これぞルナティック・パフォーマンス！月経の絶景である。美しい。

マローンが月に殉じたため、世界は変化する。月光のかわりに、初めていかにもカリフォルニア・イメージそのもののぎらつく陽光が世界を満たすのである。ヘカテを失ったかたちの魔女の二人の運命をみておこう。

屋外のファッション撮影のモデルにピックアップされていたヒースコートは、この陽光、そして水を張られたプールの光のきらめきにファニングを思い出したか、室内に駆け込み、吐く。ここで吐き出されたものが、ファニングの〈眼球〉であった。映画のすべては、ここに至るための仕込みといっていい。さらに体内に取り込んだファニングを外へ出そうと、ヒースコートはハサミで腹を切り裂く。ハラキリに及ぶのである。室内の仕切りガラスの模様は水色のスワスティカ！　このガラス模様を通して、ヒースコートの苦悶の表情が捉えられるため、それはまるで……、刺激が強すぎるショットだ。

これがハラキリと分かるのは、白いカウチにもたれつつ行われる儀式性のためで、白のピラミッド＝三角形が背もたれである。スワスティカにハラキリ、これはなにかに対してのレフンの毒のあるコメントなのか？　ともかく、白のピラミッド・カウチの前に吐き出されたファニングの眼球！　死体と眼球、このショットは美しい！　ホドロフスキー×レフンの内なるピラミッド&眼球ツアーはここでとりあえず終了したのである。

『THE NEON DEMON』をインテリアの角度で見たとき、カウチ・ムーヴィとなるだろう。ファースト・シーンも、アンティックなカウチが不思議な存在感を放ち、ファニングの死体不在のカウチ・ショットには、幻想椅子、あるいは椅子怪獣と呼びたくなる趣があった。死体にとって、カウチが最良のステージだ。ヒースコート自害に至って、カウチが彼女の自害をそそのかしたかのような想いにとらわれる。

カール・グルスマン、そしてジェナ・マローンが続いて出演したトム・フォードの『Nocturnal Animals（ノクターナル・アニマルズ）』も同様に〈カウチと少女死体〉に挑んでいる。フォードの場合はどのように？

荒地のなかのゴミ捨て場に捨てられた、ところどころ擦り切れた赤いヴェルヴェット地のカウチ、こちらに背を向けて裸体の少女が横たわっている。朝日を浴びての白い肉体が爽やか。腰のくびれに夜の気配を残しながら、若く小ぶりの臀部がまぶしい。奇妙なのは彼女の上腕部分に彼女の手ではない誰かの手が覗いているのである。そう、二人の女性が軽く抱き合うように横たえられているのだ。まだ殺されてからわずかの時間しか経っていない母娘のレイプ死体をこのように、フォードは置いたのである、背中をこちらに向けているのがハイティーンの娘インディア・ヘイスティングス（エリー・バンバー）で、これほどに細やかで美しい背面の姿態は見たことがない。ボディ・ダブルとしても、女優エリー・バンバーの表情からイメージできるとおりの背の肉の流れをチョイスしたフォードの狂いなき眼を称賛するばかりだ。

成功した女性ギャラリスト、スーザン・モロー（エイミー・アダムス）のもとへ、二十年も会っていない別れた亭主から、仮綴じの小説『Nocturnal Animals』が届くところから、サスペンスがスタートする。レイプ殺人が起きるのは、送られてきた小説のなかである。〈小説内小説〉は、〈映画内映画〉となるわけだが、妻子を殺されたトニー・ヘイスティングスの犯人への復讐譚がみごとなまでのハード・ノワール。マイケル・シャノン扮する保安官にジム・トンプスン小説が脳裏をよぎる。ともあれ、カウチが夢見た少女死体、ベラスケスの「鏡を見るヴィーナス」に匹敵する背面ライン極上の死体創造となった。

この業界、食うか食われるか、で食った、というメタファーもなにもあったものじゃない素敵なカンニバリストのリーが、ヒースコートが吐き出した眼球を、あらもったいないとばかりにポックンと口にする。リーの表情になんともいえないとぼけがあって、ファニングの眼球の新しい引受先に彼女はふさわしい。いずれ、ファニングの処女眼球はリーの秘所からあんなこと、あらいやだ、こんなことまで！　という世界を覗きみることだろう。リーはエンド・ロールで夜に向かってさまよいでる。リーには、突き抜けてほしい、眼球譚のさらなる夜の果てへ――。

Tipping the Velvet!
——ヒッチコック・コレクションから、パク・チャヌク『THE HANDMAIDEN』へ。

第一部

アルフレッド・ヒッチコックのアート・コレクションのほぼ全容が、二〇〇〇年にモントリオール美術館で開催された「Hitchcook and Art: Fatal Coincidences（ヒッチコックとアート、その宿命的符合）」であきらかとなった。ロダンからスーティン、クレーまで、小品中心だが、注目すべきは、ウォルター・シッカートの「カムデン・タウン・マーダー」（一九〇八年）の版画ヴァージョンがコレクションされていたことである。

このシリーズは、一九〇七年にロンドンのカムデン・タウンで起きた娼婦エミリー・ディモック（二十三歳）殺人事件に材をとったものである。材をとったのではなく、シッカート本人が殺害の当事者、つまり犯人だと断定したのが、ミステリー作家パトリシア・コーンウェルだった。彼女は『真相〝切り裂きジャック〟は誰なのか？』（講談社文庫、相原真理子訳）を書いて、シッカートをジャック・ザ・リッパー真犯人として名指し、断定したが、その延長で、アトリエ近くで起きたエミリー殺害もシッカートだと結論づけた。周知のように、シッカートはジャック・ザ・リッパーがらみの絵も何点か残していて、それらの作品もエミリー事件を描いた絵同様に、暗い吸引力を放っている。むろん、そのような近年巻き起こったスキャンダルはヒッチコックのあずかり知らぬところではある。しかし、シッカートを犯人として妄想していた可能性は大である。それがヒッチコックだからだ。その知的な風貌、時代のセレブとして、シッカートは大衆が犯人に求めるイメージを十全に満たす存在だった。

事件は次のようなものである。エミリーはベッド上で、喉を切り裂かれた状態で発見され、身にはなにも着けていなかった。自称画家レベルのロバート・ウッドが逮捕されるも、すぐに釈放された。これは、有名弁護人の腕によるものでもあったらしい。こうした顚末は、ジョン・バーバーの『The Camden Town Murder』（二〇〇八年）に詳しいが、ありふれた殺人である。

シッカートの絵は、着衣の男がうつむいてベッドのへりに座り、裸の女は首を壁側にやや傾けての仰向け状態で描かれている。オリジナルの油彩は、ぺたぺた、ゴツゴツのシッカート・タッチによって、ディテールが判然としない。男のポーズは、事に及ぶ前の祈りか、逡巡なのか。エドワード・ホッパーにも「Excursion into Philosophy（哲学への道）」という、角度をかえての「カムデン・タウン・マーダー」ポーズの絵があって、これもヒッチコックのお気に入りだった。事後（セックス）の無力、脱力の表現とも読め、背後の裸体女性の生死は不明。あの虚無の時間、人は哲学するしかないらしい。シッカートはまた、木製の等身大人形を所有し、ラザロなどの死体表現のとき、マネキンとして使っている。生きたモデルよりも長時間、同じポーズに耐えられるからだ。

シッカートは別として、ヒッチコックのユーモア・センスにもっとも近いコレクションは、トマス・ローランドソンの好色風俗系の作品だろう。十八世紀ロンドンの放蕩文化人サークルの代表格で、ジョージ王朝時代を遊興三昧で過ごした。王自ら放蕩を率先し、奨励する時代であった。ローランドソンは、自らが見聞した性風俗の狂態を絵にした。水彩、ペンを選んだのは、油彩は時間がかかり遊ぶ暇がなくなるという理由だから、これは本物の遊蕩児だ。年老いてからは、老人と若い娘の組み合わせで、自虐ともとれる好色画を描き続けたのである。

老ヒッチコックが映画という媒体で若い女優に恋焦がれつつ、自分の肥満ゆえに地団駄踏むのと似ている。恐妻家とみなされていたヒッチコックはローランドソンのような放蕩とは無縁だった。しかし、作品においては、抑圧からくる窃視症がきわめて淫らに姿をあらわす。サスペンス、犯罪映画の括りのなかで、美女たちをいたぶりの対象として覗いたからだ。

ローランドソンとヒッチコックの窃視症が一致点をみいだすのが、「スザンナと二人の長老たち」である。スザンナのモチーフは女性裸体を描く安全弁として機能し、聖書画のなかでも人気ジャンルだったが、それにしてもローランドソン作品は破廉恥きわまりない。歳を食ったジョン・レノン似の爺ともう一人が、ふっくらした桃尻とその隙間からのぞく果肉に、フガフガウハウハ状態、ウハウハと昭和古語で表現するほかないレベルだ。これはもう性器鑑賞というべきであって、女性裸体を愛でるというぎりぎり求められていた紳士の態度ではない。さらに、あろうことかスザンナの方もなんら恥じらいがないのである。ほれ、ほれ、見なはれ、ほれと挑発しているのである、隣国、パク・チャヌクの母国語での女性局部表現をお借りすれば、実に〈ポジ〉ティブ！　ローランドソンの窃視は健康な艶笑、女体賛歌だ。ちなみに、〈ポジ〉を教わったのは、『ぼっけえ、きょうてえ』の作家、岩井志麻子氏からであった。彼女の発音で聞くと、ひれ伏したくなるから不思議である。クンニを命じられたような。

『Psycho（サイコ）』の覗き穴隠しとしては、さすがにローランドソンの「スザンナ」はユーモアが過剰。アンソニー・パーキンスの女性嫌悪が、通常平常嗜好に転換されて映画は台無しとなる。よって、フランス・ファン・ミーリス（工房）の「スザンナ」を使わざるをえなかった。としても、悪戯好きなヒッチコックのイメージとしてあったのは、ローランドソンだった。覗き穴の先にこちら向きの〈ポジ〉が、ドーンとクールベ〈世界の起源〉のごとく待ち受けているスケッチが残っている。このヒッチコックの性格は激しく愛したい。

第二部

ヒロインの台詞を借りて、ヒッチコックの愛するローランドソンの艶笑画を三流としたのが、サラ・ウォーターズのベストセラー『荊の城』（中村有希訳、上下巻、創元推理文庫）であった。広大なカントリー・ハウスに引きこもり、世界の秘本、奇書、秘画のたぐいをコレクションし、転写し、完璧な目録制作を生きがいとする老クリストファー・リリーの嗜好を喚起するための台詞として三流発言はでてくる。思わず、リリーをリーと打ち損じそうになったが、狷介で悪魔的なリリーのイメージは、インテリジェンスあふれる怪奇俳優クリストファー・リーそのものである。このリリー伯父と暮らしている深窓の令嬢がモード・リリーで、深窓も深窓、ほとんど囚われの身といってよく、幼少から伯父の調教のもとに育った十七歳の令嬢だ。調教内容は、伯父の転写のために集められた秘本を朗読するというものである。秘本と秘画が作り上げた怪物少女、超耳年増乙女というべきか。ある日、ロンドン下町の犯罪横丁から、世間智、とりわけ掏摸の技術に長けた愛称スウ、十七歳が、侍女スーザンとして送り込まれてくる。指使いにおいて掏摸ほどエロティックな犯罪はない。乳首をつまむことなど造作もない。

すべてはモードの財産を狙っての偽紳士＝リチャード・リヴァーズの画策であり、スウも金でそのたくらみに乗ったのである。ただスウは自分に仕掛けられた罠を知らなかった。モード、リヴァーズ、スウの関係の二転三転が、視点を代えて生き生きと記述されていくが、面白いのは、モードとスウの初対面の印象が、もっときれいかと思った、なにこの汚い痩せっぽち、であることだ。同年齢ゆえのライバル心むき出しで面白い。し

『Psycho』のストーリーボード、これがヒッチコックである。ポルノ版なら可なのだが。

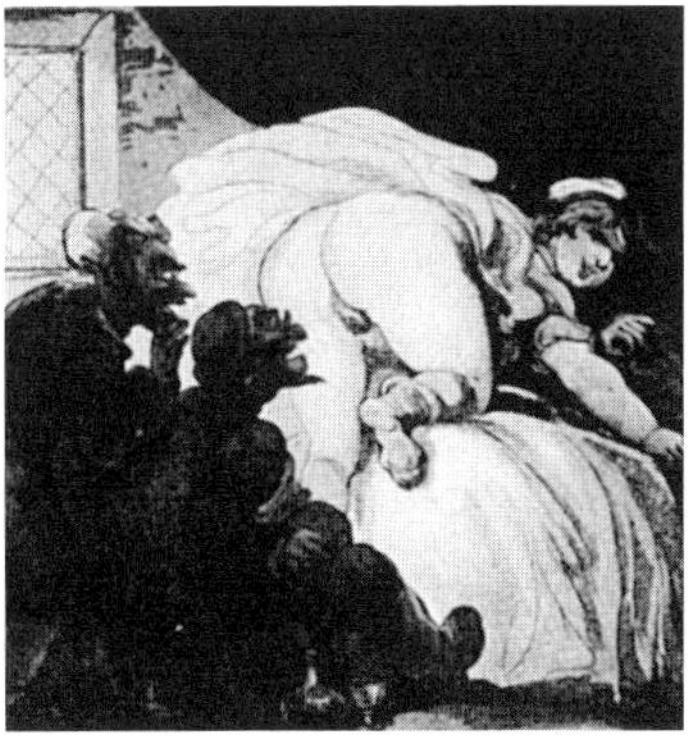

ローランドソンの「スザンナ」。スザンナの裏口大披露に、長老たちの口もあんぐりはまぐり状態の巻。

かし、映画化にあたって、パク・チャヌクはさすがに見てくれ第一に変更したのである。スラム育ちのスッキは初めて見たとき、思わずつぶやく。お嬢さま、なんて可愛いの、もう好っき！

さて、ローランドソン三流発言は次である。自分の伯父クリストファーが春画コレクションでどのようなものを評価しているかを、モードがリヴァーズに教える場面だ。

明日、伯父の絵を見せられたらロマーノを誉めなさい。カラッチのほうが稀少だけれど。ローランドソンより、モーランドを誉めなさい。伯父はローランドソンを三流だと思っているから。

ヒッチコックは、実はジョージ・モーランドの油彩画もコレクションしていたが、まったくタイプもジャンル（モーランドは動物画も多し）も違うので、この二人は比較の対象とはならない。リリーのコレクションの性格

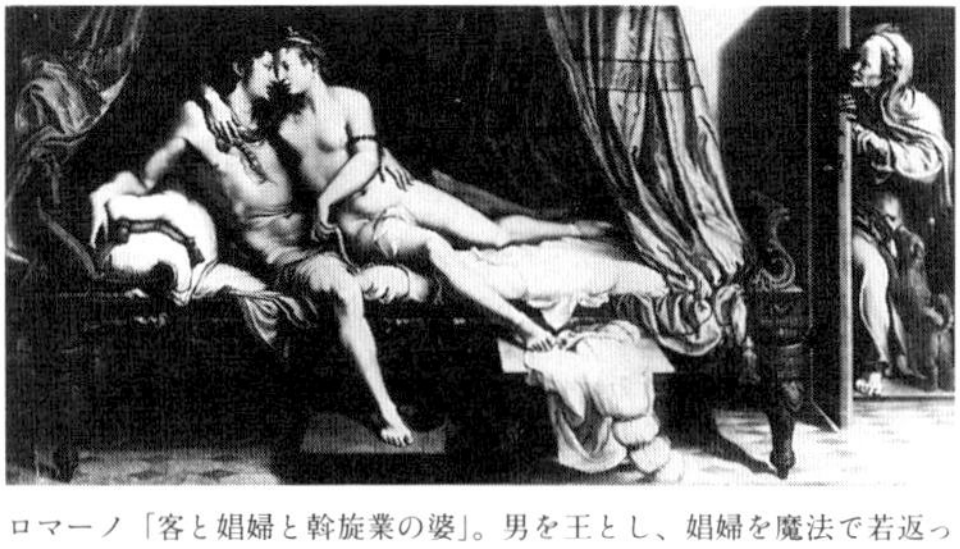

ロマーノ「客と娼婦と斡旋業の婆」。男を王とし、娼婦を魔法で若返った婆の一人ととらえれば、これは〈序章〉の『五日物語』の世界となる。

からいって、モーランド言及がわからない。雑談で絵画論となった場合の忠告かもしれない。西欧春画に無知なので確実なことはいえないが。

ロマーノとはラファエロの弟子のジュリオ・ロマーノのことだ。彼は十六世紀イタリア・ルネサンス後期を代表するあまりにも有名な画家である。そして彼はまた、秘本の稀覯本世界における、誰もが知るレジェンドなのだ。発見されれば値段がつかないぐらいの好色本の刊行において。値段がつかないというのは、絵一点ごとにポルノ詩を寄せているのが、これまた当時、辛辣な舌鋒で政治家、聖職者を恐れさせていた大物作家ピエトロ・アレティーノであるからだ。大物同士の合作ポルノグラフィ。

アレティーノがどのような物書きかを知るためには、邦訳のある『ラジオナメンティ――女のおしゃべり』（結城豊太訳、角川文庫）が下世話でいい。中年女ナンナが仲良しのアントニアに自分の悩みを聞いてもらう会話スタイルで、一日目、修道女の生活、二日目、人妻の生活、三日目に娼婦の生活をテーマにおしゃべりをつくすのである。なぜ、修道女、人妻、娼婦かというと、ナンナがこれらすべての体験者であって、ちょうど娘のピッパが十六歳になったので、どれを選ばせたらいいか迷っている。それだけではなく、他人の噂話満載。変わらない、どこも、いつもなのだ。M・ミオー＆J・ランジュ『娘たちの学校』（菅原孝雄訳、ペヨトル工房）もそうだが、詳しくないほうが、詳しいほうに、あら、まあ、あらまあそれで、と訊きただし、うながす会話スタイルが、作家は書きやすく、読者も読みやすい。

クリストファーがモードに、いくつになった？　十六か、十七かと尋ね、十七と答えたときの、「厄介な歳だな、わしらの本を信じるとすれば」の台詞はマルキ・ド・サドほかさまざまなポルノグラフィで、その年齢を待ち受ける災厄を思えば納得できよう、「わしらの本を信じるとすれば」、この台詞の冷静と皮肉はすばらしい。


男女性交十六場面（ロマーノ原画、マルカントニオ・ライモンディ銅版画化）に、アレティーノが戯詩をつけた〈シックスティーン・プレジャーズ〉は、教皇命令による処分が効いたか、完全な書物としては数百年たっても確認されていない。英国博物館に欠片あり。フィレンツェを襲った一九六六年の大洪水のときに、水に浸かった女子修道院でこの幻の書が偶然でてきたというフィクションにロバート・ヘレンガの『The Sixteen Pleasures』（邦題『フィレンツェ幻書行』、村井智之訳、扶桑社）がある。

ことのついでに申せば、ポルノグラフィ古書案内としても非常に優れたミステリーとして、スコットランド、グラスゴー在住の女性作家、ルイーズ・ウェルシュの『カッティング・ルーム』（大槻寿美枝訳、ハヤカワ・ポケット・ミステリ）を推しておきたい。

一九三九年の日本占領下の朝鮮半島と日本を舞台として、パク・チャヌクは、『荊の城』を『THE HANDMAIDEN（お嬢さん）』として語り直した。原作の流れに沿いつつ、ラストの衝撃を前倒しで開示することで、ヒロイン二人の関係を強めるという方向に調整されている。そもそもが架空性の高い物語である。その架空性に架空としての強度をもたらす、いってみればハッタリをきかした騙りの話術において、チャヌクは手練れである。

日本占領下、といってもファースト・シーンで日本の軍隊が雨のなかを走りぬけ、下関いきの汽船のデッキで帰国の兵隊を目にするぐらいで、そこに緊迫はない。しかし、占領下の状況を必要とした。なぜか？　チャヌクは外国語、それも日本語によるセックス語を必要とした。自国の〈ポジ〉探求よりも、外国語に肩代わりさせたほうが、表音、表意のアモラルな解離を楽しめよう。出演者、特に女優たちにとってそうではないか。逆にわれわれにとっても、同じなのだ。奇妙な偽物として、世界がそこに構築されていることに最初とまどう。この偽世界で、チャヌクが密かにやってのけたのは、レスビアニズムによる日朝融合という奇蹟である。そのためには、日朝併合の占領下という時代枠が必要だったのである。二人とも韓国女優だとしても。

女優の選択基準は、エロの鮮度、というしかない。ヒロインの二人がすばらしい。令嬢、秀子《キム・ミニ》の小ぶりな乳房を押さえている象牙細工のような彩りの乳暈に、侍女、珠子《キム・テリ》の乳首、乳房の自然な仄暗さには痺れるしかない。英語題は、The Handmaiden（侍女）である。これはわかる。演じた彼女のあか抜けない表情、からだなくして映画は成立しなかったからだ。

ニュアンスとしては『お嬢さま』を邦題として選ぶべきであろうが、『お嬢さん』も悪くはない。ヒットしたリベンジ三部作の第三弾『Sympathy For Lady Vengeance（親切なクムジャさん）』の『――さん』を引き継いでのヒット祈願、さらに〈あるショット〉を引き継ぐ意図をそこに見るからだ。

コ・スヒが演じた牢名主（魔女）は、新入りの女囚にクンニリングスを強制する。キャメラは、魔女のアソコから新入りの恐怖と嫌悪の表情を捉えるというユーモラスなものだった。牢名主は新入りに自分のアソコにまず挨拶させるのである。アンニョンハセヨ（こんにちは）、と。コ・スヒの怪演（特に浴室でのクンニよがりの顔はこの世のものではない）もあって、アソコがおぞましい地獄門となる。

これと同じショットが繰り返される。ただ同じショット、キャメラのヴァギナ目線でも、今回は、愛くるしい侍女、キム・テリが口を近づけ、舌をつけ、くねる相手は、お嬢さま、キム・ミニの愛液きらめく玉門である。この差は大きい。よってアソコと玉門と書き分けてみたが、別に差別主義者ではない。

　こうも言えるだろう。牢名主の強引があったとはいえ、女性同士のクンニリングス行為がパク・チャヌクとサラ・ウォーターズを繋いだ、と。

　というのは、クンニリングスを意味する古い優雅な隠語、Tipping the Velvetを処女作のタイトルとして使い、クンニリングスを男の占有から引き離し、女性同士の行為の象徴に転化したラディカルが、サラ・ウォーターズだったからだ。十九世紀末のイギリスのミュージック・ホール事情を背景にした、すばらしいレズビアン・ロマンスで、処女作にして彼女のベスト。クンニリングスの訳語としては、〈啜陰〉があてられてきた。この〈啜〉をあらためて凝視すると、口の傍に又四つである。すする音が聞こえそうなエロの表意があって、先人さすがというしかない。

　珠、金（の鈴）玉という玉遊び。キム・テリが本名スッキで珠子に化ける。キム＝金が珠子《たまこ》、これはチャヌクの悪戯だ。しかし、隣国にキム多し、黄金の国はジパングなどではない、隣国なのである。もう一人の金、キム・ミニ（秀子）は、お互い玉門に二つの鈴玉を入れあって楽しむ春画のレズビアン・セックスの濡場を朗読し、好事家の秘密の集いで聞かせる。この朗読が、ラストで映画を絶頂へ導く伏線となっている。鈴玉、あるいは玉鈴といえば、学生時代に観たルイス・ブニュエル『Belle de Jour（昼顔）』で、いかがわしい日本人（！）が、いかがわしく鳴らしていた鈴が、おそらくこの淫楽音具であったろう。ブニュエルは、シュルレアリスト時代、幼女にポルノグラフィを朗読させる会を催していた。チャヌクは敢然と同様のスキャンダラスな強制を映像化した。韓国の可愛い子役が、朗読には間が大切とかいわれつつも、きちんとこの性的虐待に対応できているのが、凄い。

ブニュエルにならって、現在フランス在住の女性映画ジャーナリストのSさんに、ジョルジュ・バタイユ『眼球譚』を朗読し、録音していただけないかと依頼したことがある。三十年以上も前か。Sさんは中学生の頃、NHKで放映された長期シリーズ「大草原の小さな家」のヒロイン、ローラの声優に起用されていた。あのローラの声で『眼球譚』が聴きたいというのが、こちらの要望であった。この依頼は立ち消えとなったが、バタイユではなく、たとえばアナイス・ニンが老人コレクターの依頼に応じて、彼だけのために書いたエロティック短篇集『小鳥たち』（矢川澄子訳、新潮文庫）であれば承諾いただけたかもしれない。

すでに、アブデラティフ・ケンシシュ『*La Vie d'Adèle: Chapitres 1&2*（アデル、ブルーは熱い色）』において、レズビアン・セックスは一線をはるかに突破してポルノグラフィ・レベルの激しい肉食系のからみをみせつけたが、チャヌクはそこにユーモアと性具の工夫というアジアン風味を付け加えた。キム・ミニの朗読内容は、ことごとく二人のセックスとして再現されていく。レズビアン・セックス体位の要が、ハサミとハサミの又あわせとして朗読され、それが二人の股あわせの交接アクションへと展開する。二人の女優が楽しそうなのがなによりだ。お嬢さまは天性ですね、とキム・テリに言われたキム・ミニの、それじゃあといっそう励むときの笑顔の弾けかたがいい。

チャヌクにとって準日本（語）映画としての利点は、日本の春画のイマジネーションを全面展開できたことだ。春画世界においては、世界に冠たる存在が日本で、質量ともに圧倒的である。これだけはまちがいない。

その前に、チャヌクの母国ではどうか？

金文学『韓国の春画——韓流文化のルーツ、ここにあり』（南々社）をチェックすると、男女の局部がとても慎ましい。男女ともに原寸を超えての大胆な表現がない。男女の営みよりもむしろ、室内、あるいは自然風景のほうに注意が向けられているかのごとくなのである。体位はそれなりにふんばっているが、どこかなよなよしていて、自信というものを感じない。

では、半島から大陸部に入って、中国ではいかがなものか？　アカデミズムの冷静な筆致が、典雅な笑いを発散する、中野美代子の名著『肉麻図譜《ろうまあ》——中国春画論序説』（作品社）に当たっての結果はというと、これまた慎ましく原寸主義なのである。小説においてはいざ知らず、春画は不気味なほどおとなしい。

いや、外国から見て、不気味なのは日本のほうか。いきり立つ巨根、すべてを飲み込む勢いの女陰といった局部極大が、日本春画（枕絵）の特徴だからだ。大笑いできる鷹揚と戯画性がポイントで、過大、過剰表現は大人の余裕、たしなみ芸とみなしたいが、それにしても誤解を生みかねない。

日本人の性欲が他民族より格段に強いということは万が一にもありえない。要は江戸の絵師たちがひたすら男根／女陰を凝視しつづけた結果、愛欲、情欲のドラマもとどのつまりは性器のドラマだという達観に至ったからかもしれない。

風景画同様に、このジャンルにあってもも高くそそりたった逸物がいうまでもなく葛飾（生まれの）北斎だ。晩年の七十代に手がけたとされる『浪千鳥』の手描き陰毛の本数の狂熱を見よ。だれもそこまでは描かなかった精液描写にあたっての工夫を見よ。確かに、画狂人の呼称がふさわしい。

広く知られた北斎春画といえば、海女が蛸にレイプされている奇態奇特な絵であろう。これは、『喜能會之故眞通《きのえのこまつ》』（一八一四年）のなかの一点だが、大蛸が下の、小蛸が上の口に接淫し、小蛸の一本の触手は女の左乳首にちょろりと可愛く巻きつき、万事大胆にして神経細やか。女と蛸という組み合わせもさることながら、それ以外の空間をみっちり埋め尽くした、ひらがなの手描き書体のうねりに、北斎のエクスタシーが見える。文の中身といえば、単にいやらしい。それによると、小蛸は大蛸が終えた後に、自分も下の方へ移動してしっかりはげむ所存であるそうな。おい、おい。

チャヌクはこの春画作品を画面で見せ、模写するだけにとどめず、秘密の地下室にさらなるグロテスクを用意する。蛸恐怖のヨーロッパではここで悲鳴があがった。

北斎といえば、今東光の短篇「北斎秘画」（徳間文庫、同タイトル短篇集収録）が懐かしい。自分の絵の弟子と実の娘お栄を裸にして絡ませ、双方のむきだしの秘部を近くで凝視しつくす北斎が活写され、いまだに北斎といえばこの短篇が浮かぶのである。特に娘のお栄の肌がついついい官能に湿気てくるあたりの描写。チャヌクが北斎に惹かれた理由は、〈調教された娘〉という淫靡さに映画の主題との共通因子をみたからだ。

北斎、六十二歳の、最後の枕絵本に上中下三分冊の『萬福和合神』（一八二一年）がある。トップ頁を飾るのは和合神で、この神の顔は男性器であり、横の女神のそれはむろん女性器だ。次に、十二種類の淫具、淫薬がカタログ風に展開するが、これも枕絵本としては大胆で実験的試み。大人のおもちゃ業界とのタイアップ広告のような頁だからだ。摺師や紙代にまわす、いくばくかの収入をこれで得たのなら斬新だったがどうなのか？レズビアンには、双頭の張型〈女嶋互形《にょがじまたがいがた》〉がおすすめ、さらに玉鈴も〈輪玉〉表記で並べられていて、当時からの人気淫具とわかる、これまたおすすめ。

次の頁、ストーリーの最初の頁に置かれた絵が、十三歳の娘、おさねとおつびの二人図である。おさねは上流金満家の娘で、おつびは下層。それがかんざしの数や着物の高級、粗末の差となっていて、この後、二人の好色人生が繰り広げられる。最終頁は三十歳になって二人絵の構図が逆転するのである。男にさせとおし続けたおつびの勝ち、よがりに見放されたおさねの負け、しかも勝敗を分けたのは、親孝行のこころのあるなしとは、こんな理由、勝敗にかかわらず、二人の開いた貝の口がふさがらないのではないか。〈開〉は見てくれ、意味ともどもと女性器の隠語で、十三歳のおつびが持った〈湯桶け〉にその文字がしっかりと書かれている。ほどよい温度の〈湯桶け〉もまた女性器、と女陰メタファー地獄に、少女はからめとられている。

この少女二人図だけで頁を繰るのをやめれば、二人がそのまま、お嬢さん（富裕層）

と侍女（貧困層）の図となる。

再度、カタログに戻れば、その鎮座するたたずまいに微笑むしかないのが、二百年前

葛飾北斎作・画『萬福和合神』の上巻序二の見開きポルノ・ショップ。左図の加藤云々は加藤清正が朝鮮から持ち帰った張型という触れ込み。

13歳のおさねとおつび、じゅうぶんに色っぽい。レズビアン春画に展開してほしかった。

のオナホール＝〈業平吾妻形《なりひらあずまがた》〉だ。ビロード製の人工玉門である。ビロード、つまりヴェルヴェット！　ヴェルヴェットが、衣裳（布）におけるもっともエロティックな神秘領域として語られてきた背景には、装着においてベストな触感という、具体性あってのことだ。キム・ミニがたどたどしく朗読する、玉門の膣襞のたとえとしてのビロードしかり。

そう、合言葉は、Tipping the Velvet!

旧版あとがき

一九六八年に上京するまで、洋画というものをほとんど見たことはない。中学校時代、年に何回か巡回映画の上映会があり、そのなかの一本『地下鉄のザジ』は記憶に残っている。パリのグラマーな毛唐美人が画面にうつしだされるたび、オオッともアアッともつかぬ青臭いどよめきが講堂を満たしたからだ。

夏休みに町の親戚に連れられて見たのはくすぐったいエロティシズムの『ヨーロッパの夜』とか、その種の映画だった。

あと、これも学校の講堂で見た映画だが、確かターザンもののひとつで、ジェーン（だと思う、いずれにしろ白人の女）が、ジャングルでゴリラと出会いその足もとに失神する。そのシーンだけがいまだに頭の中にこびりついているのだ。本書の中のいくつかのエッセイはこのときのイノセントなときめきを再現しようとして書かれたともいえるかもしれない。

その代りといってはおかしいが、邦画に関しては最初から作家主義（？）だった。中学から高校にかけての贔屓は松竹大船時代の篠田正浩で、『涙を、獅子のたて髪に』『乾いた花』『美しさと哀しみと』『暗殺』『異聞猿飛佐助』と、その格好づけ《ヌーヴェル・ヴァーグ》の映像がことごとく気に入った。当然のようにわがヒロインは十代のときの加賀まりこであり、のちに寺山修司が選者をしていた「高3コース」文芸欄に加賀まりこを詠んだ短歌を投稿するようになるわけだ。当時、白玉書房から出版された寺山修司の歌集『田園に死す』は、筆者にとって高校時代を追憶させる手元に残った唯一の遺物でありわが宝物である。

筆者の住む村から映画館のある町までは二〇キロ以上あったが、中学校の授業が終ると自転車でよくこの距離を飛ばして町の映画館へ駆けつけたものだ。

板橋区の飲み屋の二階から代々木ゼミナールに通学していた受験生時代、週に二回は必ず映画館へ入り浸った。池袋駅で降りてその下宿までの途中に、日本館、世界館というツインの古びた名画座があり、奇妙なことに日本館で洋画を、世界館で邦画を、それぞれ週に三本立てでやっていたのだ。ただし、一年間にこの二館で上映されたほとんどの映画を見ながら、どんな映画を見たのかまったく覚えていない。映画的記憶などという言葉を使った批評にぶつかるとスタコラと逃げだしてしまうのは、どうも自分の記憶力のふがいなさに起因するらしい。

洋画を監督中心で見始めたのは『反撥』以降のロマン・ポランスキー、『悪魔のシスター』以降のブライアン・デ・パルマ、『時計じかけのオレンジ』以降のスタンリー・キューブリック等々であるが、しかし、そのときはまだ映画を自分流に快楽する角度が見えていたとはいえない。それが見えてきたのは八〇年代半ばに至ってからだ。

貧しいながら自前の箱庭《コンテキスト》をつくりだすこと。

映画を他ジャンルに侵略させて、多層の虚構をつくること。好きな映画を何度も体験するためには、このいかがわしい作業に熱中することが不可欠なのだ。

筆者にはどうもまともな映画評や美術評、状況論を書く能力は備っていないようだ。

本書に収録したエッセイは「イメージフォーラム」「BT（美術手帖）」誌等に八六年から八八年にかけて執筆したものの約二分の一である。八九年の一年をかけてすべてにわたって徹底的に加筆したため、そのほとんどは原型をとどめていない。準書きおろしといっていい。加筆作業は筆者にとっては楽しかったが、編集者にとってはとてつもない苦痛（快感？）だったにちがいない。ダゲレオ出版の服部滋氏には二年にわたって辛抱して付きあっていただいた。感謝しております。索引は氏の労作である。

タイトルに深い意味はなく、ある日ふっと浮かんだ言葉をそのまま持ってきただけである。荒俣宏に言わせると、こんなタイトルが許されるのは処女作だけですよ、ということになる。

図版ページに付した小文は思いついたことを書いたまでで、必ずしも写真構成のためのものではない。

最後に、こちらの思い通りの装幀で筆者のとんでもない悪文集成に誘惑的な装いを与えてくれたアルゴノオトの石川ゆりさん、ありがとうございました。

滝本　誠

新版〈A(rt)C(inema)2017〉あとがき

この増補復刊が二〇一七年となったことは、旧版収録原稿のいくつかが二〇一七年のさまざまな事象と呼応しあっての運命的な結果であろう。まず、デイヴィッド・リンチ／マーク・フロストの「ツイン・ピークス」シーズン3（全十八回）の配信／放送が話題となり、次に、ブラザーズ・クエイの回顧展が、東京・渋谷の松濤美術館に巡回してきたこと。なにしろ、オリジナル版の帯の煽りが〈リンチに昂ぶり、クエイに溺れる。〉だったから、一九八〇年代後半にもっとも惹かれていた二大対象が、二〇一七年という年に、（日本で）カルチャーの前面に浮上してきたということなのだ。さらに、旧版原稿つながりでは、『ブレードランナー』のその後を描く『ブレードランナー２０４９』の公開。

注目すべきは、タイレル社を買い取った謎めいたニアンダー・ウォレス役に、当初イメージされていたのが、デイヴィッド・ボウイだったことである。「ツイン・ピークス」シーズン3と同様に、ここでもボウイの出演が不可能だった事実に、われわれは彼の不在を強く意識する二〇一六年となった。ボウイの死は、二〇一六年一月十日だが、各国を巡回してきた「DAVID

BOWIE is」展の日本への来日は二〇一七年。

『ブレードランナー』とボウイの因縁は、精神を病んでいた異父兄テリーの自殺（一九八五年）に際し、葬儀には参加せず、花束に次のお悔やみの言葉を添えて送ったことだ。

You've seen more things than we could imagine, but all these moments will be lost, like tears wash away by the rain

これは、レプリカントのリーダー格のバッテイが生命の時間が切れる時に残した言葉の、人称のほかいくつかの文言をいじり、圧縮したものだ。その場がふさわしいかどうかは別として、いかにも、流用、盗用、借用のポップ・アートの申し子たるボウイにふさわしい言語作成のアート行為だ。それだけでなく、実に適切である。分裂症の兄にとって世界はどのように認識されていたか？　の問いかけでもあるからだ。自身の死を自覚したとき、胸中去来もこの言葉だったかもしれない。YouをIに、weをyouにチェ、チェ、チェ、チェンジして。

それよりも、ボウイが『ブレードランナー　２０４９』にふさわしかったと思えるのは、一九九六年秋に、イタリア、フィレンツェで開催されたアート・フェスティバル〈New Persona/New Universe〉において、ボウイはインスタレーション作品「Where do they come from? Where do they go?」を発表していて、テーマが共通するからである。自分のマスクを貼りつけ

た配線むき出しのロボット、まさにエクス・マキナ＝ボウイを製作した。黒く塗られた部屋で、
一体は吊り上げられ、同仕様のもう一体は待機し、彼らは製造工程のさなかにあるかのようだ。
われわれは何処からきたか？　われわれは何者か？　われわれは何処へむかうのか？　ゴーギャ
ンの作品で有名になった言葉の、WeをTheyに変えての世界変換である。Theyとはつまると
ころA・Iだ。人工知能は何処からきて何処へ向かうのか？　ポイントは、彼らは何処へ向か
うのか？
一月十九日、デイヴィッド・ボウイ原案の『ラザルス』ロンドン公演を、簡易仮設のキング
ス・クロス・シアターにおいて、観た。これは、二〇一五年十二月に始まり即完売となった、
オフ・ブロードウェイ・ミュージカルの主要オリジナル・メンバーがそのままニューヨークか
らロンドンに移動しての長期公演である。

開場時間となり、客がばらばらと入場し始めたが、ふとステージをみると、一人の男が仰向
け状態で動かない。開演まで男はまったく動かない。三十分のあいだ、男はこの状態を続けた
わけだ。彼こそが、TVシリーズ「デクスター」で、前代未聞の設定、正しい（？）殺人嗜好
者を演じて人気を博したマイケル・C・ホールである。彼が演じたのが、異星人トーマス・
ニュートンである。『ラザルス』は、ニコラス・ローグ『地球に落ちて来た男』の後日談なの
だ。まずニュートンを死んだ状態、あるいは死も同然の無気力な状態として、演出家はステー
ジに置いたのだ。彼を死の絶望から甦らせるのが、一人の少女である。少女はニュートンが生

み出した幻影だ。少女（ソフィア・アン・カルーツ）の動きと歌こそが『ラザルス』のミュージカルとしての魅力を支えていた。原案者ボウイも、自分のなかの少女を天使として外にだしたのだ。『ネオン・デーモン』のレフンと同じく。

　ニュートン役ホールのミュージカル・デビューは、『キャバレー』の舞台を仕切る、MC（マスター・オブ・セレモニー＝司会進行役）だった。その昔、『キャバレー』ロンドン版公演は、ボウイにとって過去のベルリンへの憧憬を芽生えさせた舞台劇だった。つながるわけだ。『ラザルス』の舞台演出は、イヴォ・ヴァン・ホーヴェだ。彼は『ラザルス』準備期、アーサー・ミラーのセイラム魔女狩り劇『クルーシブル（るつぼ）』の舞台を女子校に設定して演出、ブロードウェイ公演を成功させている。このときの少女たちの身体を激しく上下させる憑依ダンスは、この劇を観ていたボウイにとって〈なにか〉を感じさせるものだったにちがいない。最後のミュージック・ビデオ「★（ブラック・スター）」で、同じ振り付けの憑依ダンス、ウィッチ・ダンスがカルト誕生のように迎えるのは、一九六九年に宇宙の暗黒空間に消えたメイジャー・トム（「スペイス・オディティ」）の頭蓋骨である。デミアン・ハーストのダイヤモンド・スカルほどではないが、宝石がグラムな光を放っている。魔女たちの憑依に囲まれて、ボウイは、漆黒の★本を、H・P・ラヴクラフトの『ネクロノミコン』のごとく、高々と掲げる。自らの暗黒聖（星）書、バイブル・ブラックを！　少女によって甦ったラザルス、そして、魔的なものに自分を分裂させて、ボウイは旅立った。遠くから意味を引力する本当に魅力的な堕天使ぶりを最後までつらぬいたのである。

二〇一七年にリリースされたアルバムで、その試みにいたく感心したのが、ニコラス・ウィンディング・レフンの二枚組『THE WICKED DIE YOUNG』（図版参照）だった。一本の映画の企画を練り上げていく過程で聴きこみ、映画のアイデア、イメージを固める際に役立った十一曲に、映画のために作られたオリジナル三曲を加えてのコンピレーション・アルバム。単にフェイヴァリット・ベストというのではない、サントラではまったくない。あくまで、映画のインスピレーションを汲み上げたスーサイドや999といった先端バンド、ディオンヌ・ワーウィックのヒット曲、ラス・メイヤー、ブライアン・デ・パルマ、アンディ・ウォーホルなど他人の映画の曲がずらずらと並び、新しい音の相のもとに『ネオン・デーモン』が立ち上がってくる。ダイレクトにサントラとして使用可ともいえるが、レフンはそうはしなかった。

個人的に快哉を叫んだのは、アマンダ・リアの「フォロー・ミー」が収録されていることだ。リアとは、旧版でも触れているが、ロキシー・ミュージック『フォー・ユア・プレジャー』のジャケット写真で、黒豹と散歩している、時代のアイコンである。レフンが本書を円環させてくれたといっていい。

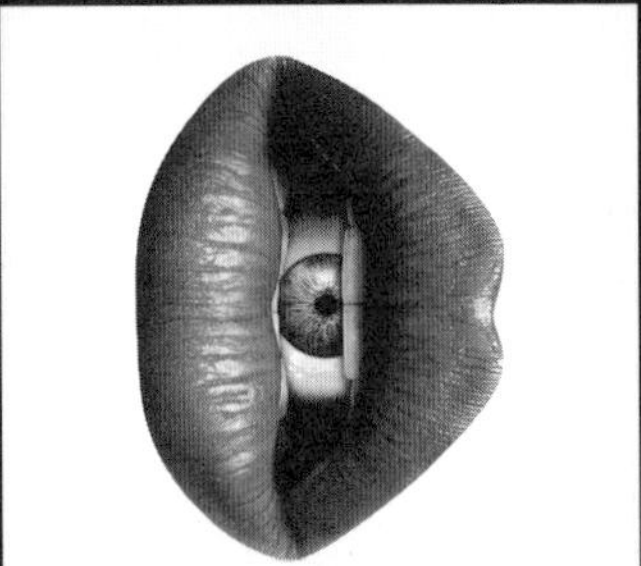

横のものを縦にすると、女の唇は下の唇＝ヴァギナとなる。レフンは原作がバタイユ『眼球譚』であることを明かした。

さて、旧版原稿に関していうと、いくつかの訂正以外は、いっさい手を加えず、当時のままとした。当時は不明だったヒッチコック『サイコ』ののぞき窓の絵の画家も判明したが、それは新原稿で処理した。

最後に、本書がかたちになったのは、ただただ、作家、編集者の岸川真氏の十年近くに及ぶ、何足も靴をダメにしての版元探しの途方もない熱意の結果というしかない。また、彼の熱意を受けてくださった幻戯書房にもただただ感謝の言葉しかない。旧版とは異なり、逆に小さい函のような本というこちらの要望に斬新な装本で応えてくださった小沼宏之さんと精興社さんありがとうございました。現場を取り仕切ってくださった幻戯書房の中村健太郎さんにも感謝いたします。

滝本　誠

R

Real Frank Zappa Book, The 256
Reproduction Interdite（マグリット）106
Romanticism and Realism 299
Rosicrucian Enlightenment, The 281
Rossetti and the Fair Lady 185

S

Sadeian Woman and the Ideology of Pornography, The 149
Salome Dances for Peace 157
School of Prague, The/Painting at the Court of Rudolf II 081
Seed of Ambition, The→名声欲の来たるところ（The Seed of Ambition）
Selected Songs 123
SENSUALITY→肉欲（シュトゥック）
Shape of Rage, The 167
Sixteen Pleasures, The→フィレンツェ幻書行
Sledgehammer（MV）081
Splash（ホックニー）281
Stardom 205
Sympathy For Lady Vengeance→親切なクムジャさん Sympathy For Lady Vengeance（2005, P. Chan-wook）

T

Tall Tales 189
The Bride Stripped Bare by Her Bachelors' Even 190
Trillion Year Spree 223
Twin Peaks→ツイン・ピークス
Two, The 102

U

Untitled Film Still（シャーマン）264

V

Velvet Eden→ヴェルヴェット・エデン（Velvet Eden）
Victorian Art World in Photographs, The 176
Victorian Painters 176

W

Wayward Girls & Wicked Women 148
Where do they come from? Where do they go? 367
Why I Go to the Movies Alone 264
WICKED DIE YOUNG, THE 370
Woman as a Sex Object 115
Working Space 113

Arzach 226
As is When 323, 324

B

Bizarre Love Triangle（MV）263
Blade Runner, A Movie 223, 224
BLONDIE 263
Blue Velvet 026-029, 031, 032, 034-037, 041, 042, 044, 045, 047, 050, 051, 055, 056, 058-060, 062, 064, 067-069, 231
Bride Stripped Bare by Her Bachelors' Even, The 190

C

Camden Town Murder, The 345
City, The（ホッパー）062
Clarissa, or The History of a Young Lady 031

D

Dancing Ledge 279
Dante Gabriel Rossetti and Jane Morris/Their Correspondence 199
Dante Gabriel Rossetti/Victorian Romantic, A 179
DAVID BOWIE is 323, 366
Dictionary of Victorian Painters, The 194
Dramatic Univerce 259

E

Egon Schiele's Portraits 115
Evening Star 257
Excursion into Philosophy（ホッパー）346
EX_MACHINA→エクス・マキナ EX_MACHINA（2015, A. Garland）

F

Floating Into The Night 060
Fragonard 089

G

GAS（ホッパー）026
Get Carter→狙撃者 Get Carter（1971, M. Hodges）
Grandmother, The 039

H

HANDMAIDEN, THE→お嬢さん THE HANDMAIDEN（2016, P. Chan-wook）
Hitchcook and Art: Fatal Coincidences 344

I

in dreams the greatest hits 065
Inside Outsider/The Life and Times of Colin Macinnes 195
In the Court of The Crimson King 289
Islands 289

J

John Boorman 249
Julia Paradise 053

K

KILLING, THE→現金に体を張れ THE KILLING（1956, S. Kubrick）

L

Laughter in the Dark→マルゴ
La Wally 216
L'Homme Est-il Bon? 227
Little White Lies 327
Long Tomorrow, The 226, 227, 230
Louise Brooks 261
Lux Vivens (Living Light) The Music of Hildegard von Bingen 023

M

M（1931, F. Lang）132, 241
Man Taking Shower in Bevery Hills（ホックニー）281
Masochism 115
Memorials of Edward Burne-Jones 199
Mrs Pat/The Life of Mrs Patrick Campbel 199
My Life 135

N

NEON DEMON, THE→ネオン・デーモン THE NEON DEMON（2016, N. W. Refn）
New York Movie（ホッパー）062
New York Pavement（ホッパー）062
Night Hawks（ホッパー）027, 236
Nude 17th June 1984（ホックニー）271, 274

O

Obsession 306, 308, 311
Office at Night（ホッパー）027
Oskar Kokoschka, A Life 137

P

Perfect Kiss, The（MV）263
Poems and Drawings of Elizabeth Siddal 177
Polanski—His Life and Films 243
POP.1280 313
Portrait of David Hockney 275
Pre-Raphaelite Poets 180

ルゴシ、ベラ 205
ルシファー・ライジング Lucifer Rising（1980, K. Anger）288
るつぼ THE CRUCIBLE 021
ルドルフ、アラン 234-237, 266-270
ルドルフII世 081

レ

レイ、マン 027, 052
冷気 229
レヴィン、アイラ 219, 316
レヴィン、ゲイル 063
レオシュ・ヤナーチェク Leoš Janáček : Intimate Excursions（1983, B. Quay）078
レーガン、ロナルド 040, 042
レクイエム 277
レジェンド／光の闇の伝説 Legend（1985, R. Scott）161, 162, 165, 218
レスター、ケティ 060
レ・ファニュ、J. S. 079
レフン、ニコラス・ウィンティング 326-328, 333-336, 338, 340, 341, 369, 370
レム、スタニスワフ 072, 151
レンブラント 057

ロ

ロイド・ライト、フランク 217
牢獄（ピラネージ）246
肉麻図譜―中国春画論序説 358
ローク、ミッキー 226
ローグ、ニコラス 051, 065, 100, 112, 206, 252, 271-277, 282, 325, 368
ロジャース、ミミ 218
ロース、アドルフ 133
ロストロポーヴィチ、M. L. 295
ローズマリーの赤ちゃん 219
ロセッティ、クリスティナ 179
ロセッティ、ダンテ・ゲイブリエル 174-185, 191, 192, 198
ローゼン、チャールズ 299
ロッキー・ホラー・ショー The Rocky Horror Picture Show（1975, J. Sharman）163
ロックウェル、ノーマン 040, 042-044, 049, 066, 069
ロッセリーニ、イザベラ 040, 044
ロデリック 318
ロドリーゴ、アントニーナ 091
ロートレアモン 092, 093, 096
ロートレアモン伯爵／イジドール・デュカス全集 093
ロープ Rope（1948, A. Hitchcock）062
ロベール、ヴェロニック 012
ロボット（R.U.R.）316
ロマーノ、ジュリオ 350-352
ロラン、ジャン 197
ローランドソン、トマス 346-348, 350
ロリータ 029
ロルカ・ダリ／裏切られた友情 091
ローレ、ピーター 199, 241
ロレンス、D. H. 095
ローン、ジョン 267, 270
ロンゴ、ロバート 254, 258-265
ロンドンの超能力男 270

ワ

ワイニンガー、オットー 117
ワイルディング、アレクサ 185
ワイルド、オスカー 156, 158-160, 200
ワイルド・アット・ハート Wild at Heart（1990, D. Lynch）065
ワイルド・ハーツ・ラン・アウト・オブ・タイム 065
ワインズバーグ・オハイオ 326
ワイントラウブ、S. 159
ワインマン、アーヴィング 212, 214
わが愛の遍歴 136
若桑みどり 213
わが秘められた生涯 091
惑星ソラリス Solaris（1972, A. Tarkovsky）293
ワーグナー、リヒャルト 076, 138, 226, 242
わたしとあいつ 271
ワッツ、ジョージ・フレドリック 178, 200, 201
ワッツ、ナオミ 331
罠の女 243
笑う自画像（ゲルストル）116
われはロボット 318

A

Andy Warhol Diaries, The 029, 067
Arcimboldo Effect, The 081
Art into Pop 187

横溝正史 049
吉岡芳子 093
吉田健一 031
ヨゼフィーネ・ムッシェンバッハー→ペピの体験
ヨハンソン、スカーレット 146, 321
夜 060, 134, 135
夜の果ての旅 076
夜の森 149
ヨーロッパの夜 Europa di Notte（1960, A. Blasetti） 363

ラ

ライアル、ギャビン 097
ライス、アン 099
ライヒ、スティーヴ 122
ライ麦畑でつかまえて 093
ライモンディ、マルカントニオ 352
ライリー、テリー 157
ライン、エイドリアン 214
ラヴクラフト、H. P. 010, 043, 228-231, 369
ラウシェンバーグ、ロバート 285
ラザルス 346, 368, 369
ラジオナメンティ――女のおしゃべり 351
裸者と死者 121
ラス、ジョアナ 169
ラスキン、ジョン 175-179, 213
ラスト・エンペラー The Last Emperor（1987, B. Bertolucci）052, 053
ラストタンゴ・イン・パリ Last Tango in Paris（1973, B. Bertolucci）287
ラスト・ユニコーン The Last Unicorn（1982, 未, A. Rankin Jr／J. Bass）163
ラタスカ、ルル 151
ラック、スティーヴン 103
ラッセル、ヴィヴィアン 157
ラッセル、ケン 118, 119, 155-158, 160, 183, 279, 291
ラッセル、テレサ 112, 120, 252, 271-274, 276, 278
ラトゥーシュ、ローズ 179
ラドラム、ロバート 259
ラファエル 174
ラファエロ 351
ラフェルソン、ボブ 276
ラブ・レター 060
ランカスター、マーク 187
ランキン・ジュニア、アーサー 163
ラング、フリッツ 132, 241
ラング、リリス 141
ランジュ、J. 351
ランダム・ハウス物語 269
ランボヴァ、ナターシャ 159
乱歩随想 055

リ

リー、アビー 330, 339, 340, 343
リー、クリストファー 163, 348
リー、ジャネット 058
リア、アマンダ 188, 370
リーヴス、キアヌ 333
理解できない悲惨な事件 101
リキテンスタイン、ロイ 033
利口な女狐の物語 078
理性の眠りは怪物を生む（ゴヤ）212
リチャーズ、キース 285
リチャードソン、サミュエル 031
リチャードソン、マイケル 121
リード、オリバー 167, 183
リード、ルー 187
リーマー、ローレンス 051
リーミング、バーバラ 243
龍膽寺雄 123
リュートン、ヴァル 336
リラダン、オーギュスト・ヴィリエ・ド 152, 317, 320
リリス 152, 175
リリス（コックス）152, 175
リーン、デイヴィッド 226
リンカーン、アブラハム 041
林檎の谷 191
リンジー、デイヴィッド 210, 212
リンチ、デイヴィッド 022, 023, 026-028, 030, 032, 034-040, 042, 044, 045, 047, 049-052, 054-065, 067-069, 075, 231, 256, 330, 333, 366
輪廻の蛇 146

ル

ルイーズ 277
ルイズ・ブルックスと「ルル」261
ル・クレジオ、J. M. G. 093
流刑地にて 088

水底（エドワード・バーン＝ジョーンズ）191
宮脇孝雄 045, 083
ミラー、アーサー 021, 369
ミライス、イモジェン 157
未来世紀ブラジル Brazil（1985, T. Gilliam）103, 165
未来のイヴ 317
ミレー、エヴァレット 176, 178

ム

ムシル、ローベルト 128, 129
ムース、ヘルミーネ 111
娘たちの学校 351
娘を悪魔に 289
ムソルグスキー、モデスト・P. 294
村井智之 352
ムラヴィンスキー、エフゲニー 037, 038
ムンク、エドワルド 113, 189
ムーンチャイルド 289

メ

迷宮の魔術師たち／幻想画人伝 125
名声欲の来たるところ（The Seed of Ambition）331
メイド・イン・ヘブン Made in Heaven（1987, A. Rudolph）238
メイラー、ノーマン 121
メクセパー、フリードリヒ 124, 125
メスマー、フランツ・アントン 126
メビウス 226, 227, 230, 334
メーヘレン、ハン・ファン 096, 097
めまい Vertigo（1958, A. Hitchcock）060
メモ・フロム・ターナー 286
メン・イン・ザ・シティーズ（ロンゴ）254, 258-260, 262, 263
メン・トラップト・イン・アイス（ロンゴ）262

モ

モーア、ディック 066
モア・ザン・ジス 185
モーガン　プロトタイプL－9 MORGAN（2016, L. Scott）018
モジリアーニ、アメデオ 267, 268
モダーンズ The Moderns（1988, A. Rudolph）266-268, 270
モーツァルト、ウォルフガング・アマデウス 099
モートン、ジョー 234, 237
モナリザ・オーヴァドライヴ 227
モーバーゴ、J. E. 159
モーム、サマセット 281, 289
モーラー、カリ・アン 185
モラヴィア、アルベルト 078, 165, 271, 273
モラッツォーニ、マルタ 099
モーランド、ジョージ 350, 351
モリス、ウィリアム 178, 194, 197, 198
モリス、ジェーン 178, 198
モール、カール 137
モロー、ギュスターヴ 197
モンテスキュー、ロベール・ド 197
モンロー、マリリン 252, 263, 274

ヤ

矢川澄子 356
柳川成男 129
柳下毅一郎 072, 318
ヤナーチェク、レオシュ 078, 079
山内政子 091
山形浩生 223
山田宏一 057
山田智三郎 304
山西英一 121
ヤング、ショーン 322
ヤンコフスキ、レフ 085
ヤン・シュヴァンクマイエルの部屋 The Cabinet of Jan Švankmajer—Prague's Alchemist of Film（1984, B. Quay）079

ユ

ユイスマンス、J. K. 156, 197
結城豊太 351
ユートピアだより 198
ユディト1（クリムト）112, 113
夢の象徴学 301
夢の代用品 125
夢の本 083
夢みる少年たち 141, 142
由良君美 191, 283
ユルスナール、マルグリット 247
ユング、グスタフ 162, 163

ヨ

夜明けのヴァンパイア 099
横たわる少女（シーレ）132
横たわる裸婦（モジリアーニ）267

ホドロフスキー、アレハンドロ 230, 231, 334, 337, 341
炎の少女チャーリー Firestarter（1984, M. L. Lester）289
ホーフシュテッター、ハンス・H. 204
ホフマン、E. T. A. 300, 301
ホーフマンスタール、フーゴー・フォン 124, 125, 130, 131
ホーフマンスタール選集 125, 131
ホフマン、ダスティン 055, 102, 166
ホフマン短篇集 301
ボーム、ライマン・フランク 045
ポランスキー、ロマン 084, 193, 242, 243, 364
ボリス・ゴドノフ 294
ポリドリ、ジョン 181, 182
ホール、ジェリー 147, 184, 188-190
ホール、マイケル 368
ホルツァー、ジェニー 065
ボルヘス、ホルヘ・ルイス 083, 246, 282-284, 286, 287
ポルポリーノ 217
ポロック、ジャクソン 322
ホワイト、ライオネル 306, 309, 310, 313
ホワイト・アイズ／隠れた狂気 White of the Eye（1986, 未, D. Cammell）289
ホワイト・ホテル 051, 052
ホワイト・ライアット（ロンゴ）260

マ

マーカス、ステュワート 101
マーキン、リチャード 030
マクガイア、ドロシー 045
マクベス 339
マグラァ、エドマンド 172, 173
マクラクラン、カイル 034, 036-038, 058, 060
マグリット、ルネ 106
マクロプロス事件 078, 079
マシューズ、ジャック 165
魔術師（J. ファウルズ）183
魔術師（S. モーム）289
魔術の帝国――ルドルフ二世とその世界 081
魔女と聖女――ヨーロッパ中・近世の女たち 023
魔人ドラキュラ Dracula（1931, T. Browning）183
マス、ジェレミー 176
マスク 073
マゾッホとサド 115
松岡和子 033
マッカーシー、ジョセフ・レイモンド 274
マッキネス、コリン 195, 196
マッキネス、ジェームズ・キャンベル 195
マッケイル、J. W. 195
マッド・キャップ・ラーフス、ザ 290
松村達雄 199
マティス、アンリ 267, 268
マドンナ 263
マニフェスト 190
マービン、リー 209, 245-249
魔法の玩具店 076
間山靖子 101
マーラー、アルマ 110, 111, 114, 134-139, 141-144
マーラー、グスタフ 114, 116, 136, 137
マリリンとアインシュタイン Insignificance（1985, N. Roeg）065, 252, 274-276
マルガレーテ・S・ウィトゲンシュタインの肖像 323
マルクス、グルーチョ 057
マルゴ Laughter in the Dark 308
マルコヴィッチ、ジョン 045
マルティネス、クリフ 329
マルドロールの歌 092
マルホランド・ドライブ Mulholland Drive（2001, D. Lynch）330, 331, 336
マローン、ジェナ 330, 333, 335, 336, 338-340, 342
マンスフィールド、キャサリン 148
萬福和合神（北斎）359

ミ

見えない都市 072
ミオー、M. 351
三木富雄 039, 081
汀一弘 043
三島由紀夫 052
水（シュトゥック）189
水島裕子 119
ミステリーズ・オブ・ラブ 060
ミズノ、ソノヤ 315
水野忠夫 039
美空ひばり 107
ミッドナイト・ミートトレイン 083

フレッシュ&ブラッド 190
ブレードランナー（アラン・E・ナース）223
ブレードランナー（ウィリアム・S・バロウズ）223, 224
ブレードランナー Blade Runner（1982, R. Scott）152, 215, 217, 219-222, 225, 226, 229-232, 236, 242, 243, 257, 322, 366, 367
ブレードランナー2049 Blade Runner 2049（2017, D. Villeneuve）366-367
フレーニ、ミレッラ 216
ブレーマー、モレル、メクセパー 125
フレンチ・ピーター・J. 281
ブロ、モーリス 089
フロイト、ジークムント 033, 049, 052, 053, 118, 125-127, 136, 183, 240, 270
プログラム・フォア・プログレス（MV）239
プロックター、パトリック 278
フロッシー、十五歳のヴィーナス 177
ブロンテ、エミリー 181
フロンド、ルドルフ 075
ブーン、メアリー 033

へ

ヘアスプレー Hairspray（1988, J. Waters）261
ベアータ・ベアトリクス（ロセッティ）179, 182
ベアトリーチェ、ポルティナリ 175, 179
ベイリー、デイヴィッド 208
ベイリー、バリントン・J. 254
ベーコン、フランシス 208, 286, 287
ヘッケル、エルンスト 110
ヘッズ・ウィル・ロール（ロンゴ）262
ヘドレン、ティッピ 058, 059
ベネット、J. G. 258
ヘネンロッター、フランク 106
ペピの体験 133
ヘビー・メタル Heavy Metal（1981, G. Potterton）231
ヘミングウェイ、アーネスト 268, 269
ヘミングウェイ全集 269
ベラスケス、ディエゴ 343
ベルク、アルバン 261
ヘルシング、ヴァン 182
ヘルツォーク、ヴェルナー 097
ペルト、アルヴォ 293
ベルトルッチ、ベルナルド 052, 053, 259, 287
ヘルバウンド・ハート 044
ヘルモア、ルーシー 190
ヘル、リチャード 255
ヘル・レイザー Hellraiser（1987, C. Barker）044
ヘレンガ、ロバート 352
ペンギン・ブックス／文庫の帝王A・レイン 159
変種第二号 230
ペンタメローネ（五日物語）013, 014
ヘンライ、ロバート 026, 027
ヘンリー・ジェイムズ作品集 199
ヘンリー八世 338

ホ

ポー、エドガー・アラン 101
ボイド、ジョン 249
ホィートリー、デニス 289
ボウ、クララ 148
ボウイ、デイヴィッド 098, 110, 286, 287, 366-369
ホーヴェ、イヴォ・ヴァン 369
防空壕 013
抱擁（クリムト）118
ボウルズ、ジェーン 148
ボウルズ、ポール 120-122, 269
ホエール、ジェームズ 221
北斎秘画 359
ぼく自身のための広告 121
僕の村は戦場だった Ivanovo Detstvo（1962, A. Tarkovsky）299
ボス、ヒエロニムス 009, 040, 042, 049, 066, 069
ホックニー、デイヴィッド 249, 252, 253, 271, 274-277, 279-281
ぼっけえ、きょうてえ 347
ボッティチェリ、サンドロ 245
ホッパー、エドワード 026, 027, 045, 061-065, 067, 236, 346
ホッパー、デニス 031, 040, 041, 285
ボディ・スナッチャー／恐怖の街 Invasion of the Body Snatchers（1956, D. Siegel）256
ボディ・ダブル Body Double（1984, B. De Palma）059
ボティン、ロブ 161
ボードレール、シャルル 083, 094, 095
ボードレール／ランボー／ラフォルグ 095

ファニング、エル 329, 330, 332-341, 343
ブアマン、ジョン 209, 245-248
ファーロー、ミア 163
ファンチャー、ハンプトン 219, 220
ファントム 043
フィードラー、レスリー・A. 051, 102
フィッシュル、エリック 032-034, 046, 061
フィッシュル──描かれる裸のアメリカ 033
フィッツジェラルド、スコット 267, 269
フィッツジェラルド、ゼルダ 269
フィメール・トラブル Female Trouble（1974, J. Waters）235
フィーメール・マン 169
フィリップ・K・ディック──まったく新しい未解決の問題 223
フィレンツェ幻書行 352
フーディーニ、ハリー 270
フェイシング・ユー 031
フェーゼリー、ヘルベルト 130
フェリー、ブライアン 146, 174, 184-192, 256
フェルナンデス、ドミニック 217
フェルメール、ヤン 097-099, 214
フォカス氏 197
フォックス、ジェームズ 282, 285, 286, 290
フォード、トム 342
フォード、ハリソン 221, 224, 225
フォー・ユア・プレジャー 186, 188, 189, 370
深田甫 301
深見弾 151
富士川英郎 125
富士川義之 029
ブース、ジョン・W. 041
プース・モーメント Puce Moment（1949, K. Anger）031
双子の産婦人科医 101
プッチーニ、ジャコモ 215
フッテンの墓（フリードリヒ）300
ブニュエル、ルイス 092, 356
冬川亘 255
フューゼリ、ジョン・ヘンリー 045, 126, 127, 158
フラー、サミュエル 311
ブラウニング、トッド 183
フラゴナール、J. H. 089
ブラザーズ・クレイ 208, 209
ブラザー・フロム・アナザー・プラネット The Brother from Another Planet（1984, J. Sayles）234
ブラック・ウィドー Black Widow（1987, B. Rafelson）276
★（ブラック・スター）369
ブラッコ、ロレイン 218
フラッド、ロバート 281
ブラッドベリ、レイ 038
ブラバッキー、ヘレーネ・P. 117
ブラバン、マックス 010
ブラビン、チャールズ 203
フランケンシュタイン 220, 222, 314
フランケンシュタイン Frankenstein（1931, J. Whale）221
ブランショ、モーリス 093
フランス軍中尉の女 182
フランス・ファン・ミーリス（工房）057, 348
ブランド、マーロン 288
フリアーズ、スティーヴン 278
ブリキの太鼓 Die Blechtrommel（1979, V. Schlöndorff）243
フリークス 102
ブリクセン、カレン→ディーネセン、アイザック
フリス、サイモン 187
プリック・アップ Prick Up Your Ears（1987, S. Frears）278, 281
フリップ、ロバート 122, 256-258, 281, 289
フリードリヒ、カスパー・D. 292, 299-302, 304
ブリューゲル 215
フリン、エロール 066
プリンス、リチャード 264
古井由吉 129
ブルー・ヴェルヴェット 030, 031, 041
プルースト、マルセル 098, 099, 175
プルースト全集 175
ブルックス、ルイーズ 260, 261
ブルー・ヴェルベット Blue Velvet（1986, D. Lynch）028, 029, 031, 032, 034-037, 041, 042, 044, 045, 047, 050, 051, 055, 056, 058-060, 062, 064, 067-069, 231
ブルーム、ハロルド 180
ブレイク、ウィリアム 083, 150
ブーレーズ、ピエール 261

パペットの館 The Magic Toyshop（1986, D. Wheatley） 077
バーホーベン、ポール 231
浜辺の母と子（ピカソ）275
浜本武雄 326
ハーマン、バーナード 059, 060
ハミル、ピート 041, 043
ハミルトン、リチャード 186, 187
葉山三千子 139
バラ、セダ 172, 193, 202-206
バラード、J・G 072
原比露志 123
ハリー、デボラ 257, 263
ハリウッドのピーターパンたち 066
ハリウッド・バビロン 205
ハリウッド・バビロンII 057
パリス、ジュディス 184
パリス、バリー 261
バリモア、ドリュー 289
バルカンのハンマー 035
バルコム、フローレンス 158
バルトルシャイティス、ユルギス 072
バルトルシャイティス著作集 072
バレット、シド 290, 291
パレンバーグ、アニタ 284
バロウズ、ウィリアム・S. 223, 224, 255
バーン、デイヴィッド 255, 258, 261, 262
ハンガー The Hunger（1983, T. Scott）099
バーン＝ジョーンズ、エドワード 175, 191, 194, 196-198, 201
バーン＝ジョーンズ、ジョージアナ 196-199, 202
バーン＝ジョーンズ、フィリップ 172, 173, 193-196, 198, 199, 201, 202
バーンズ、デューナ 148
パンツを脱いだ自画像（シーレ）116
ハント、ホルマン 200
パンドラの箱 Pandora's Box（1928, G. W. Pabst）261
バンバー、エリー 342
反撥 Repulsion（1965, R. Polanski）193, 194, 364

ヒ

ビアズリー、オーブリー 157-159, 200
ビアズリー伝 159
ビアード、ピーター 092
ピカソ、パブロ 275, 276
ピカビア、フランシス 317
ビギナーズ Absolute Beginners（1986, J. Temple）195
ビーグル、ピーター・S. 163
微笑する婦人の横顔（クリムト）211
美食俱楽部／谷崎潤一郎大正作品集 139
美女と野獣 La Belle et la Bête（1946, J. Cocteau）163
ヒースコート、ベラ 330, 339-343
ヒステリー研究 183
ピーターズ、マーゴット 199
ピックフォード、メアリー 205
ヒッチコック、アルフレッド 055-060, 062, 238, 344-348, 350, 371
ヒッチコック——映画と生涯 057
ヒッチコックのエロチック・ハラア 055
ビーティ、ネッド 248
ヒドゥン The Hidden（1988, J. Sholder）037
一つの町 077
ヒトラー、アドルフ 111
日夏耿之介 159
日夏響 101
ピープルズ、デイヴィッド 220, 221
ビュジョルド、ジュヌヴィエーヴ 104, 105, 236, 267, 269
ヒューストン、アンジェリカ 243
表現主義の演劇・映画 143
ヒョーツバーグ、ウィリアム 227
平井呈一 181, 183
平井俊夫 135
平尾圭吾 219
ピラネージ、ジョヴァンニ・バッティスタ 246, 247
ピラネージの黒い脳髄 247
ビラル、エンキ 243
昼顔 Belle de Jour（1967, L. Buñuel）356
ヒルデガルト・フォン・ビンゲン 022, 023
ピンク・フラミンゴ Pink Flamingos（1972, J. Waters） 235, 261
ピンク・フロイド／ザ・ウォール 290
ピンチョン、トマス 261

フ

ファウルズ、ジョン 182, 183
ファスビンダー、ライナー・ヴェルナー 262, 263, 285

ナ

ナイトホークス Nighthawks（1981, B. Malmuth）241
ナイトメア（フューゼリ）126, 127
ナイマン、マイケル 094
中西夏之 081
中野春男 081
中野美代子 358
中村有希 348
中山誠 127
ナジモヴァ、アラ 159
ナース、アラン・E. 222, 223
夏の歌 Song of Summer（1968, K. Russell）183
ナボコフ、ウラジーミル 029, 284, 286, 308
涙を、獅子のたて髪に（1962, 篠田正浩）363
浪千鳥（北斎）358
波と暮らして 189

ニ

肉桂色の店 085
ニクソン、リチャード 041
肉欲（シュトゥック）152
ニコルソン、ジャック 243, 285
西村孝次 160
二台のピアノのための協奏曲 122
ニュートン、ヘルムート 091
ニューヨークの奴隷たち 032
ニン、アナイス 356
人形芝居 133
人形の家 169, 314

ヌ

ヌーダ・ヴェリタス（クリムト）324

ネ

ネオン・デーモン THE NEON DEMON（2016, N. W. Refn）326-328, 332, 334, 341, 369, 370
ネクロノミコン 369
ネスビット、イヴリン 172, 173

ノ

ノヴァーリス 300, 301
ノクターナル・アニマルズ Nocturnal Animals（2016, T. Ford）342
野島秀勝 149
ノスタルジア（武満徹）293
ノスタルジア Nostalghia（1983, A. Tarkovsky）292-295, 297-300, 302, 303
ノスフェラトゥ Nosferatu：Phantom der Nacht（1979, W. Herzog）097
ノーノ、ルイジ 293
ノバック、キム 060
ノリス、パティ 045

ハ

バイロン、ジョージ・ゴードン 181
ハインライン、R・A 146
ハウアー、ルトガー 099, 220, 221, 241, 273
パウエル、フランク 204
パオロッツィ、エドゥアルド 323, 324
ハーカー、ジョナサン 182
パーカー、アラン 227
バーカー、クライヴ 044, 045, 081, 083, 197
ハガード、H. R. 151
バーキン、ジェーン 131
パーキンス、アンソニー 056, 116, 119, 157, 347
パク・チャヌク 344, 347, 350, 353, 355
白昼の幻想 The Trip（1967, R. Corman）284
バーグマン、イングリッド 051, 059
ハケット、パット 029
パス、オクタビオ 189
バスケットケース Basket Case（1981, F. Henenlotter）106
バス、ジュール 163
her/世界でひとつの彼女 her（2013, S. Jonze）146, 321
パゾリーニ、ピエル・パオロ 217
バタイユ、ジョルジュ 335, 336, 356
裸にされた花嫁 146, 190
バダラメンティ、アンジェロ 059, 060
ハッセル、ジョン 259
バッドボーイ（フィッシュル）034
バッハ、ヨハン・セバスチャン 141, 295
バード、ローリー 121
ハドリアヌス帝の回想 247
バトル・オブ・ブラジル 165
バーノン、ジョン 245, 246, 248
バーバー、ジョン 345
ハーバート、フランク 226
母なしで生まれた娘（ピカビア）317
バーバレラ Barbarella（1967, R. Vadim）285
パフォーマンス Performance（1970, 未, N. Roeg）208, 209, 271, 282, 283, 285-288, 290, 291

テ

手 299
ディー、ジョン 280, 281
ディヴァイン 234, 235
ディヴァレル、ウォルター 175
ティエポロ、ジョヴァンニ・ドメニコ 212
ティエポロ、ジョヴァンニ・バッティスタ 213
ディオニューソス 015
ディキンソン、アンジー 246
D坂の殺人事件 056
ディシプリン 121
ディズニー、ウォルト 041
ディック、フィリップ・K. 034-036, 043, 065, 219, 220, 222, 223, 225, 226, 230-232, 235
帝都物語 215
ディーネセン、アイザック 092, 093
ディマジオ、ジョー 274
ディメンションズ・オブ・ダイアローグ Dimensions of Dialogue（1982, 未, J. Švankmajer）080
ディモック、エミリー 344, 345
テイラー、エリザベス 153
テイラー＝ジョイ、アニヤ 016, 018
ディーリアス 183
デクスター 368
哲学（クリムト）211
デッドゾーン The Dead Zone（1983, D. Cronenberg）042, 043
デトゥーシュ、リュセット 012
デ・パルマ、ブライアン 059, 105, 364, 370
デミ、ジョナサン 260, 261, 263
デーミッシュ、H. 304
デモン・シード Demon Seed（1977, D. Cammell）288
デュアメル、マルセル 313
デュエリスト／決闘者 The Duellists（1977, R. Scott）218, 226, 231
デュシャン、マルセル 190, 317
デュラン、ロクサーヌ 009
デュルクハイム、ファン 304
デューン／砂の惑星 Dune（1984, D. Lynch）333
デューン　砂の惑星 226
寺山修司 364
テリー、エレン 200, 201
デルフトの眺望（フェルメール）097
田園に死す 364
伝奇集 283
天使の手のなかで 217
展示品 034, 043
天童匡史 091
天の声 151

ト

独逸精神の造形的表現 304
ドヴィグーブスキー、ニコライ 294
洞窟の女王 151
凍結された人々→メン・トラップト・イン・アイス（ロンゴ）
ドゥーティ、オズワルド 179
ドゥルーズ、ジル 115
特性のない男 128-130
時計じかけのオレンジ A Clockwork Orange（1971, S. Kubrick）364
ドストエフスキー、フョードル・ミハイロヴィチ 223, 296
トータル・リコール Total Recall（1990, P. Verhoeven）230
トドーゼ、エドワルド 158
土肥美夫 143
トマス、D. M. 051
富山加津江 072
豊崎光一 093
ドライバー、サラ 121
トラークル、ゲオルグ 134, 135
トラークル詩集 135
トラック29 Track 29（1987, N. Roeg）051
トラブル・インマインド Trouble in Mind（1985, A. Rudolph）234, 236, 266
トリアー、ラース・フォン 239-244
トリスタンとイゾルデ 121
トリストラントとイザルデ 227
トレーン、ウクバール、オルビス・テルティウス 282
トーロプ、ヤン 197
トワイライト・アイズ 043
ドンゲン、K. ヴァン 267, 268
トンプスン、ジム 313, 343

ソルシコス的夜 237
ソロー、ヘンリー・D. 304
ソロヴィヨーフ、ウラジーミル 299
ソロモン、ソロモン・J. 200
ゾンゲリア Dead & Buried（1981, G. A. Sherman） 231
ZOMBIO／死霊のしたたり Re-Animator（1985, S. Gordon）229
タ
ダイク、ヴァン 032
醍醐秀彦 107
大草原の小さな家 356
太平洋の地獄 Hell in the Pacific（1968, J. Boorman） 247
高野実代 103
高橋英夫 131
高橋義夫 127
高見浩 211, 269
高山宏 072
瀧口修造 091
ダーク・サイド・オブ・ザ・ムーン 188
ダーク・スター Dark Star（1974, J. Carpenter）229
竹内章 117
武満徹 293
ダスティン・ホフマンは「タンタン」を読んでいた 055
脱出 Deliverance（1972, J. Boorman）247, 248
巽孝之 225
脱領域の知性 283
ターナー、キャスリーン 119
ターナー、ジャック 336
ターナー、J. M. W. 175, 177
タナー、ベアトリス・ローズ・ステラ→キャンベル、ミセス・パトリック（ミセス・パット）
ダニエルス、ジェフ 260
谷崎潤一郎 139
種村季弘 047, 097, 125, 139
ターバンを巻いた娘 099
ダブル／ダブル 121
ターミネーター The Terminator（1984, J. Cameron） 232
ダリ、サルバドール 091-093, 098, 188
タルコフスキー、アルセニイ 292, 299
タルコフスキー、アンドレイ 039, 253, 292-300, 302-304
誰かに見られてる Someone to Watch Over Me（1987, R. Scott）210, 214, 216
ダーレス、オーガスト 229
ダンテ、アリギエーリ 174-185, 191, 192, 198, 213
ダンテ地獄篇 Dante's Inferno（1967, 未, K. Russell） 183
ダーン、ブルース 051
ダーン、ローラ 050, 051, 060
短篇ベスト10（スタニスワフ・レム・コレクション） 073
ダンボ Dumbo（1941, B. Sharpsteen）041
チ
地下鉄のザジ 363
地球に落ちてきた男 The Man Who Fell to Earth（1976, N. Roeg）286
千種堅 099, 165
血の本 044
チャタレイ夫人の恋人 095
チャップリン、ジェラルディン 267
チャペック、カレル 316
チャンス、ジェームス 255
チャンドス卿の手紙 124
チューズ・ミー Choose Me（1984, A. Rudolph）266
チュッチェフ、フョードル・イワーノヴィチ 298, 299
チュッチェフの詩 299
超時間の影 231
蝶々夫人 215
地霊・パンドラの箱――ルル二部作 151
ツ
追憶売ります 230
ツイン・ピークス 023, 026, 027, 208, 321, 366
ツヴァイク、ステファン 127
ツヴァイク全集 127
ツェムリンスキー、アレクサンダー 136
憑かれた人 223
佃堅輔 304
恒松正敏 077
罪と罰 Crime and Punishment（1935, J. V. Sternberg） 199

076
寝室の美学 123
親切なクムジャさん Sympathy For Lady Vengeance（2005, P. Chan-wook）354
真相 “切り裂きジャック”は誰なのか？ 344
シントラー、エミル 137
審判 Le Procès（1962, O. Welles）116
シンフィールド、ピート 289
新編 魔法のお店 179
心理学と錬金術 163

ス

ZOO A Zed & Two Noughts（1985, P. Greenaway）071, 074, 075, 091, 092, 094, 100
水蛇（クリムト）138, 189
水浴（セザンヌ）267
スウィンバーン、アルジャノン 176, 177
菅原孝雄 351
スキャナーズ Scanners（1981, D. Cronenberg）103
スコセッシ、マーティン 059
スコット、トニー 098
スコット、リドリー 018, 161, 162, 210, 214, 219, 233, 236
スコット、ルーク 018
スコピオ・ライジング Scorpio Rising（1963, K. Anger）030
進むべき道はない だが進まなければならない……アンドレイ・タルコフスキー 293
スタイナー、ジョージ 283
スタイン、ガートルード 268
スタイン、デイヴィッド 267
スター・ウォーズ Star Wars（1977, G. Lucas）226
スタシャワー、ダニエル 270
スターリッジ、チャールズ 279
スタローン、シルベスター 241
スティーヴンソン、ロバート・ルイス 290
ステップフォードの妻たち 219, 316
ステュアート、ジェームズ 058
ステラ、フランク 113
ストーカー Stalker（1979, A. Tarkovsky）253, 296, 298, 300, 303
ストーカー、ブラム 158, 182, 201, 205
ストックウェル、ディーン 063-067
ストッパード、トム 285
ストップ・メイキング・センス Stop Making Sense（1984, J. Demme）261, 262
ストラヴィンスキー、イゴール 078
ストラウブ、ピーター 196
ストランデッド 188
ストリート・オブ・クロコダイル Street of Crocodiles（1986, B. Quay）072, 074, 075, 084, 087
スノードン 273
スーパーエイト SUPER 8（2011, J. J. Abrams）334
スピルバーグ、スティーヴン 238
スフィンクス 159
スプレット、アラン 036, 037
スポック、ベンジャミン（スポック博士）049
スポトー、ドナルド 056, 058
スラデック、ジョン 318

セ

精神による治療 127
性と性格 117
セイルズ、ジョン 235, 261
セイレーン 003, 188
世界劇場 281
世界詩集 299
世界の終末の大異変 298
世界批評大系2／詩の原理 299
セザンヌ、ポール 267
接吻（クリムト）112
絶望 284
絶望 Despair—Eine Reise Ins Licht（1978, 未, R. W. Fassbinder）285
セーラ、ミア 161
セリーヌ、ルイ=フェルディナン 012
セリーヌ——私の愛した男 踊り子リュセットの告白 012
セルツァー、リチャード 101
1900年のプリンス 197
一九八四年 297
1960年の自画像 099
選択（ワッツ）201
戦慄の絆 Dead Ringers（1988, D. Cronenberg）011, 071, 073-075, 100, 101, 106

ソ

狙撃者 Get Carter（1971, M. Hodges）208, 209
訴訟 110

サロメ（ムンク）113, 158
サロメ Salome's Last Dance（1988, K. Russell）155, 157, 160
沢田博 043
サンストローム、デイヴィッド 185
38世紀から来た兵士 232
三人の女 3 Women（1977, R. Altman）169

シ

シェークスピア、ウィリアム 339
シエナの聖女カタリナ 303
ジェームズ、ヘンリー 197
ジェラシー Bad Timing（1980, N. Roeg）112, 119-122, 127, 206, 272, 276, 278, 286, 325
シェリー、メアリー 220, 222, 314
シェルタリング・スカイ→極地の空
シェーンベルク、アーノルト 117, 325
ジキルとハイド 290
シーゲル、ドン 256
静かなヴェロニカの誘惑 129
舌 049
シダル、エリザベス 174, 175, 177-182, 184
七年目の浮気 The Seven Year Itch（1955, B. Wilder）275
シッカート、ウォルター 344-346
死と乙女（シーレ）112
シニョール・ジョヴァンニ 217
死の接吻 219
篠田一士 283, 308
篠田正浩 363
シノーポリ、ジョゼッペ 295
柴田元幸 165
澁澤龍彦 157
G町のジェズイット教会 300, 302
シマン、ミッシェル 249
シャインバーグ、シドニー・J. 165
ジャガー、ミック 147, 188, 282, 284, 286, 288, 291
ジャクリーン・エス→血の本
ジャック・ザ・リッパー 345
ジャノウィッツ、タマ 032
シャーマン、シンディ 264
ジャーマン、デレク 113, 277
ジャームッシュ、ジム 121
シャルコー、J. M. 125
シャルパンティエ、ギュスターブ 277
ジャレット、キース 031
シャーロック・ホームズ氏の素敵な冒険 270
ジャングル・ブック 146
シュヴァンクマイエル、ヤン 079-081
十一時の悪魔 306, 307
十億年の宴 222
重力の虹 261
シュオブ、マルセル 175
シュテスローヴァー、カーミラ 078, 079
シュトゥック、フランツ・フォン 146, 152, 154, 189
シュトラウス、リヒャルト 155, 156
ジュビリーJubilee（1978, D. Jarman）277, 280
シューベルト、G. H. 301
ジュリアの館 196
ジュリアン、フィリップ 197
シュルツ、ブルーノ 072, 084-087
シュワルツェネッガー、アーノルド 231
象徴主義と世紀末芸術 205
ショスタコーヴィチの証言 039
ショスタコヴィッチ、ドミトリ 037
ショーペンハウエル、アルトゥール 098
ショルダー、ジャック 037
ジョング、エリカ 022
ジョーンズ、スパイク 321
ジョーンズ、ブライアン 285
ジョーンズ、ロッド 053
ジョン・ディー　エリザベス朝の魔術師 281
シールズ、ブルック 153
シーレ、エゴン 032, 110-112, 116, 122, 123, 128, 130, 131, 144
シーレ、ゲルトルーデ（ゲルティ）110, 111, 128-130, 132
白い恐怖 Spellbound（1945, A. Hitchcock）059
白いドア 099
白い暴動→ホワイト・ライアット（ロンゴ）
シーン、マーティン 042
シンガー、ロリー 234
仁賀克雄 035
真行寺君枝 277
神曲 175, 183
真紅の法悦 181
人工の夜景 Nocturna Artificialia（1979, 未, B. Quay）

ケリー、グレース 057
ゲーリング、ヘルマン・ウィルヘルム 097
ゲルストル、リヒャルト 116, 117, 144
ゲルティ・シーレのヌード（シーレ）110, 111, 128, 130, 132
拳銃を持つヴィーナス 097
幻想の性質について 143
現代芸術の原像 304
ケンドール、ウィリアム・サージェント 172, 173
現金（げんなま）に体を張れ THE KILLING（1956, S. Kubrick）313

コ

小泉淳二 133
公園ほか——アルテンベルク作品抄 133
交響曲15番 037
高坂和彦 012
ゴーギャン、E. H. ポール 039, 368
虚空の眼 223
コクトー、ジャン 163
ココシュカ、オスカー 110, 111, 114, 134-139, 141-144
小島信夫 326
小島素子 091
五社英雄 277
ゴズリング、ライアン 328
ゴダール、ジャン＝リュック 093, 257, 306, 307, 310, 313
コックス、ケニヨン 152
ゴッホ、ヴィンセント・ファン 039
小鳥たち 356
ゴードン、ステュアート 229
小林宏明 213
コフェチュア王と乞食娘（エドワード・バーン＝ジョーンズ）196
コーポレイト・ウォーズ（ロンゴ）260, 261
コーマン、ロジャー 101, 284
コミーニ、アレッサンドラ 115, 119
ゴモラ Gomorra（2008, M. Garrone）013
ゴヤ、フランシスコ・デ・ 015, 081, 212
コリア、チック 031
コール、マリリン 188
ゴールド、トニー 195
ゴールドスミス、ジェリー 164
ゴルバチョフ、M. S. 296
殺しのVTR 211
殺しの分け前／ポイント・ブランク Point Blank（1967, J. Boorman）208, 209, 245-247
コーンウエル、パトリシア 344
ゴンザレス＝クルッシ、フランク 107
コンスタブル、ジョン 175
今東光 359
コンフォース、ファニー 178

サ

サイクス、ピーター 153
サイコ Psycho（1960, A. Hitchcock）056-058, 347
最後のユニコーン 163
斎藤磯雄 317
佐伯彰一 051
酒井洋子 067
坂崎乙郎 122
さかしま 156, 197
相模下女好色説の解剖 123
サガン、フランソワーズ 312
サクリファイス Offret／Sacrificatio（1986, A. Tarkovsky）293
佐々木斐夫 127
サッチャー、マーガレット 201
ザッパ、フランク 028, 187, 256
ザッヘル=マゾッホ、レオポルト・V. 046, 114, 115
サド、マルキ・ド 352
佐藤龍雄 035
佐藤友紀 295
錆びた黄金 Eureka（1982, 未, N. Roeg）272
サーフ、ベネット 269
ザ・フライ The Fly（1986, D. Cronenberg）105, 168
ザ・ブルード／怒りのメタファー The Brood（1979, D. Cronenberg）100, 166, 168, 170
サムシング・ワイルド Something Wild（1980, J. Demme）260
サリンジャー、J. D. 093
サルート・オブ・ザ・ジャガー The Salute of the Jugger（1988, 未, D. Peoples）221
サーレ、デイヴィッド 065
サロメ 155, 157-160
サロメ Salome（1923, C. Bryant）155, 157-160
サロメ（オペラ）155

キャメル、ドナルド 282, 284, 286-288
キャメロン、ジェームズ 232, 233
キャラダイン、キース 234, 267, 269
キャロル、ルイス 094, 179, 200, 291
キャンベル、ミセス・パトリック（ミセス・パット）199-202
吸血鬼 181
吸血鬼カーミラ 079
吸血鬼ドラキュラ 158, 182, 183, 205
旧約聖書 056, 057
キューブリック、スタンリー 249, 313, 364
『キューブリック』249
兄弟殺し 089
極地の空 121
巨人（ゴヤ）081
去年を待ちながら 035, 036
ギリアム、テリー 041, 103, 165
キリコ、ジョルジオ・デ 144
ギルガメシュの物語 083
ギルガメッシュ／小さなほうき Gilgamesh／Little Song of the Chief Officer of Hunar Louse, or This Unnameable Little Broom（1985, B. Quay）082
キルヒナー、エルンスト・ルートヴィヒ 110
金文学 357
キング、スティーヴン 043, 083, 197
キンスキー、クラウス 153
キンスキー、ナスターシャ 146, 148, 152, 153, 154, 243
近代画家論 213

ク

クエイ、ブラザーズ 072-077, 079-084, 086, 087, 089, 090, 094, 366
愚者ありき A Fool There Was（1914, F. Powell）172, 173, 202, 204
グスタフ・マーラー／愛と苦悩の回想 137
具体的な話 032
グッドマン、セオドシア→バラ、セダ
クップファー、ハリー 155
工藤幸雄 085
クノップフ、フェルナン 197
クーパー、アリス 153
クビーン、アルフレート 117
クライム・オブ・パッション Crimes of Passion（1984, K. Russell）118
グラス、フィリップ 122
グラック、ジュリアン 093
クラッシュ 072
倉橋健 021
グランドマザー Grandmother（1970, 未, D. Lynch）039
クランプトン、バーバラ 229
クリスチナ・ロセッティ詩抄 179
クリストファーソン、クリス 235, 236
グリーソン、ドーナル 316
グリーナウェイ、ピーター 074, 091, 092, 094, 096-098, 100, 103
グリフィス、キース 075, 076
グリフィス、メラニー 059, 260
クリムト、グスタフ 112, 114-116, 118, 130, 137, 141, 144, 189, 210-212, 322-324
グルジェフ、G. I. 259, 289
クルーズ、ジュリー 060
クルーズ、トム 162, 218
グルスマン、カール 329, 336, 342
クレイ、レジー 208
クレイ、ロニー 208, 209
クレイマー、クレイマー Kramer vs. Kramer（1979, R. Benton）166
黒いカーニバル 039
黒井千次 122
黒いマントの女 165
クロウリー、アレイスター 288, 289
クローズ、グレン 216
黒蜥蜴（1962, 井上梅次）052, 054
クローネンバーグ、デイヴィッド 011, 042, 071-074, 100-105, 166-168
黒の過程 247
グロピウス、ワルター 136, 138
クーンツ、ディーン・R. 043, 197, 288, 289

ケ

警視シュワーツ——ハンプトンビーチ・殺人事件 214
警視シュワーツ——名画殺人事件 213
ゲイブリエル、ピーター 081
毛皮を着たヴィーナス 046, 114, 115
ケネディ、ジョン・F. 040, 041

カ

櫂（1985, 五社英雄）277
怪奇探偵小説集（I）049
カイテル、ハーベイ 120, 123, 124, 218
解剖学者のノート 107
快楽の園（ボス）009, 040, 041, 066
カウフマン、クリスチーネ 131
カエアンの聖衣 254, 255
画家のアトリエ（フェルメール）097
鏡 Zerkalo（1975, A. Tarkovsky）294
鏡の中の虎――ホルヘ・ルイス・ボルヘス 283
鏡を見るヴィーナス（ベラスケス）343
ガーシュイン、ジョージ 217
カスピット、ドナルド 033
火星の運河 055
火星のタイム・スリップ 235
カーター、アンジェラ 076, 148
カタラーニ、アルフレッド 216
葛飾北斎 358, 359
カッセル、ヴァンサン 013
カッティング・ルーム 352
加藤二郎 129
悲しみよこんにちは 312
叶順子 053, 054
彼女が部屋を歩く時 190
彼女の独身者たちによって裸にされた花嫁、さえも
→Bride Stripped Bare by Her Bachelors' Even, The（デュシャン）
ガーファンクル、アート 119, 121, 272, 286
カフカ、フランツ 075, 077, 088, 089, 110, 285
カフカ論 093
壁の中の鼠 229
カーペンター、ジョン 229
カポーティ、トルーマン 269
噛みついた女――ヒューストン連続殺人 210
カムデン・タウン・マーダー（ウォルター・シッカート）344, 346
仮面舞踏会 278
加山又造 115
カラヴァッジオ、ミケランジェロ・ダ 112
カラヴァッジオ Caravaggio（1986, D. Jarman）277
からだの宇宙誌 102
ガーランド、アレックス 314, 315
カリエール、マチュー 131
カーリー、ティム 161
カリーナ、アンナ 306, 309-311
カルヴィーノ、イタロ 072
カルージュ、ミシェル 317
カルーソ、ソフィア・アン 369
彼と彼／とても大きな水しぶき A Bigger Splash（1974, J. Hazan）253
ガローネ、マッテオ 007, 012, 013, 015
カーロフ、ボリス 221
乾いた花（1964, 篠田正浩）363
川端香男里 299
河原畑寧 295
神吉三郎 304
眼球譚〈初稿〉335
韓国の春画――韓流文化のルーツ、ここにあり 357
贋作者列伝 097
カンディンスキー、ヴァシーリー 137
カンディンスキーとわたし 137
カントリー・ライフ 188
閂（かんぬき）（フラゴナール）089

キ

消えた男の日記 078, 079
ギーガー、H. R. 083, 231, 289
戯曲　黒蜥蜴 053
危険な情事 Fatal Attaction（1987, A. Lyne）214, 215
キース、デイヴィッド 289
ギースランド、ジャック 101
期待 117
北園克衛 237
北野富志雄 129
気狂いピエロ Pierrot le Fou（1965, J.-L. Godard）306, 308-312
喜能會之故眞通（北斎）359
木下哲夫 033
ギブソン、ウィリアム 224, 225, 227
ギブソン・ガール 322, 331
ギブソン、チャールズ・ダナ 173, 322
キプリング、ラディヤード 146, 202
キム・ミニ 355, 357, 362
キャット・ピープル Cat People（1942, J. Tourneur）336
キャバレー 369

ヴェロニカ・ヴェロネーゼ（ロセッティ）185
ウォーカー、アレクサンダー 205
ウォーカー・ブラザーズ 208
ウォー・ゲーム 035
ウォーケン、クリストファー 042, 043
ウォーターズ、サラ 348, 355
ウォーターズ、ジョン 055, 234, 261
ウォーターズ、ロジャー 290
ウォーホル、アンディ 028-030, 067, 187, 256, 285
ヴォルコフ、ソロモン 039
ウォールデン――森の生活 304
雨後のヨーロッパ（エルンスト）240
失われた解剖模型のリハーサル Rehearsals for Extinct Anatomies（1988, B. Quay）088
失われた時を求めて／囚われの女 099
歌おう、感電するほどの喜びを！ 039
歌川国芳 081
内山一樹 249
ウッド、クリストファー 177, 194
ウッド、バリ 101
海から来た女（ムンク）189
裏窓 Rear Window（1954, A. Hitchcock）057, 058
ウルフ、リンダ 101
うるわしのロジーヌ（ウイルツ）204
運命の力 279

エ

エイリアン Alien（1979, R. Scott）215, 217, 226, 231, 232
エイリアン2 Aliens（1986, J. Cameron）232
エヴァンス、R. J. W. 081
エヴォリューション EVOLUTION（2015, L. Hadžihalilović）007-009, 011
エガース、ロバート 016, 020
エクスポージャー 258
エクス・マキナ EX_MACHINA（2015, A. Garland）314, 317, 319
エクランド、ブリット 209
エゴン・シーレ Egon Schiele—Excess and Punishment（1980, H. Vesely）130
エッガー、サマンサ 167
エッシャー、M. C. 063
エディションズ・オブ・ユー 189
江戸川乱歩 013, 054, 055
エバは猫の中 189
エリスン、ハーラン 232
エルデナの廃墟（フリードリヒ）300
エルンスト、マックス 240
エレファント・マン The Elephant Man（1980, D. Lynch）061
エレメント・オブ・クライム The Element of Crime（1984, L. V. Trier）239, 240, 242-244
エンジェリック・カンバセーション The Angelic Conversation（1985, D. Jarman）277
エンゼル・ハート Angel Heart（1987, A. Parker）227

オ

オーウェル、ジョージ 297
黄金仮面の王 175
黄金のアデーレ　名画の帰還 WOMAN IN GOLD（2015, S. Curtis）325
大浦暁生 020
大岡昇平 261
大久保康雄 121, 151
大社淑子 051
大津栄一郎 285
大槻寿美枝 352
大鰐通り 084, 087
丘沢静也 110
丘に、町が 081, 083
お嬢さん THE HANDMAIDEN（2016, P. Chan-wook）353, 354
オズの魔法使い 045
オーソン・ウェルズのフェイク F for Fake（1973, O. Welles）268
オダリスク（マティス）267
堕ちる天使 227
オートマタ AUTOMATA（2014, G. Ibáñez）319
オートン、ジョー 278
オバノン、ダン 219, 226, 227, 229-231
オービソン、ロイ 032, 060, 064, 065
オフィーリア（ミレー）178
汚名 Notorious（1946, A. Hitchcock）059, 238
オールウェイズ Always（1989, S. Spielberg）238
オールディス、ブライアン 222, 223
音楽のレッスン（フェルメール）098
オンリー・ゴッド Only God Forgives（2013, N. W. Refn）328

Buñuel）092
アンディ・ウォーホルのBAD 147
アンドレーアス 130, 131
アンドレイ・ルブリョフ Andrei Rublyov（1967, A. Tarkovsky）039, 294, 296, 299
アンドロイドは電気羊の夢を見るか？ 065, 219, 230

イ

飯田善國 143
飯吉光夫 079
イヴ、アダムそして蛇（ブレイク）150
イェイツ、フランセス 281
イギリス幻想小説傑作集 191
生田耕作 077, 159, 335
池内紀 131, 301
池上俊一 023
池田敏雄 303
イゴール Igor—The Paris Years Chez Pleyel（1983, B. Quay）078
イシャーウッド、クリストファー 249
イージー・ライダー Easy Rider（1969, D. Hopper）285
イーストウィックの魔女たち 020
出淵博 051
偉大なるギャツビー 267
1492 コロンブス 1492：Conquest of Paradise（1992, L. Scott）018
五日物語　3つの王国と3人の女 Tale of Tales（2015, M. Garrone）013
移動祝祭日 269
イーノ、ブライアン 061, 131, 220, 257
井上梅次 052
イバニェス、ガベ 319
荊の城 348, 353
イプセン、ヘンリック 169
異聞猿飛佐助（1965, 篠田正浩）364
イラショナル・レイビングス 043
入江良平 211
イレイザーヘッド Eraserhead（1978, D. Lynch）069, 070, 075, 231
岩井志麻子 347
岩淵達治 151
イングリッド・バーグマン 051, 059
イン・ザ・リアル・ワールド 293
インスマウスを覆う影 010
印度の放浪児 Kim（1950, V. Saville）066
イン・ドリームズ（夢の中）032, 060, 064, 065

ウ

ヴァージニア Virginia（原題Twixt, 2011, F. F. Coppola）334
ヴァージニア・ブレイン 186
ヴァージニア・ブレイン（フェリー）186
ヴァージルの練習（フェルメール）097
ヴァデム、ロジェ 285
ヴァリス 065
ヴァルカンの鉄鎚 035
ヴァルザー、ローベルト 077, 079
ヴァルザーの小さな世界 079
ヴァレンチノ、ルドルフ 159
ヴァンパイア（フィリップ・バーン＝ジョーンズ）202
ヴィキャンデル、アリシア 315
ウイークエンド Week-end（1967, J.-L. Godard）093
ヴィシャス、シド 224
ウィッチ THE VVITCH（2015, R. Eggers）007, 015, 016, 019, 021, 022
ウィットフォード、フランク 122, 137
ヴィデオドローム Videodrome（1983, D. Cronenberg）170
ウィトゲンシュタイン、ルートヴィヒ 323
ウィートリー、デイヴィッド 077
ウィリアムズ、テネシー 122
ウィルツ、アントワーヌ 204
ウィーン／聖なる春 143
ウィンド、ボジ 169
ヴィントン、ボビー 030, 034, 037, 041, 045
ウェイツ、トム 112
植草甚一 055
ヴェデキント、フランク 151
ヴェニスの石 213
ウェブ、ピーター 275
ヴェーベルン、アントン 117, 131
植松みどり 077
ヴェルヴェット・エデン（Velvet Eden）030
ウェルシュ、ルイーズ 352
ウェルズ、オーソン 116, 268
ヴェルディ、ジュゼッペ 278, 279, 294

索引

ア

アイアンズ、ジェレミー 102, 105
アイヴォリー、ジェームズ 033
アイザック、オスカー 315
アイゼンハワー、ドワイト・D 041
愛の完成・静かなヴェロニカの誘惑 129
愛のメモリー Obsession（1976, B. De Palma）105
相原真理子 344
アインシュタイン、アルバート 065, 274-276
アヴァロン 185, 190, 191
アーヴィング、ヘンリー 201
アヴェドン、エリザベス 033
アヴェドン、リチャード 033, 146, 152, 153
アウグスチヌス 151
青い花 300
青塚氏の話 139
青柳瑞穂 093
赤い影 Don't Look Now（1973, N. Roeg）100
赤い手（恒松正敏）077
赤い帽子の女（フェルメール）097
赤き死の仮面 The Masque of the Red Death（1964, R. Corman）100
悪の華 094
悪魔のシスター Sisters（1973, B. De Palma）364
悪魔の性キャサリン To the Devil―A Daughter（1976, P. Sykes）153
悪魔を憐れむ歌 288
悪夢→ナイトメア（フューゼリ）
アザリロヴィック、ルシール 007-009
アシモフ、アイザック 318
足立康 091
アッバード、クラウディオ 294
アップダイク、ジョン 020
アデル、ブルーは熱い色 La Vie d'Adéle: Chapitres 1 & 2（2013, A. Kechiche）356
アデーレ・ブロッホ＝バウアーI 324
アート・スピリット 028
アナザー・カントリー Another Country（1984, M. Kanievska）278
アーバス、ダイアン 064
アフリカの日々 093
阿部良雄 095
天沢退二郎 093
アミナダブ 093
アメリカ小説における愛と死 051
アメリカの兵士 Der Amerikanische Soldat（1970, R. W. Fassbinder）262
鮎川哲也 049
嵐（ココシュカ）135, 136, 138, 141
嵐が丘 181
アラステア 158, 159
アラビアのロレンス Lawrence of Arabia（1962, D. Lean）226
荒俣宏 179, 214, 365
アリア Aria（1987, N. Roeg, C. Sturridge, J-L. Godard, J. Temple, B. Beresford, R. Altman, F. Roddam, K. Russell, D. Jarman, B. Bryden）156, 273
アリス Alice（1987, J. Švankmajer）081
アルゴオルの城 093
アルタード・ステーツ Altered States（1980, K. Russell）291
アルチンボルド、ジュゼッペ 080, 081
アルテンベルク、ペーター 132, 133
アルトマン、マリア 325
アルトマン、ロバート 169
アルファヴィル Alphaville（1965, J.-L. Godard）257, 263
アルボス〈樹〉293
アルマ人形 111, 132, 138
アレティーノ、ピエトロ 351, 352
アレン、バーバラ 147
アンガー、ケネス 030-032, 034, 057, 205, 288
アンカル 334
暗殺（1964, 篠田正浩）364
暗殺者、女たちの希望 141, 143
暗殺のオペラ La Strategia del Ragno（1970, B. Bertolucci）287
暗殺の森 Il Conformista（1970, B. Bertolucci）259
アンソール、ジェームズ 099
アンダソン、シャーウッド 326, 327
アンダーソン、ローリー 261
アンダルシアの犬 Un Chien Andalou（1928, L.

著者略歴

滝本誠［たきもと・まこと］

一九四九年、京都府生まれ。東京藝術大学美術学部芸術学科卒業後、平凡出版（現・マガジンハウス）入社。退社後ライター業。著書に『映／画、黒片　クライム・ジャンル79篇』（キネマ旬報社）など、解説担当書に、ロバート・ヘンライ『アート・スピリット』、アレハンドロ・ホドロフスキー『タロットの宇宙』（いずれも、国書刊行会）、ジム・トンプスン『天国の南』（文遊社）、ほかがある。「キネマ旬報」連載の『セルロイドの画集』が国書刊行会から来秋刊行予定。

映画《えいが》の乳首《ちくび》、絵画《かいが》の腓《こむら》——AC2017

二〇一七年十一月十五日　第一刷発行

著者　滝本誠
発行者　田尻勉
発行所　幻戯書房
郵便番号一〇一-〇〇五二
東京都千代田区神田小川町三-十二
岩崎ビル二階
電話　〇三（五二八三）三九三四
FAX　〇三（五二八三）三九三五
URL　http://www.genki-shobou.co.jp/

印刷・製本　精興社

ISBN9784-86488-132-6　C0074